PORTO ALEGRE

Arquitetura e contexto urbano

(1772-2018)

Acadêmicos colaboradores

Alexandre Concari
Bárbara Haas
Barbara Raymondi
Bruna de Oliveira
Bruna Varante
Carlos Henrique Tomiello
Caroline Caríssimi
Caroline Moraes Michelli
Caroline Zenato
Cassiano Broch
Chana Tiele Galante
Fabiane Reis Pereira Cardozo
Fernanda Gallina Luzzatto
Fernanda Romeu
Geovani Stuani
Guilherme Zanotto Colognese
Juliana Ortigara
Juliano Zolet
Karina Marques Dick
Laiane Caio
Lucas Alencar Pissetti
Lucas Citon
Luciana Boff Coelho
Luiza Brugger Issler
Marcela Guadagnin
Marcos Geremia
Michele Basso
Mileise Schumann
Mônica Fistarol
Morgana Chedid dos Santos
Morgana Pizzi Moraes
Natália Molinari Viapiana
Nicole Erlo
Nicole Rosa
Ricardo Tonin
Saymon Dall Alba
Simone Martini
Vinícius Matana Pereira

PORTO ALEGRE

Arquitetura e contexto urbano

(1772-2018)

Helton Estivalet Bello
Luiz Merino de Freitas Xavier

Fotografias

Ricardo Calovi

Porto Alegre, 2025

Libretos
SÉRIE UNIVERSIDADE

Coordenação editorial
Clô Barcellos

Projeto gráfico
Fausto Bugatti Isolan
Bárbara Haas
Clô Barcellos

Capa
Lorena Bendati Bello
Clô Barcellos

Editoração
Bárbara Haas
Clô Barcellos

Colaboradores
Greice Capeletti
Lidia Coelho de Carvalho
Taís Serres
Tamara Perdiz dos Santos

Revisão
Beto Arreguy

ROCCO
591

Dados Internacionais de Catalogação na Publicação
Daiane Schramm CRB-10/1881

B447p Bello, Helton Estivalet
Porto Alegre – Arquitetura e contexto urbano (1772-2018). /
Helton Estivalet Bello, Luiz Merino de Freitas Xavier e (fotografias) Ricardo Calovi.
– Porto Alegre: Libretos, 2025 (Libretos Série Universidade).
296p.; 17x24cm
ISBN 978-85-5549-079-8
1. Arquitetura. 2. Paisagismo. 3. Porto Alegre. 4. Evolução urbana.
I. Xavier, Luiz Merino de Freitas. II. Calovi, Ricardo. III. Título. IV. Série.

CDD 720
CDU72

Catálogo sistemático
Paisagismo: CDD 712

Libretos
Rua Peri Machado, 222 bloco B, 707
Menino Deus, Porto Alegre/RS
Brasil – CEP 90130-130

www.libretos.com.br
libretos@libretos.com.br
@libretoseditora

Contatos dos autores
heltonestivalet@gmail.com
arq.luizmerino@gmail.com

POR UMA ARQUITETURA DA CIDADE

Este livro é o resultado de nossa experiência profissional no serviço público, como arquitetos da Equipe do Patrimônio Histórico e Cultural da Secretaria Municipal da Cultura de Porto Alegre (EPAHC/SMC). Decorre também de nossa atuação como docentes do Curso de Arquitetura e Urbanismo da Universidade de Caxias do Sul, onde coordenamos uma pesquisa envolvendo a participação de 39 alunas e alunos da disciplina de Estágio Supervisionado, que auxiliaram nas etapas de revisão bibliográfica, levantamento documental e representação gráfica do acervo.

O propósito da publicação é apresentar obras significativas de Porto Alegre ao longo de sua trajetória de 250 anos. Consideramos como "obras" não só as edificações e os conjuntos edificados em tipologias variadas, mas também elementos de infraestrutura urbana, as praças e os parques, com a identificação de seus principais projetistas e/ou construtores em cada fase. Nosso enfoque contextualiza a evolução urbana de Porto Alegre, em 154 obras, definindo cronologicamente os períodos descritos a seguir, que constituem os seis capítulos do livro.

■ Fase 1 – Colônia (1772-1822) – reunindo escassas obras remanescentes, nas quais os elementos da arquitetura luso-brasileira muitas vezes foram mesclados ou substituídos pelo Neoclassicismo característico do período seguinte.

■ Fase 2 – Império (1822-1889) – com um acervo mais ampliado e diversificado, onde a influência da Arquitetura Neoclássica adotada pela monarquia é marcante na maioria das obras construídas na cidade.

■ Fase 3 / República Velha (1889-1930) – fase representada pelo maior número de obras, onde predomina o Ecletismo arquitetônico com suas variantes puras ou híbridas (neorrenascentista, neobarroco, neogótico etc.), além da presença mais discreta da arquitetura do ferro, Art Nouveau e o surgimento do Art Déco em Porto Alegre.

■ Fase 4 / Era Vargas (1930-1945) – retratando as transformações no âmbito do Estado Novo, com a diluição do ecletismo pelo incremento da Arquitetura Neocolonial, o apogeu da Arquitetura Déco e a presença crescente da Arquitetura Racionalista no início da verticalização da cidade.

■ Fase 5 / Modernização (1945-1980) – em referência à arquitetura modernista de influência corbusiana/carioca, sucedida pela vertente brutalista/paulista, ainda pontuada por manifestações tardias da arquitetura neocolonial.

■ Fase 6 – Contemporâneo (1980-2018) – numa mostra marcada pela diversidade de manifestações arquitetônicas, em vertentes de cunho pós-moderno, contextualista, tecnológico etc., cuja categorização ainda depende de um maior distanciamento temporal.

Cada uma dessas fases é introduzida por um texto-síntese sobre a conjuntura da cidade e um mapa da malha viária correspondente à evolução urbana de cada período, com base na cartografia da época.

O critério que adotamos para a seleção das obras considerou sua relevância conforme o reconhecimento oficial (inventários e tombamentos em âmbito municipal, estadual e federal), estudos acadêmicos (artigos, dissertações e teses), publicações (livros e revistas especializadas), veículos de imprensa e mídias eletrônicas. Além dessas referências, muitas vezes foi necessário buscar informações com as entidades diretamente relacionadas às obras, tais como os autores dos projetos, escritórios de arquitetura e construção, arquivos públicos e privados, entre outros.

O material técnico obtido através destas fontes de pesquisa, notadamente as plantas baixas, cortes e elevações, receberam tratamento gráfico padronizado para a apresentação no livro. A grande maioria das fotos das obras apresentadas foi captada pelo arquiteto e fotógrafo Ricardo Calovi, especialmente para esta publicação. As demais imagens foram creditadas e indicadas ao final do livro. Isto permitiu atender nossa intenção de interpretar a história da cidade com ênfase na visualização de obras representativas, espaços abertos, malha urbana e projetistas de cada contexto.

A pesquisa foi desenvolvida a partir de 2010 e concluída em 2018, sendo este o limite temporal para a inclusão das obras e respectivas informações sobre o estado em que se encontravam até então. Assim sendo, intervenções posteriores não foram necessariamente registradas no trabalho. Quanto às informações processadas, todos os esforços foram empenhados na conferência e apresentação dos dados, sendo que ficamos inteiramente disponíveis para reparar eventuais lacunas ou equívocos.

Nossa intenção na produção do conteúdo foi oportunizar a percepção do acervo arquitetônico, paisagístico e urbanístico da cidade para reconhecimento da população em geral, além de resgatar informações antes dispersas para uso acadêmico e profissional. Que também possa servir como instrumento útil ao planejamento urbano e ao desenvolvimento local e regional, assim como ao turismo e outras aplicações.

Após Porto Alegre experimentar os impactos negativos das mudanças climáticas, perdura o desafio de ressignificar sua imagem e estrutura, com vistas a reforçar a resiliência e a sustentabilidade no futuro. Neste sentido, olhar a trajetória secular da cidade busca ressaltar alguns valores relevantes para promover a qualificação da vida urbana em todos os sentidos.

OS AUTORES

[ESTRELA] GUIA

Sergio M. Marques[1]

Pluralidade *versus* representatividade, inclusão *versus* singularidade, erudição *versus* senso comum são conceitos difíceis de conciliar em publicações panorâmicas, como os guias. Há certa tendência, em relação ao objeto, de "não estarem todos que são nem serem todos que estão"[2]. Incluir com critério classificatório reconhecendo diferenças e exceções igualmente não é tarefa evidente. E trazer conhecimento consistente ao público é um desafio. Frequentemente, os esforços neste sentido esmorecem na escassez de fontes primárias, na ausência de acervos, na imprecisão de dados. Ou seja, a hercúlea tarefa de gerar cultura esbarra na falta de cultura.

No campo da arquitetura e urbanismo brasileiros o problema se agrava. Paradoxalmente, o país que produziu projetos de nação, onde arquitetura e urbanismo eram pedras-chave, que teve reconhecimento internacional como sede de manifestação moderna genuína, perde feio no senso comum, em reconhecimento e conhecimento de suas obras e personagens, para outras manifestações artísticas. Atualmente há mais páginas dedicadas a chefes de cozinha nos jornais que arquitetos e urbanistas que fazem cidade. Neste contexto, guias de arquitetura e/ou trabalhos como este, *Porto Alegre – arquitetura e contexto urbano (1772-2018)*, são de enorme relevância e responsabilidade, embora enfrentem igual enorme dificuldade. Mais além de pesquisas científicas, trabalhos de pós-graduação ou discussões acadêmicas, que cresceram exponencialmente no Brasil, ainda excessivamente encapsuladas em seus redutos acadêmicos, a indispensável interlocução desse conhecimento pouco prospera no senso comum e consequentemente nos diversos níveis decisórios da sociedade. O trabalho de Helton Estivalet Bello e Luiz Merino de Freitas Xavier, com fotografias de Ricardo Calovi, acompanhados de um bando de colaboradores (38), por oito anos, portanto, merece aplausos, difusão e continuidade.

Eventuais lacunas, imperfeições ou mesmo futura evolução de abordagens – que desde já os autores sinalizam certa inexorabilidade e sua disposição para incrementos correspondentes – não fariam jus, por exemplo, à ausência de obras como *Arquitetura moderna em Porto Alegre*, de Alberto Xavier e Ivan Mizoguchi[3], o *Guia de arquitetura moderna em Porto Alegre*, de Guilherme Almeida e João Gallo de Almeida e Marcus Bueno[4], ou ainda o *Inventário da arquitetura*

1. Prof. PROPAR/FA/UFRGS. Coord. DOCOMOMO Sul Núcleo RS. Gestão 2023/2025.

2. Fazendo paralelo à expressão formulada por Antonio Toca Fernandez. Ver TOCA, Antonio (Ed.). Nueva arquitectura en América Latina: presente y futuro. México, D.F.: Ediciones Gustavo Gili, 1990. 284 p.

3. Ver XAVIER, Alberto; MIZOGUCHI, Ivan. *Arquitetura moderna em Porto Alegre*. São Paulo: Editora Pini; Porto Alegre: FAUFRGS, 1987. 403 p.

4. Ver ALMEIDA, Guilherme Essvein de; ALMEIDA, João Gallo de; BUENO, Marcos. *Guia de arquitetura moderna em Porto Alegre*. Porto Alegre: EdiPUCRS, 2010. 94 p.

moderna em Porto Alegre 1945/65, de Carlos Eduardo Comas e Hélio Piñon[5]. Todas obras indispensáveis à documentação e conservação da arquitetura moderna em Porto Alegre.

A publicação em tela vai além, em um panorama ambicioso de aproximadamente 250 anos, concatenados em classificação histórica proposta pelos autores: Colônia (1772-1822), Império (1822-1889), República Velha (1889-1930), Era Vargas (1930-1945), Modernização (1945-1980) e Contemporâneo (1980-2018). Cento e cinquenta e quatro obras, pretensamente representativas da marcha histórica da arquitetura e do urbanismo em Porto Alegre, apresentadas em fichas documentais, com boas imagens recentes e algumas de época, desenhos padronizados, textos síntese e dados básicos, dão conta de um largo espectro de nosso patrimônio em vista panorâmica, para "olhos que nem sempre querem ver"[6].

Por outro lado, a seleção ajuda a consolidar o campo disciplinar da arquitetura e do urbanismo, em suas especificidades e como fenômeno cultural, junto à opinião pública, o que frequentemente açodado por outras áreas do conhecimento ou segmentos da sociedade, por vezes, por conter subjetividades, perde autoridade e ganha vulnerabilidade.

A Estrela-Guia a ser seguida, neste caso, é também a da resiliência e do esforço daqueles que dedicam seu ofício a causas que transcendem o interesse imediato e vão além, no interesse coletivo, como subir a régua da cultura arquitetônica e urbanística e conquistar melhores cidades para tod@s.

---

5. Ver COMAS, Carlos Eduardo; PIÑON, Hélio. *Inventário da arquitetura moderna em Porto Alegre 1945/65*. Porto Alegre: Marcavisual, 2013. 160 p.

6. Fazendo paralelo à expressão "Olhos que não veem", formulada por Le Corbusier em título de capítulo. Ver Le Corbusier. *Por uma arquitetura*. 3ª edição. São Paulo: Editora Perspectiva, 1981.

7. Fazendo paralelo às esculturas Estrela-Guia I e II, do artista uruguaio/gaúcho Gustavo Nakle (1951). Estrela-Guia I venceu concurso organizado pela Prefeitura de Porto Alegre em 1997, com a colaboração de Sergio M. Marques (1962) nos aspectos arquitetônicos e paisagísticos, e foi executada com novecentos quilos de bronze, sobre um pilar pré-fabricado em concreto, nas margens do Guaíba. Durou 24 horas e foi levada por vândalos. Resiliente, Gustavo Nakle executou a Estrela-Guia II em área próxima.

Fase 1 - Colônia (1772-1822) 21

Fase 2 - Império (1822-1889) 35

Fase 4 - Era Vargas (1930-1945) 139

Obras por ordem alfabética

FASE 1

Colônia
(1772-1822)

O surgimento de Porto Alegre está associado a um fato histórico preponderante: a disputa entre Portugal e Espanha pela posse da região do Prata. Disso decorreu todo o processo de ocupação do território e de definição das fronteiras nesta parte do continente sul-americano. O nascimento da cidade foi uma decorrência do confronto e, mais especificamente, da necessidade de povoamento e de apropriação de uma vasta área considerada até então como uma espécie de "terra de ninguém" pelos colonizadores europeus.

Outro fator determinante na posse do território, em inícios do século XVIII, foi a disputa pelos rebanhos bovinos para abastecer a exploração do ouro no centro do país. Em função da ameaça de extinção dos animais devido aos conflitos armados, a Coroa dividiu a terra em sesmarias e as distribuiu aos colonizadores para o estabelecimento de estâncias de criação de gado. No local onde futuramente surgiria a cidade de Porto Alegre três sesmarias são concedidas por volta de 1740 a Jerônimo de Ornelas, a Sebastião Francisco Chaves e a Dionísio Rodrigues Mendes.

Em 1750 a assinatura do Tratado de Madri, redefinindo os limites dos territórios espanhóis e portugueses, vai conduzir ao incremento da ocupação portuguesa na região. O tratado previa a troca entre os Sete Povos das Missões, que passariam à posse da Coroa Portuguesa, pela Colônia do Sacramento, entregue à administração espanhola. Para efetivar o tratado e ocupar a região das Missões, a Coroa Portuguesa contrata engenheiros militares para demarcar os novos limites territoriais e traçar novas povoações. Ao mesmo tempo, promove a vinda de imigrantes açorianos para ocupar a região. Os "casais d'El Rei", foram responsáveis pela ocupação de uma faixa extensa entre São Francisco do Sul, no norte de Santa Catarina até Rio Grande. Parte importante da estratégia de ocupação era a instalação de colonos ao longo do vale do Rio Jacuí, dedicados ao plantio de trigo. Ao chegarem ao estuário do Rio Jacuí, ficavam provisoriamente no porto de Viamão, de onde seguiam em direção oeste, fundando as localidades de Triunfo, Santo Amaro, Taquari e Rio Pardo. Não foi possível entretanto ir além desta última, a partir de onde não havia calado suficiente para avançar em direção ao destino pretendido.

Os casais remanescentes permanecem de forma precária no antigo porto de Viamão, quando fica decidida sua instalação definitiva no local. A Carta de Confirmação foi o documento que fez com que a parte da antiga sesmaria de Jerônimo de Ornelas, já naquela data vendida a outro proprietário, Inácio Francisco, fosse desapropriada para a regularização da posse dos casais açorianos, assim formando o primeiro núcleo na região.

Durante os primórdios da cidade, houve um crescimento relativamente acelerado. Em 1772, o núcleo foi reconhecido como Freguesia de São Francisco dos Casais, favorecendo-se principalmente da posição central entre Viamão, o delta do Rio Jacuí e o porto de Rio Grande. Porto Alegre passa a ser o escoadouro natural do trigo produzido na região. Através de seu porto, o trigo seguia em direção ao mercado externo. O promontório onde se implantaram os imigrantes foi certamente um fator decisivo para um acelerado crescimento do núcleo urbano em sua fase inicial, ao menos em dois aspectos básicos: pela questão estratégica na consolidação da ocupação regional e pelo fato de possuir, na margem noroeste, um porto natural. Nesse ano de 1772 se inicia a demarcação de lotes, ruas e es-

FSB - MJF/PMPA

Velho Palácio

FSB - MJF/PMPA

Santa Casa e Praça Dom Feliciano

tradas pelo Capitão Alexandre José Montanha. A cidade foi delimitada por três ruas principais correndo leste-oeste, paralelas à linha d'água (as atuais Duque de Caxias, no alto da colina; Riachuelo, na meia encosta e Rua dos Andradas, na parte baixa), interceptadas por ruas menores, íngremes, no sentido norte-sul.

Em 1773, pela sua posição privilegiada em termos de estratégia militar, a Freguesia tomava o lugar de Viamão como capital da capitania, sendo a partir de então denominada Nossa Senhora da Madre de Deus de Porto Alegre. Neste processo, ocorre um crescimento da população, que passa a cerca de 12.000 habitantes. Como capital, a freguesia ganha novos equipamentos com várias funções. Reserva-se a área denominada Alto da Praia (hoje Praça da Matriz) para o estabelecimento do centro cívico, onde se inicia a construção dos prédios civis, da Igreja Nossa Senhora Madre de Deus (1772-80), da Casa da Junta (conhecida como Antiga Assembleia, 1774, ainda existente), do Palácio da Governo (1774). Em 1773 é fundada a Irmandade de São Miguel e Almas, com a construção de um cemitério atrás da Igreja Matriz. Em 1798 conta-se com um correio, bem como a construção de duas fontes públicas em 1779: uma na antiga várzea abaixo da atual Praça Argentina e outra na Rua Jerônimo Coelho, esquina com General Paranhos.

No início do século, em 1803, constroem-se uma enfermaria, a futura Santa Casa, e um cemitério na Praça Dom Sebastião. Junto ao porto é construída a Casa da Alfândega (1818) e vai se estruturando a área comercial da localidade, junto à Rua da Praia. Novas igrejas também fazem parte desta primeira fase, como a Igreja Nossa Senhora das Dores (iniciada em 1807 e concluída quase um século depois) e a Igreja Nossa Senhora do Rosário dos Pretos (1817), demolida e substituída.

As fortificações teriam sido iniciadas em 1778. O muro era uma paliçada de pau a pique, com um fosso acompanhando a área externa. Junto ao portão se formou uma praça. Além das fortificações, foram-se configurando radialmente caminhos que conduziam a outras localidades próximas: a Estrada da Aldeia dos Anjos, que conduzia a Gravataí, passando pelas atuais Avenidas Independência e Cristóvão Colombo; o Caminho do Meio, um dos caminhos para Viamão, seguindo através da várzea pelas atuais Avenidas Osvaldo Aranha e Protásio Alves, e o Caminho da Azenha ou Estrada do Matogrosso, que conduzia a Viamão pelo sul (atuais Ada Azenha e Bento Gonçalves). Percebe-se que os antigos caminhos nortearam o futuro crescimento da malha urbana da cidade quando esta se expandiu para além dos limites coloniais.

Em 1808, a Freguesia foi elevada à categoria de Vila e em 1822, ano da Proclamação da Independência, Porto Alegre ganhava o status de Cidade. Uma aquarela de Debret, em visita a Porto Alegre em 1824, permite vislumbrar a aparência do lugar no final do período colonial. Em primeiro plano, junto ao porto se vê o trapiche de atracação de navios e a Casa da Alfândega, onde hoje se localiza a Praça do mesmo nome. Ao alto está a Igreja Matriz e o Palácio do Governo. À direita, se vê a construção da Igreja das Dores e bem à esquerda os antigos moinhos de vento para a produção de farinha de trigo.

Até o final do período, a capital da capitania adensava-se entre os seus limites fortificados e as margens do Guaíba, apresentando a imagem típica de um núcleo urbano colonial. Não há plantas originais do período, mas a planta elaborada por

MCM/IPHAN/MinC

Vista de Porto Alegre em 1824, por Debret

L. P. Dias em 1839, durante o conflito Farroupilha, permite ainda compreender a extensão, limites e características do núcleo colonial. Chama a atenção nessa bela planta a existência de diversas chácaras disseminadas ao longo dos caminhos de penetração para o interior. Eram uma das principais fontes de abastecimento de víveres, legumes e hortifrutigranjeiros para a vila. Foram paulatinamente sendo convertidas em loteamentos ao longo de todo o século XIX e XX, de forma que poucos exemplares restaram de suas sedes. Dois se destacam, o Solar da Travessa Paraíso, na Zona Sul da cidade, significativo exemplar da arquitetura tradicional luso-brasileira, e o Solar Lopo Gonçalves, que já apresenta alguns traços neoclássicos, localizado na Cidade Baixa.

Da arquitetura residencial urbana, marcada por lote estreitos e compridos e casas térreas ou assobradadas ocupando toda a frente do lote, quase nada sobrou. Um exemplar de sobrado ainda com as aberturas em arco abatido resiste na Rua Riachuelo, 645. A maior parte das residências do centro antigo recebeu roupagem neoclássica ou eclética durante o século XIX. Cabe destacar o magnífico exemplar do Solar dos Câmara, na Rua Duque de Caxias, registro preservado de uma moradia refinada do período colonial. Ainda se veem as portadas em pedra luso-brasileiras e restou um pórtico barroco de grande expressão. No mais, o prédio foi revestido pelos adornos do Neoclassicismo, numa composição que resultou muito elegante.

Outro ponto a destacar na planta de 1839 é a existência de uma ampla área vazia, de formato triangular na confluência do Caminho do Meio e do Caminho da Azenha. A antiga Várzea do Portão era o logradouro público de Porto Alegre, área comum doada à Câmara em 1807 pelo governador Paulo da Gama. Percebe-se pelas linhas tracejadas a intenção de arruar e lotear a área, fato que não ocorreu, para sorte da cidade, que tem ali um de seus mais belos parques, o Parque Farroupilha, e diversos edifícios da Universidade Federal.

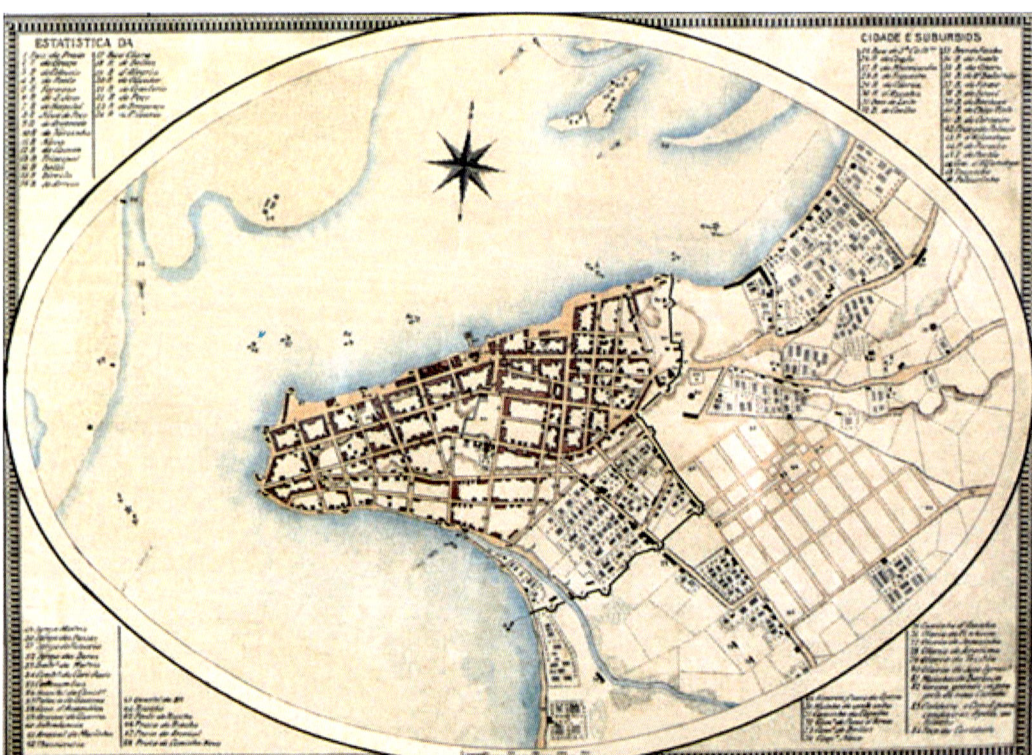

Acervo Biblioteca Nacional

Planta da cidade de Porto Alegre, 1839

Evolução Urbana Porto Alegre
■ FASE 01: 1772-1822

FSB - MJF/PMPA

Rua Duque de Caxias, 1029

Alexandre José Montanha (atribuído) | c. 1790
Projeto de ampliação e reforma:
Phillip Von Normann | 1856
Projeto de restauração:
Ediolanda Liedke | 2005-2010

A Antiga Provedoria da Real Fazenda é provavelmente a única edificação de Porto Alegre que remonta ao século XVIII. Sua construção foi concluída por volta de 1790. Construída para sediar a Provedoria da Real Fazenda, logo começou a funcionar como a Casa da Junta, Câmara e Cadeia. Em 1835 passou a sediar a Assembleia Legislativa da Província.

Originalmente apresentava apenas um pavimento com planta retangular, beirado e águas furtadas, de acordo com os padrões da arquitetura colonial luso-brasileira. Foi reformada em 1856 pelo arquiteto alemão Phillip Von Normann, que acrescentou o segundo pavimento e atualizou estilisticamente as fachadas. A composição neoclássica introduziu platibanda e vãos em arco pleno, que no piso superior foram enquadrados por pilastras jônicas, num desenho que consagrou a imagem do edifício.

Cenário importante da história administrativa e política do estado por mais de dois séculos, o prédio sediou o Poder Legislativo gaúcho por 132 anos. Em setembro de 1967 o Legislativo foi transferido para a nova sede do outro lado da rua, no Palácio Farroupilha. Foi restaurado entre 2005 e 2010 para abrigar o Memorial do Legislativo, com acervo composto por quadros, objetos e documentos do século XIX e XX.

O prédio foi tombado pelo IPHAE, Instituto do Patrimônio Histórico e Artístico do Estado, em 1981.

Fachada Principal

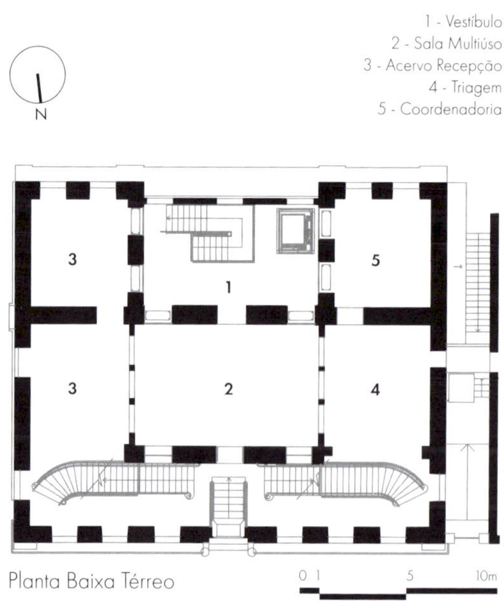

Planta Baixa Térreo

Rua Professor Annes Dias, 295

Hospital Geral e Capela do Senhor dos Passos:
Francisco João Roscio | 1803-1826
Hospital São Francisco:
Fernando Corona | 1930

A construção do mais antigo hospital do Rio Grande do Sul, acompanhado da capela em louvor ao Senhor dos Passos, se inicia em 1803, em terrenos situados fora do antigo povoado, com seu plano traçado pelo Brigadeiro Francisco João Roscio. A inauguração aconteceu em 1826.

Desde o princípio sua função foi atender principalmente escravos, pobres e presos, dando-lhes assistência médica e social. Além do tratamento aos doentes, a instituição se responsabilizava pelo cuidado aos "alienados" (até a fundação do Hospital São Pedro, em 1884) e às crianças abandonadas na "Roda dos Expostos" (entre 1837 e 1940). Abrigou também um cemitério até 1850, depois transferido para o bairro da Azenha.

O conjunto de prédios remanescentes do século XIX pode ser identificado a partir da Praça Dom Feliciano: à direita da capela, a fachada com janelas em arco abatido encimada por um frontão clássico. A Rua Duque de Caxias foi rebaixada no final do século XIX, quando foram demolidas as escadarias de acesso, desfigurando o conjunto com a criação de um muro corrido no pavimento inferior. Por detrás dessa fachada encontra-se um dos raros pátios internos novecentistas de Porto Alegre, cercado de arcadas.

No final do século XIX, a instituição transformou-se de assistencialista para terapêutica. No século XX inicia-se a construção dos hospitais especializados, sendo o primeiro o Hospital São Francisco, de 1930.

FSB - MJF/PMPA

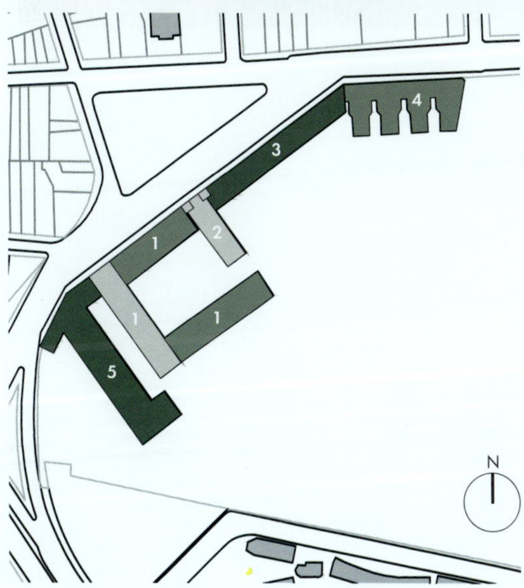

1 - Pavilhão Centenário
2 - Igreja São Francisco
3 - Hospital São Francisco
4 - Centro Cultural da Santa Casa
5 - Pavilhão Daltro Filho

Início do século XIX
Final do século XIX
Início do século XX

Implantação

Fachada Principal

Rua dos Andradas, 597 e Rua Riachuelo, 630

Capela-Mor: **autor desconhecido** | 1807-1813
Nave: **Maximilian von Emmerich**
e **Luiz Manoel Martins da Silva** | c. 1850-1868
Fachada e torres: **Julio Weise** | 1900-1903

A irmandade da Ordem Terceira de Nossa Senhora das Dores se reunia na Igreja Matriz até 1807, quando resolve construir o seu próprio templo. Em 1813 é inaugurada a Capela-Mor. Durante a Revolução Farroupilha as obras foram paralisadas. Ao final do conflito, é retomada a construção da nave principal, com projeto de autoria de Maximilian von Emmerich e Luiz Manoel Martins da Silva. Em 1868, concluída a pintura do teto, de autoria de Germano Traub, o corpo da igreja foi inaugurado. Entre 1869 e 1873 foi construída a ampla escadaria para a Rua da Praia, com projeto de Antônio Mascarenhas Teles de Freitas.

No final do século XIX, foi aprovado o projeto das fachadas, de autoria do arquiteto alemão Julio Weise. Em 1900 é inaugurada a torre oeste e em 1901 a torre leste. A construção foi finalmente inaugurada em 1903. Segundo a lenda, a demora na construção foi fruto de uma praga do escravo Josino, injustamente acusado de roubar material da obra e enforcado defronte à Igreja em 1854.

Devido ao tempo transcorrido, a Igreja apresenta uma sucessão de estilos. A nave principal apresenta traços da arquitetura colonial luso-brasileira, visível nas aberturas laterais em arco abatido. Os adornos interiores são rococós e a frontaria é eclética, com pilastras coríntias e torres em traços neogóticos. Em 1938 foi tombada pelo IPHAN.

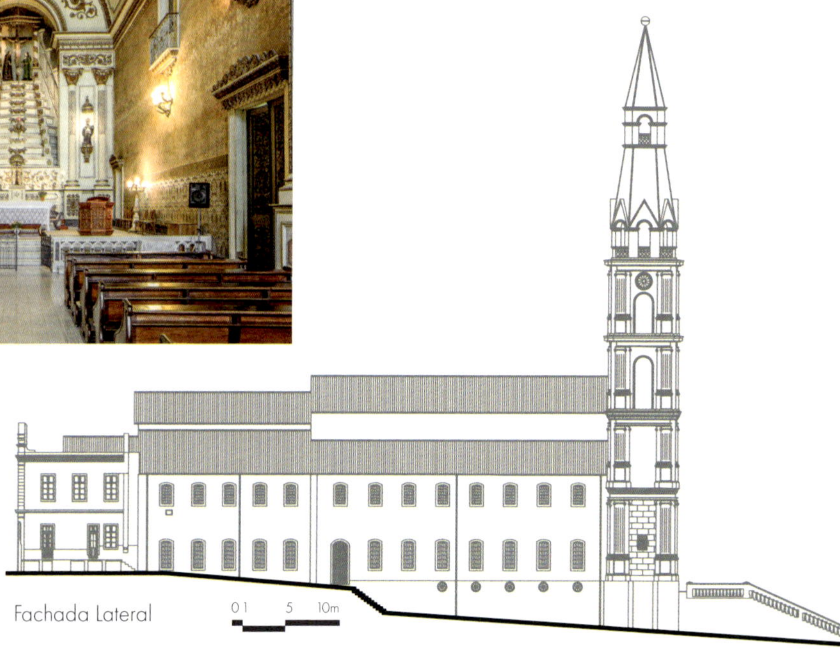

Fachada Lateral   0 1 5 10m

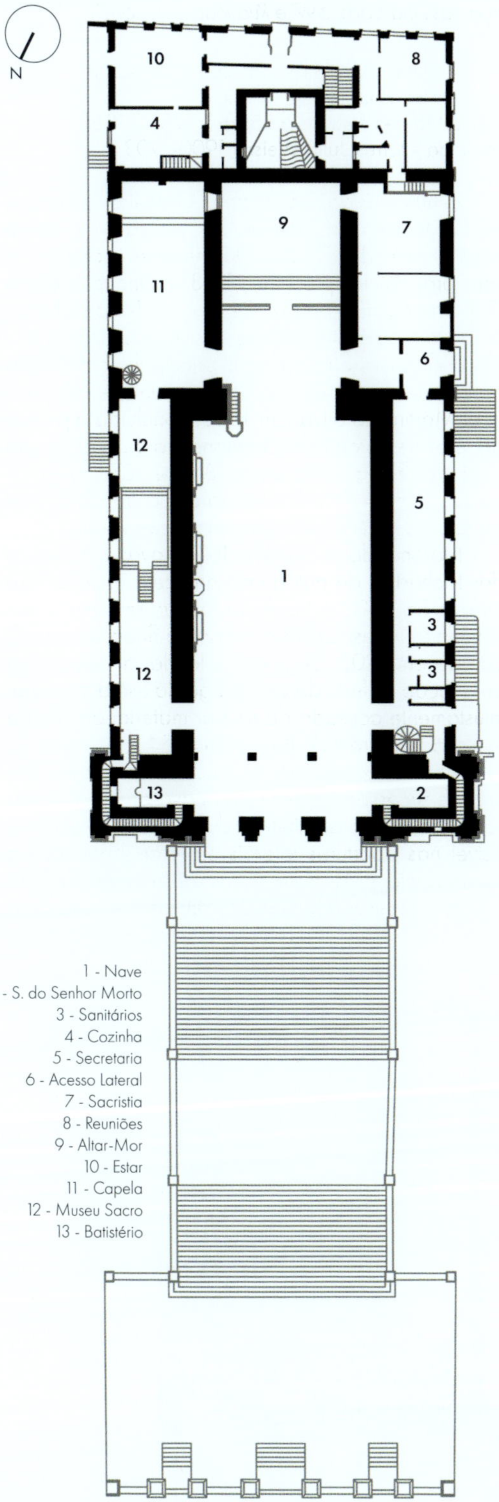

1 - Nave
2 - S. do Senhor Morto
3 - Sanitários
4 - Cozinha
5 - Secretaria
6 - Acesso Lateral
7 - Sacristia
8 - Reuniões
9 - Altar-Mor
10 - Estar
11 - Capela
12 - Museu Sacro
13 - Batistério

Planta Baixa Térreo

0 1 5 10m

FSB - MJF/PMPA

Rua Duque de Caxias, 968

Autor desconhecido | c. 1818-1824
Projeto de restauração:
Maria Eliana Vieira dos Santos | 1988-1993

O Solar dos Câmara foi construído entre 1818 e 1824 por José Feliciano Fernandes Pinheiro, futuro Visconde de São Leopoldo e primeiro presidente da Província de São Pedro. Depois foi residência de seu genro, o Visconde de Pelotas, e de seu bisneto, Armando Câmara.

Concebida no padrão colonial luso-brasileiro, a casa passou por uma grande reforma em 1874, atendendo ao estilo Neoclássico. Da primeira fase ainda se percebem na fachada as portadas em cercaduras de pedra com arcos abatidos, guarnecidas por peitoris metálicos dispostos em forma de púlpito. A fachada frontal ostenta uma platibanda que exibia diversas estátuas em cerâmica esmaltada, representando os continentes, hoje expostas no interior da casa. No alinhamento da casa estão dois portais em feição neobarroca. O jardim, densamente arborizado, possui estátuas e fonte, elementos instalados na reforma de 1874, quando o prédio foi ampliado e os ambientes internos receberam requintes como veludos, lustres, tapetes e cristais.

Após a morte do professor Armando Câmara, em 1975, foram iniciadas tratativas da Assembleia Legislativa com a família para aquisição do prédio, efetivada em 1981. Em 1988 foram iniciadas as obras de restauração em parceria com o IPHAN. O Solar hoje abriga um espaço cultural, com apresentações artísticas e visitas guiadas. Em 1963, o prédio foi tombado como Patrimônio Histórico Nacional pelo IPHAN.

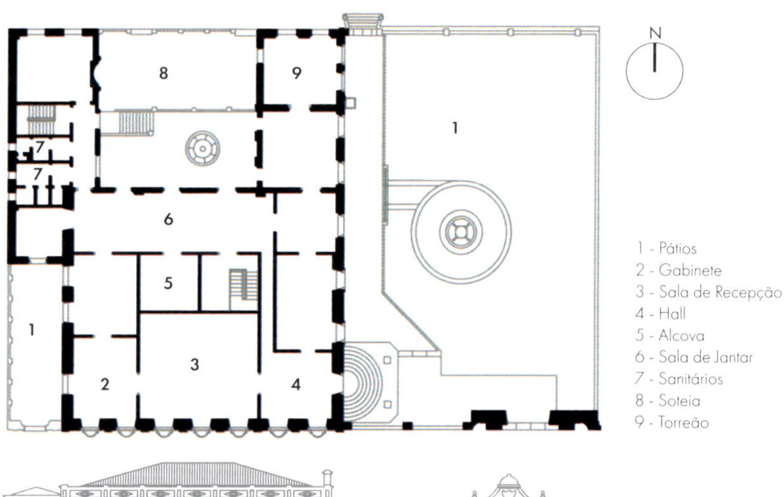

Planta Baixa

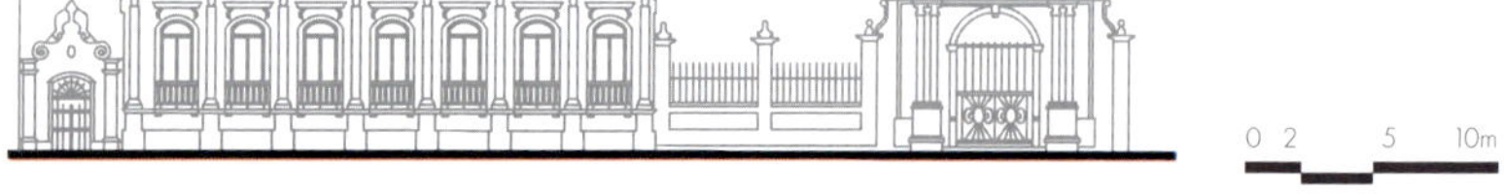

Fachada Principal

1818
968

Planta Baixa Térreo

Travessa Paraíso, 71

Autor desconhecido | c. 1820
Projeto de restauração:
Helton Estivalet Bello (EPAHC-SMC) | 1995-2005

No século XIX o prédio sediou uma chácara que abrangia o Morro Santa Teresa, tendo suas terras loteadas pelo crescimento dos bairros Menino Deus, Santa Teresa e Cristal. Os elementos formais e construtivos são tradicionais da arquitetura luso-brasileira, tais como telhas cerâmicas tipo capa e canal, aberturas em vergas de arco abatido, vidros com caixilhos externos nas janelas e cunhais nas extremidades da fachada frontal.

Conforme pesquisa coordenada pela arqueóloga Fernanda Tocchetto (Museu Joaquim Felizardo/SMC), há registro de um sobrado com benfeitorias na propriedade em 1820. A casa foi vendida em 1829 a Onofre Pires da Silveira Canto, general da Revolução Farroupilha, que seguiu como donatário até morrer no duelo com Bento Gonçalves em 1844. Com o passar do tempo, ocorreram várias ocupações. O prédio passou a abrigar três moradias a partir de 1946, com acessos, escadas e sanitários independentes. Mesmo considerado patrimônio cultural desde 1977, a degradação física avançou. Sua demolição foi solicitada várias vezes, culminando com o incêndio ocorrido em 1994 após invasão, época em que o IPHAN consagrou o local como sítio arqueológico. O estado crítico do Solar motivou sua aquisição pela Prefeitura, que promoveu o restauro entre 1995 e 2000. O projeto buscou manter a legibilidade dos espaços da antiga residência, tornando o Solar um equipamento público, hoje ocupado pela SMC.

Rua Riachuelo, 645

Autor desconhecido I c. 1810

A antiga Rua do Cotovelo registra já desde 1788 escrituras de compra e venda de "moradas de casas cobertas de telhas". No início do século XIX aquele trecho da Riachuelo já conformava um correr de "casa-em-fita", alternando casas térreas e alguns sobrados. A maioria das propriedades na Rua Riachuelo naquela época possuíam 23 ou 46 palmos de largura. O sobrado em questão, último remanescente não descaracterizado da residência urbana colonial em Porto Alegre, possui 6,80 metros de testada, correspondente a 30 palmos; já a profundidade do terreno é de 47 metros. A fachada apresenta modulação de três aberturas para a via pública, com uma porta que se comunica através de extenso corredor com o pátio aos fundos. As demais janelas ainda apresentam cercaduras de madeira com verga curva, postigos e vidraças externas. Uma das janelas possui cercaduras até o piso, registro de uma antiga porta depois convertida em janela.

O térreo provavelmente era utilizado para atividades comerciais, armazéns ou oficinas, e o segundo pavimento era reservado para a residência da família. O imóvel foi tombado em 1980 e enfrentou longo litígio entre o proprietário e a Prefeitura pela sua manutenção. Em obra de estabilização realizada em 2017 pelo município preservaram-se alvenarias internas em estuque, rebocos a cal originais e recuperaram-se as esquadrias. O prédio aguarda projeto de restauração completo e destinação de uso que evite a continuidade do processo de degradação.

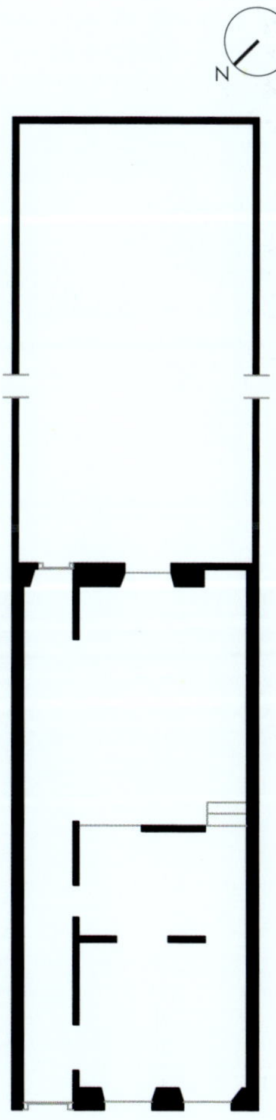

Planta Baixa Térreo

FASE 2

Império
(1822-1889)

O início do século XIX no Brasil foi marcado por profundas transformações políticas e econômicas que tiveram reflexo no cenário urbano da sede e das províncias. A expansão comercial da Inglaterra, o poderio militar francês sob o comando de Napoleão, a transferência da Corte Portuguesa para o Rio de Janeiro e a vinda da Missão Artística francesa são fatores que conduziriam à necessidade urgente de modernização, entendida, sobretudo após o processo de independência, através do rompimento com os padrões urbanísticos e arquitetônicos coloniais. Esse processo de modernização é amplo e afeta todos os âmbitos da vida social e cultural da nova nação. No âmbito da arquitetura e do espaço urbano, corresponderá à introdução de novos serviços públicos até então inexistentes, criação de códigos de posturas urbanísticos que afetam inclusive o comportamento do cidadão em público, e também, não menos importante, a necessidade de uma atualização estilística da arquitetura, do paisagismo e dos espaços urbanos. A europeização da arquitetura se dará através da importação do estilo Neoclássico, utilizado a partir de então para a construção dos novos edifícios públicos e nas reformas generalizadas das fachadas dos antigos prédios residenciais coloniais. No espaço urbano, a busca de um refinamento no uso das vias e praças se imporá através de novas normas que passam a regrar a pavimentação de passeios, a proibição dos antigos beirais dos telhados coloniais, que jogavam água sobre as vias, e a obrigação da construção de platibandas.

Parte importante da política imperial de europeização da nação é o processo imigratório, sobretudo de alemães, nesse período. Trata-se de uma tentativa de introduzir formas de trabalho alternativas à mão de obra escrava. O Império, sem nunca romper taxativamente com a escravatura, implantava sucessivas políticas de redução do sistema servil e de formas paralelas de trabalho, como a da mão de obra livre, branca e europeia. No Rio Grande do Sul, a imigração alemã, após a bem-sucedida experiência com os açorianos, preparará as bases para o impulso comercial da cidade de Porto Alegre no século XIX. A colonização alemã viria a ocupar, a partir de 1824, a região ao norte da cidade, ao longo dos vales do Rios dos Sinos e Caí. Em breve

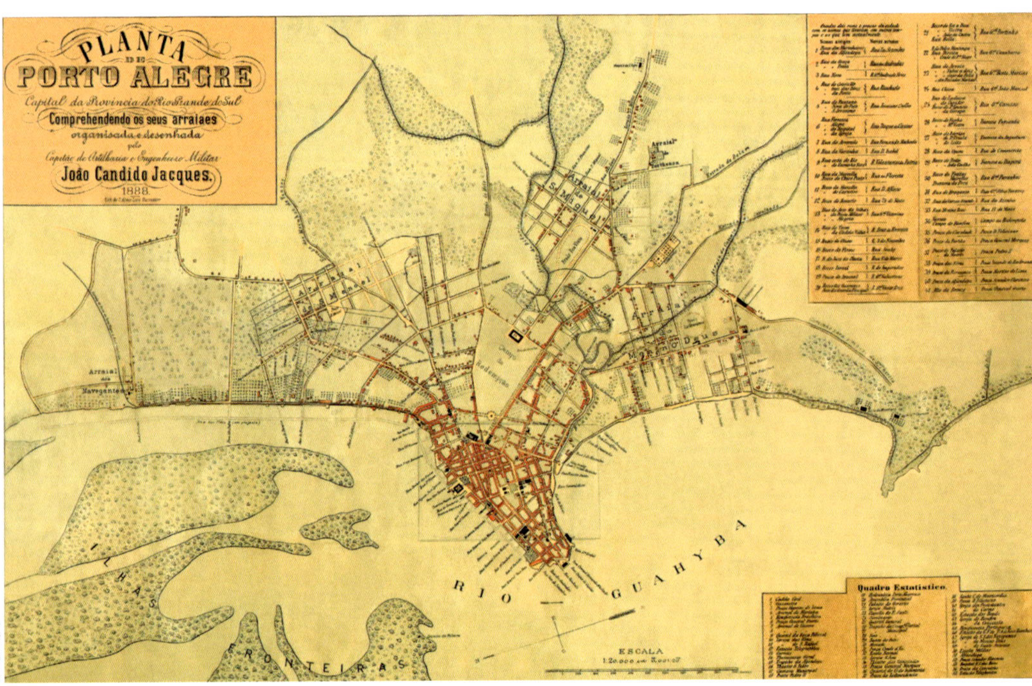

IHGRGS

Planta da cidade de Porto Alegre, 1888

FSB - MJF/PMPA

Asilo Padre Cacique

estaria ampliada consideravelmente a importância econômica de Porto Alegre, que se torna o porto de exportação da produção de uma vasta região. As ligações da cidade com a colônia alemã se dão num primeiro momento por via exclusivamente fluvial. Logo em seguida, passou-se a utilizar também uma estrada de ligação com o vale do Rio dos Sinos, o Caminho Novo, atual Rua Voluntários da Pátria, facilitando o comércio local. Apenas no final do Império uma terceira forma de acesso será implantada: o trem, a partir de 1870, ligando Porto Alegre a São Leopoldo e em seguida a Novo Hamburgo, Taquara, Montenegro. Mas os reflexos urbanísticos deste novo modal de transporte serão realmente sentidos apenas na fase político-econômica subsequente, a República Velha.

Como consequência da colonização alemã, Porto Alegre começa a crescer e a equipar-se: cresce a população, melhora a incipiente infraestrutura urbana, amplia-se o número de chácaras e arraiais nos arrabaldes. A arquitetura urbana ainda mantém a antiga implantação açoriana, ocupando toda a largura dos lotes estreitos e compridos, mas vai vendo suas fachadas receberem características clássicas. Os sobrados, prédios com dois ou mais pavimentos, mantêm atividades comerciais no térreo e a residência dos proprietários nos andares superiores. Esse tipo de ocupação é perceptível, ainda hoje, mesmo que muito alteradas as fachadas, em algumas ruas do Centro Histórico da cidade.

No período de dez anos de duração da Revolução Farroupilha (1835-1845), Porto Alegre passa por um processo de estagnação, decorrente do estado de sítio a que foi submetida por manter posição favorável às forças do Império, contra os farrapos. Entretanto, vencido o conflito, livre do cerco, a cidade expandiu-se fisicamente e passou por um processo de diversificação comercial e fortalecimento econômico, graças ao excedente da produção colonial e à facilidade de intercâmbio de produtos através do porto. Além disto, a cidade é beneficiada pelo governo imperial com diversos novos serviços e melhorias. Surge a numeração de casas e a sinalização de ruas, o serviço público de água, através da Companhia Hidráulica com seus chafarizes (1866) e o primeiro jardim público, a Praça da Harmonia ou Passeio Público, criada em 1859. Um significativo aterro de toda a face norte da península é providenciado (1845-1860), criando um cais ao longo da atual Rua Sete de Setembro.

A arquitetura pública do período imperial reflete a necessidade de implantação de serviços inexistentes nas antigas cidades coloniais. Os novos equipamentos urbanos voltam-se para a saúde, higiene, cultura, caridade, segurança e ensino. Assim, na área da saúde vemos as ampliações sucessivas da Santa Casa, a edificação do Hospital Beneficência Portuguesa (1867-1870) e a construção do imponente Hospital Psiquiátrico São Pedro (1879-1884). Ambos possuem as características do Neoclassicismo: grandes volumes horizontalizados, com clara definição de base, corpo e coroamento, simetria, modenatura bem estabelecida por ordens clássicas, acesso também bem definido e hierarquizado, ornamentação discreta. Vemos refinamento no tratamento de elementos de serralheria, madeiramentos, azulejaria, estuques, bem como a introdução de elementos importados, especialmente louças e ornatos.

Na tentativa de higienizar o comércio de alimentos, até então feito num velho mercado improvisado ou nas feiras de rua e na Praça da Quitanda, é construído um novo Mercado Público (1861-1869), de grandes proporções para a cidade de então.

A construção de um grande teatro moderno como o Theatro São Pedro (1850-1858) é parte da pretensão de melhorar os hábitos e costumes da população local, ao mesmo tempo em que coloca a cidade na rota das companhias líricas e teatrais internacionais. A construção da Cadeia

FSB - MJF/PMPA

Praça Dom Pedro II, atual Praça da Matriz, c. 1880

Pública (1848-1864), já demolida, do Asilo de Mendicidade Padre Cacique (1880-1898), do Lyceu Dom Afonso (1864-1871), da Escola Militar (1881-1887), bem como de diversos novos prédios para as atividades militares (Novo Arsenal de Guerra, 1866), fazem parte desta enorme transformação dos serviços urbanos que toma conta do período.

Ao final do período imperial, a cidade está reconfigurada. A Planta da Cidade de Porto Alegre de 1888, elaborada por João Candido Jacques, apresenta claramente uma cidade que se expandiu além do seu núcleo primitivo, estando estabelecido o sistema de artérias radiais partindo do Centro em direção aos arraiais. Estes, constituí-

Acervo Olavo Dutra

Conjunto do Theatro São Pedro e Tribunal de Justiça visto da Praça da Matriz

FSB - MJF/PMPA

Mercado Público

dos por um agrupamento de ruas planejadas, com equipamentos próprios, como igrejas e espaços abertos, serão o núcleo de alguns dos futuros bairros de Porto Alegre. Nesta planta identificam-se os arraiais de Navegantes, ao norte, seguido em direção sul do arraial de São Manoel, São Miguel, Parthenon e Menino Deus. Essas localidades já estão conectadas à cidade por um serviço de bondes com tração animal desde 1873.

Porém, paralelamente a essas realizações, a incidência de diversas epidemias durante a segunda metade do século XIX deixa claro o quanto essas modernizações eram parciais e como não enfrentavam as questões cruciais do trabalho escravo, das precárias condições de higiene e da falta de habitabilidade dos redutos das classes pobres, representando a permanência dos padrões urbanos coloniais, mesmo após todos os esforços.

FSB - MJF/PMPA

Mercado Público

As obras deste longo período estão relacionadas a importantes arquitetos brasileiros, com destaque para Francisco Nunes de Miranda e Álvaro Nunes Pereira (1847-1923), como também a um grupo expressivo de arquitetos estrangeiros que passam a atuar no estado. Alguns arquitetos alemães que imigraram à cidade no século passado merecem destaque: Phillip Von Normann (1818-1862), Friedrich Heydtmann (1802-1876), Johann Grüenewald, (1832-1910), e Wilhelm Ahrons (1836-1915), são personagens que cumpriram um papel significativo para a contextualização local do repertório neoclássico:

> *Desempenharam um papel semelhante ao da "Missão Francesa" no Rio de Janeiro. Foram eles que trouxeram ao extremo-sul os cânones da arquitetura europeia, que consistia numa reelaboração das ordens clássicas interpretadas sob uma perspectiva germânica.[...] suas obras revolucionaram a linguagem arquitetônica provincial, que perdeu seu caráter militar, pesado e católico, a favor de uma expressão mais citadina, burguesa e protestante.* (Weimer, 1987 b:264).

Ao final do período começa a manifestar-se uma articulação, comandada pela burguesia emergente, de um discurso para a implantação de um reordenamento mais profundo da cidade. Essas aspirações estão diretamente relacionadas à abolição da escravidão e vão envolver sobretudo novas infraestruturas de seneamento, transporte e conforto urbano. Tal reordenamento será a tarefa, parcialmente cumprida, da República.

FSB - MJF/PMPA

Theatro São Pedro

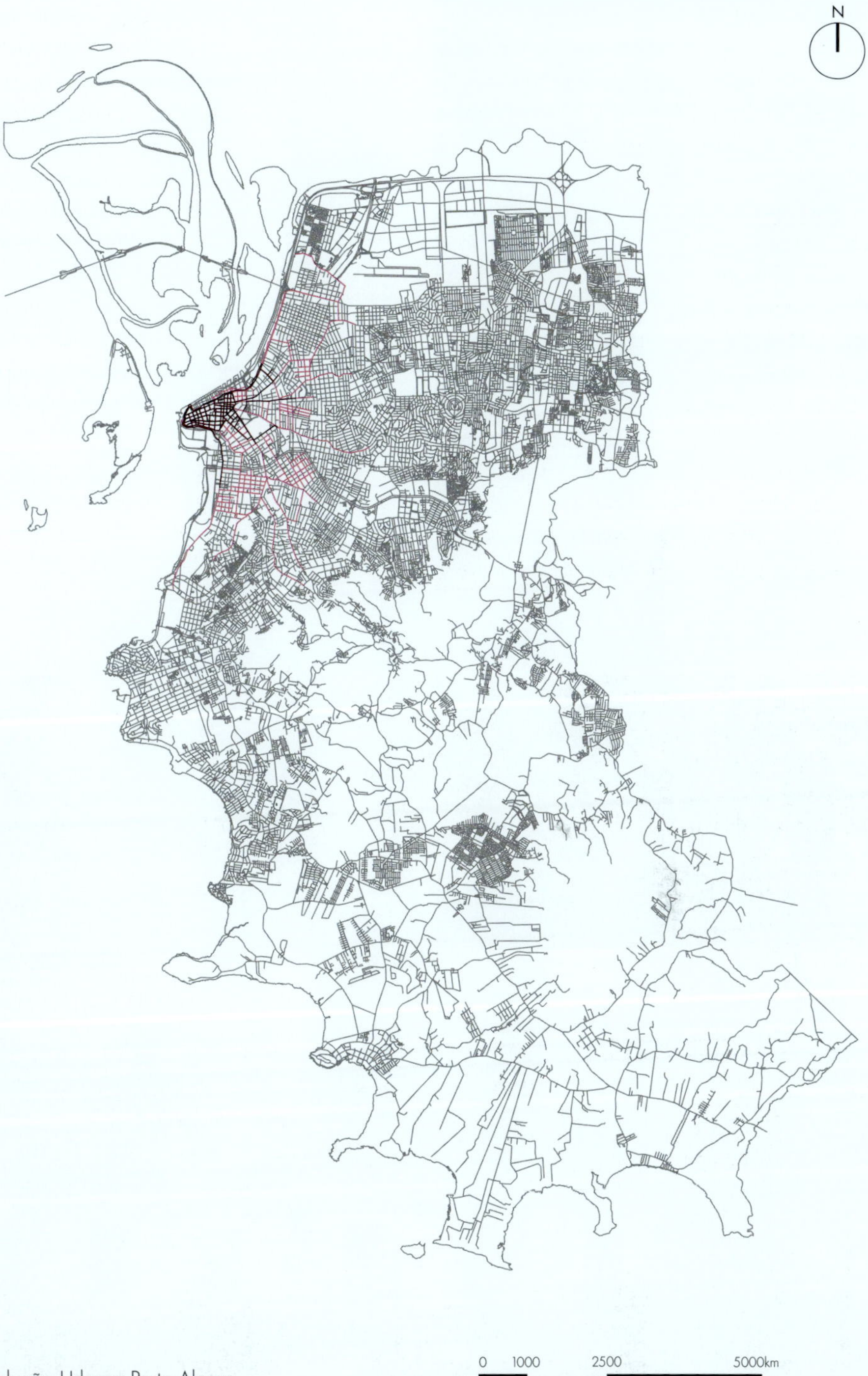

Evolução Urbana Porto Alegre
FASE 01: 1772-1822
FASE 02: 1822-1889

FSB - MJF/PMPA

Rua dos Andradas, 562

Autor desconhecido | c. 1828
Reforma e ampliação:
Luiz Manoel Martins da Silva | 1851

A construção do prédio foi iniciada em 1828 em terrenos de propriedade da Real Fazenda e da Irmandade de Nossa Senhora das Dores. Passou por várias reformas ao longo de sua existência, acomodando sucessivamente o Trem de Guerra (1819), o Arsenal de Guerra do Rio Grande do Sul (1829) e o Arsenal de Guerra de Porto Alegre (1851), época em que foi reformado, assumindo o estilo Neoclássico simplificado que apresenta até hoje. Em 1924 foi transformado no Estabelecimento Regional de Fardamento, Equipamento e Arreamento, e em 1935 serviu como Estabelecimento Regional de Material de Intendência. Hoje serve como sede da 8ª Circunscrição de Serviço Militar, entre outros setores do Comando Militar Sul.

O prédio é constituído por um bloco retangular que ladeia a escadaria da Igreja das Dores, com a qual forma um belíssimo conjunto. Seu portal com gradis está centralizado na fachada para a Rua dos Andradas e dá acesso a um pátio interno em plano inclinado. A fachada, além do portal, possui também três portas em arco no térreo, três janelas com sacadas de ferro acima e um tímpano, onde está inserido o brasão da República. As pilastras são em ordem toscana gigantes. Ladeiam o bloco central dois blocos com janelas retangulares sem ornamentos. Possui uma cornija clássica sob uma platibanda em balaustrada.

SOLAR CONDE DE PORTO ALEGRE – SEDE IAB RS

8

Rua General Canabarro, 363

Autor desconhecido | c. 1828
Projeto de restauração:
Roberto Pagliosa e **Ediolanda Liedke** | 1998-2000

FSB - MJF/PMPA

Construído por volta de 1828 pelo Comendador Israel Soares de Paiva, a edificação foi moradia a partir de 1855 de Manoel Marques de Souza, o Conde de Porto Alegre, figura de destaque na Revolução Farroupilha e na Guerra Cisplatina. O Solar foi construído por volta de 1855 e apresentava originalmente características da arquitetura colonial luso-brasileira, como aberturas de madeira em arco abatido, telhas capa e canal e uma camarinha, mescladas ao Neoclassicismo em voga no Império, como platibanda e pilastras na fachada principal.

Em 1932 os descendentes do Conde de Porto Alegre venderam o prédio ao Governo do Estado, que passou a utilizá-lo como sede dos órgãos de segurança pública. Em 1933 passou a ser sede do Corpo Policial, recebendo alterações em sua configuração original, principalmente na volumetria (supressão da camarinha), aberturas externas (substituição dos arcos abatidos por vergas retas) e tratamento das fachadas, que sofreram uma atualização estilística para um Neoclássico tardio. O Necrotério, construído no lote em 1933, apresenta uma composição que caracteriza a vigência do Ecletismo historicista ainda em voga.

Nos anos 1960 e 1970, período da ditadura militar, também foi sede do DOPS e do DOI-CODI, instituições ligadas à repressão política. Em 1994, o prédio foi cedido ao Instituto de Arquitetos do Brasil / RS, que deu início ao processo de restauração e reciclagem a partir do ano 2000. O projeto buscou transformar o local em ponto cultural com espaços de uso flexíveis, incluindo salão para eventos, exposições e cursos.

O Solar Conde de Porto Alegre e o antigo Necrotério foram tombados pela Prefeitura Municipal em 1998.

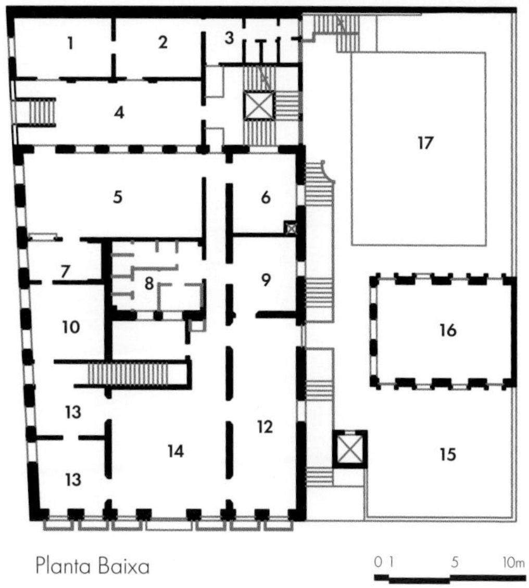

Planta Baixa

1 - Diretoria
2 - Administração
3 - Recepção
4 - Pátio interno
5 - Bar IAB
6 - Cursos
7 - Copa
8 - Sanitários
9 - Reuniões
10 - Cozinha
11 - Pátio interno
12 - Sala Multiúso (Sala Branca)
13 - Exposições
14 - Sala Multiúso (Sala Negra)
15 - Terraço
16 - Antigo Necrotério
17 - Pátio interno

Fachada Norte

FSB - MJF/PMPA

Av. Loureiro da Silva esq. Av. Borges de Medeiros

João Alvarez Ferraz d'Eilly | c. 1845-1848
Projeto de restauração:
Edegar Bittencourt da Luz | 2015-2016

Por volta de 1825, no Governo do Visconde de São Leopoldo, foi construída em madeira a primeira ponte para ligar a cidade com a margem esquerda do Riacho Dilúvio, em direção à Zona Sul. Essa primeira ponte de madeira sofreu repetidos danos e passou por várias reconstruções. Em 1845, o Conde de Caxias, então presidente da Província, tomou a decisão de construir obra sólida e definitiva. A ponte de pedra foi posta em condições de utilização em março de 1848.

A estrutura da ponte é composta de abóbodas arqueadas construídas em alvenaria de tijolos maciços. São apoiadas em pilares em cantaria de arenito, que se sobressaem à largura da ponte, em forma de quilha. O leito da ponte é aterrado e revestido de pavimentação irregular de granito. A ponte apresenta guarda-corpos revestidos em argamassa de cal e estreitas calçadas. Na extremidade sul, frades de tijolos ornamentam as cabeceiras.

As obras de canalização do Riacho, na década de 1940, desviaram seu curso para a Avenida Ipiranga e deixaram a ponte ociosa. Na década de 1970, a implantação da Primeira Avenida Perimetral criou a necessidade de alguns viadutos, entre eles o Viaduto Loureiro da Silva, muito próximo da antiga ponte. O projeto preservou a ponte de pedra, e integrou-a ao viaduto, através do paisagismo. Criou-se um pequeno lago, com um gramado e algumas árvores isoladas que permitem a visualização do monumento em um ambiente de contemplação. A este conjunto se integrou em 1974 o Monumento aos Açorianos, do escultor Carlos Tenius.

A ponte foi restaurada em 2016, quando o projeto de um novo paisagismo para o largo começou a ser implantado.

Implantação

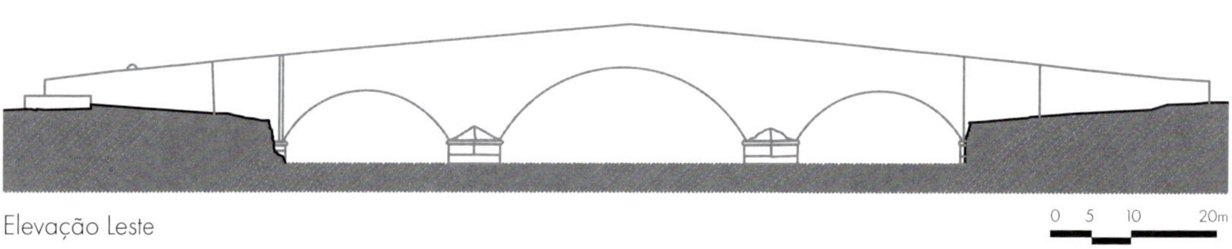

Elevação Leste

FSB - MJF/PMPA

Praça da Matriz, s/nº

Phillip Von Normann | 1850-1858
Projeto de restauração:
Carlos Mancuso | 1975-1984

As obras do teatro iniciaram em 1833 por iniciativa de uma sociedade por ações de 12 cidadãos da comunidade. Deveria se chamar "São Pedro de Alcântara" e seus rendimentos seriam revertidos para a Santa Casa de Misericórdia. As obras foram interrompidas em 1835 ainda nos alicerces, em decorrência da Revolução Farroupilha. Reiniciaram em 1850, com novo projeto de Phillip Von Normann, arquiteto alemão radicado no Brasil. Normann o projetou, em conjunto com o prédio para a Câmara Municipal ao lado, quase idêntico, formando um portal neoclássico para a Praça da Matriz. Em 1858 foi inaugurado. O prédio gêmeo incendiou-se em 1949, sendo substituído pelo atual Palácio da Justiça.

A fachada cúbica com as janelas do primeiro pavimento em arco pleno e as do segundo com tímpanos é de grande elegância. A planta retangular segue o modelo do teatro italiano, com plateia em formato de ferradura e três galerias circundantes, fosso de orquestra e palco. A edificação possui subsolo abrigando os espaços administrativos e de apoio; um foyer inferior ao nível do térreo e um foyer superior, onde há uma cafeteria e sala de concertos.

Em 1975, foram iniciadas as obras de recuperação e restauração, reabrindo as portas em 1984, ano da comemoração de seu 126° aniversário. Buscando-se o resgate de suas características originais, alguns elementos internos puderam ser recuperados, como os gradis das galerias; outros foram recriados, como os lustres e a pintura do forro da plateia.

Foi tombado pelo IPHAE em 1984 e pelo IPHAN em 2000.

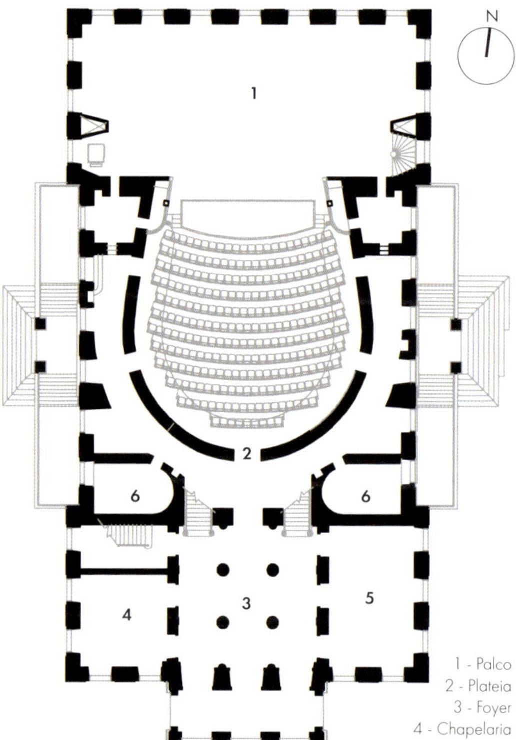

1 - Palco
2 - Plateia
3 - Foyer
4 - Chapelaria
5 - Exposição
6 - Sanitários

Planta Baixa

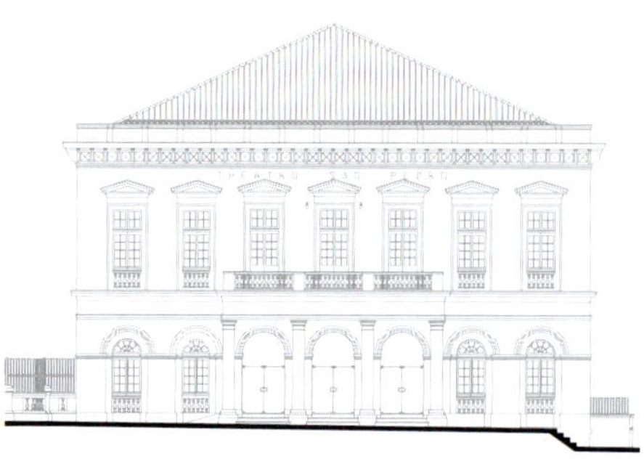

Fachada Sul

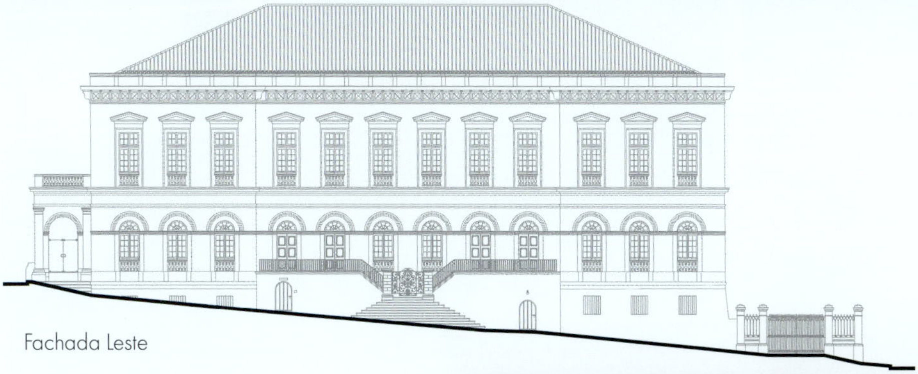

Fachada Leste

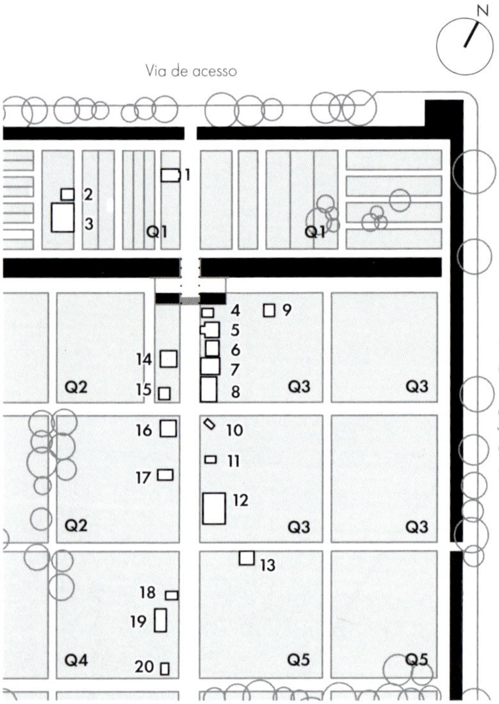

Túmulos e mausoléus em destaque

0 20 50 100m

1 - Otávio Rocha
2 - Paulo Hecker
3 - Maurício Cardoso
4 - Família Mostardeiro
5 - Júlio de Castilhos
6 - Cel. Bordini
7 - Família Chaves Barcelos
8 - Senador Pinheiro Machado
9 - Iberê Camargo
10 - Plácido de Castro
11 - Barão e Baronesa do Gravataí
12 - General Daltro Filho
13 - Visconde de Pelotas
14 - João José Ferreira Porto (Veador Porto)
15 - Barão de Cahy
16 - Comendador Batista
17 - Conde de Porto Alegre
18 - Vitor Mateus Teixeira (Teixeirinha)
19 - Barão de Guaíba
20 - Vigário José Inácio

Av. Oscar Pereira, 423

Inauguração: 1850

Em 1843, o poder público municipal determina a mudança do antigo cemitério da cidade, localizado atrás da Igreja Matriz, para uma localidade extramuros situada no alto da Colina da Azenha. A administração do novo cemitério ficou a cargo da Irmandade da Santa Casa de Porto Alegre. A partir de 1850 tem início seu funcionamento, com sepultamento de todos que não tinham condições financeiras – indigentes ou escravos abandonados pelos donos após a morte.

Em 1880, o Cemitério da Santa Casa contava com mais de 30 mil sepultamentos, sendo 6.723 de escravos e 23.577 de livres. No ano seguinte, iniciou-se a construção do muro que delimita a área no alto da Colina da Azenha. Até 1884, os livres eram sepultados no interior desse Cemitério e os escravos fora de seus muros. Naquele ano, com a antecipação da abolição da escravatura em Porto Alegre, todos os falecidos da capital passaram a ser enterrados na sua parte interna. Os surtos de cólera, tuberculose, febre tifoide, moléstias intestinais e afecções cardíacas determinaram o aumento da ocupação da necrópole, que, em 1893, já contabilizava 50 mil sepultados.

O Cemitério é dividido em 26 quadras e galerias de catacumbas e nichos, separadas por ruas e áreas com pequenos jardins. O espaço é dividido em duas grandes áreas: a histórica e a do Campo Santo. Na primeira, estão os principais jazigos e mausoléus, com simbologia artística e religiosa, e o Panteão. A necrópole possui também a Capela São Joaquim, que já é a terceira construída. O conjunto de túmulos e mausoléus forma um museu de arquitetura e esculturas, com obras de grandes artistas locais.

1

2

3

5

8

9

12

14

15

18

19

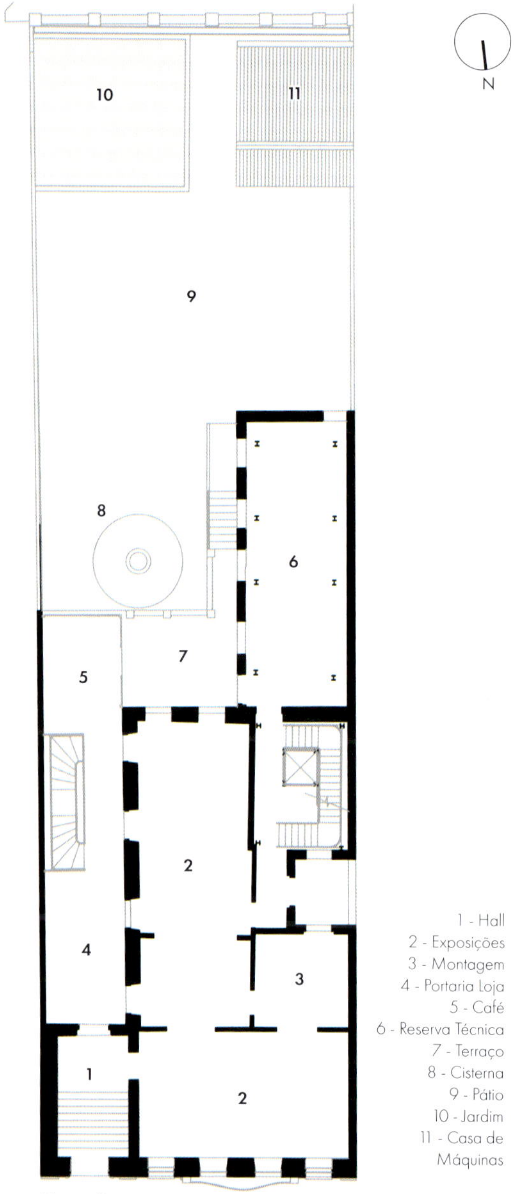

1 - Hall
2 - Exposições
3 - Montagem
4 - Portaria Loja
5 - Café
6 - Reserva Técnica
7 - Terraço
8 - Cisterna
9 - Pátio
10 - Jardim
11 - Casa de Máquinas

Planta Baixa

Rua Duque de Caxias, 973

Autor desconhecido | c. 1850
Reforma da fachada:
Menezes e Bonotto Constructores | 1916
Projeto de restauração:
Ana Margarida Xavier e **Rosilene Possamai (EPAHC-SMC)** | 2006-2013

A casa pertenceu à família de Joaquim Silva Guerra entre 1893 até 1916, sendo então vendida a Julieta Saibro Pinto e Ariosto Pinto, que contrataram projeto de "reconstrução da fachada", inserindo traços do Ecletismo em voga. Trata-se da fachada que a casa apresenta, até hoje, com pequenas diferenças. A casa é vendida à União em 1956, tendo sido então alugada do TRE.

Desocupado em 1990, o prédio entrou em processo de arruinamento até ser doado à Prefeitura para ser restaurado no âmbito do Projeto Monumenta e transformado na Pinacoteca Municipal Rubem Berta, que acolhe a importante coleção doada por Assis Chateaubriand a Porto Alegre nos anos 60.

O imóvel está implantado num terreno em declive com a rua, ocupando toda a testada. A casa possui recuo lateral, formando um corpo principal em "L". Um grande salão se abre para a Rua Duque de Caxias. Ligada ao salão, a sala de jantar é iluminada pelo recuo lateral. Aos fundos, uma varanda aberta se volta para o pátio. Sob o pavimento principal, encontra-se um porão alto. A fachada organiza-se em dois corpos principais: a entrada, à esquerda, dominada pela ampla porta em madeira de duas folhas, com bandeira em ferro trabalhado e, à direita, o corpo principal elevado, com colunas coríntias, balcão em ferro bombé e um frontão curvo.

As obras de restauração revelaram elementos construtivos que mostram o desenvolvimento da arquitetura do século XIX e das primeiras décadas do século XX. Entre eles destaca-se uma cisterna subterrânea que armazenava a água da chuva, uma das poucas remanescentes em Porto Alegre. O prédio é tombado pelo Município.

Fachada Norte

Av. Independência, 240

Autor desconhecido | 1851-1858
Projeto de restauração:
Analino Zorzi e **Edegar Bittencourt da Luz** |
2010-2013

A Irmandade de Nossa Senhora da Conceição existe desde os primórdios da cidade, fundada dentro da Paróquia de Nossa Senhora da Madre de Deus. Era composta predominantemente por homens pardos, o que gerava problemas, pois na Igreja Matriz só se admitiam homens brancos. Em 1847 a Irmandade recebe em doação o terreno e a construção do templo se inicia em 1851, arrastando-se até 1858, quando foi inaugurado ainda incompleto, com apenas a Capela-Mor concluída. No início do século XX foi construída a sacristia, geminada à elevação norte da nave-mor.

Na década de 1970, por ocasião da abertura da Primeira Avenida Perimetral, foi construído um túnel sob a Avenida Independência, alinhado à fachada lateral da Igreja. Nessa ocasião ocorreram intervenções em elementos originais da Igreja objetivando reforçar a estrutura, havendo substituição de pilares, vigas e entrepisos de madeira por concreto armado. Na fachada, a antiga escadaria e o terraço não foram poupados pelos sucessivos alargamentos da Avenida Independência.

Suas fachadas são austeras, em linhas que traduzem a transição do Barroco tardio ao Neoclássico, com ornamentação de tendência Rococó no seu interior, notadamente forros e altar-mor. Chamam a atenção a qualidade das obras de talha e pintura ornamental, de autoria do mestre português João do Couto e Silva, o mesmo autor da talha e coro da Igreja das Dores.

O conjunto formado pela Igreja da Conceição e Sacristia recebeu o tombamento municipal no ano de 2010.

FSB - MJF/PMPA

Fachada Sul

0 1 5 10m

1 - Nártex
2 - Pátio
3 - Batistério
4 - Sala São João
5 - Secretaria
6 - Gabinete
7 - Escritório
8 - Sanitário
9 - Sala de Apoio
10 - Sacristia
11 - Presbitério
12 - Fundos
13 - Sala São Lucas
14 - Cozinha
15 - Depósito
16 - Nave

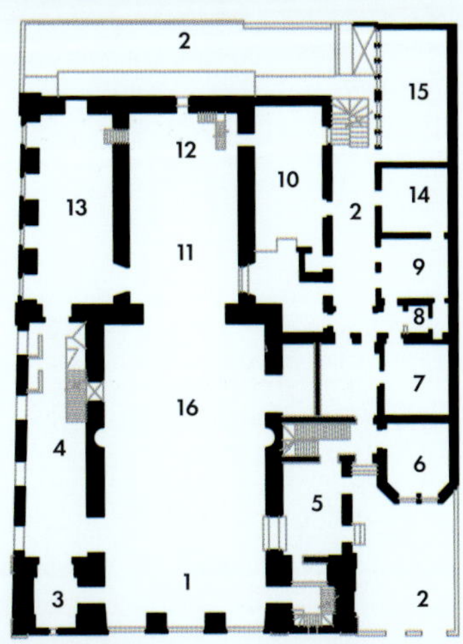

Planta Baixa

Ilha da Casa da Pólvora

Friedrich Pickart e **Robert Dittrich** | 1853-1855
Projeto de restauração:
Evandro Eifler Jr., Evaldo Schumacher,
Luiz Merino de F. Xavier e **Ivana Melo** | 1996

Trata-se da terceira Casa da Pólvora construída na cidade. A primeira teria sido um armazém de barro mandado construir pelo Brigadeiro José Marcelino em 1773. A segunda, construída distante da vila, na Ponta do Melo, explodiu com um raio em 1831. No Governo do Presidente Sinimbu (1852-1855) se tratou de construir a terceira Casa da Pólvora com a respectiva Casa da Guarda, desta vez numa ilha do Guaíba, em frente ao porto.

A construção ficou a cargo do Capitão Friedrich Pickart e do engenheiro militar Robert Dittrich. Consta de um paiol, construído sobre arcadas a 4,6 metros de altura do solo devido às enchentes do lago, num estilo de transição entre o Neoclássico e o Historicismo. Apresenta volume cúbico, frontão triangular e um corpo avançado que abriga a rampa para tracionar as cargas. Ao lado, a Casa do Destacamento ou Casa da Guarda abrigava os responsáveis pela zeladoria do local. Em estilo claramente eclético, apresenta platibanda com frisos, detalhes neogóticos e uma torre de observação.

Um ano após a sua construção o prédio já estava danificado, com paredes rachadas e exigindo reparos. Já em 1857 foi começada a construção de um novo Paiol de Pólvora, desta vez na Ilha das Pedras Brancas, o qual veio a ser concluído em 1860.

Em 1996, o conjunto de ruínas passou por uma restauração promovida pela Fundação Zoobotânica do Rio Grande do Sul, para instalar um Banco de Dados sobre o Delta do Jacuí na Casa da Guarda e um aquário e viveiro de plantas na Casa da Pólvora. Pouco utilizados, os prédios encontram-se novamente em condições de abandono.

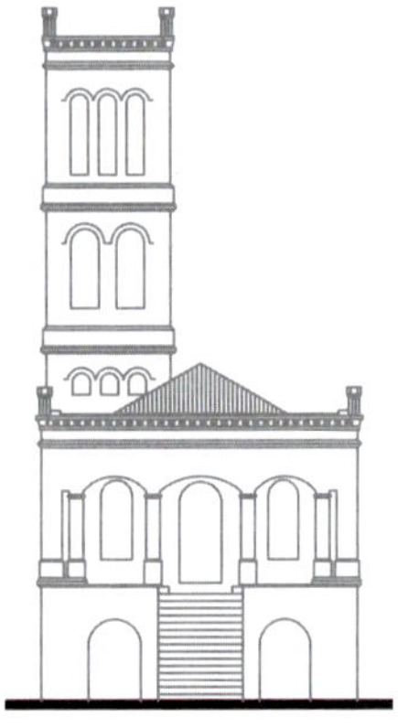

Casa da Guarda
Fachada

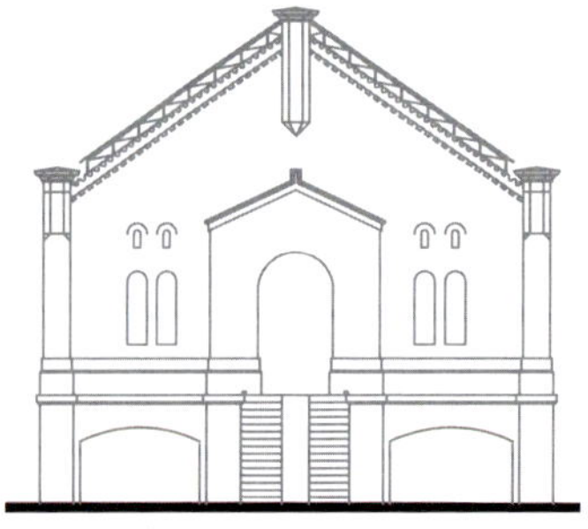

Casa da Pólvora
Fachada

0 1 2,5 5m

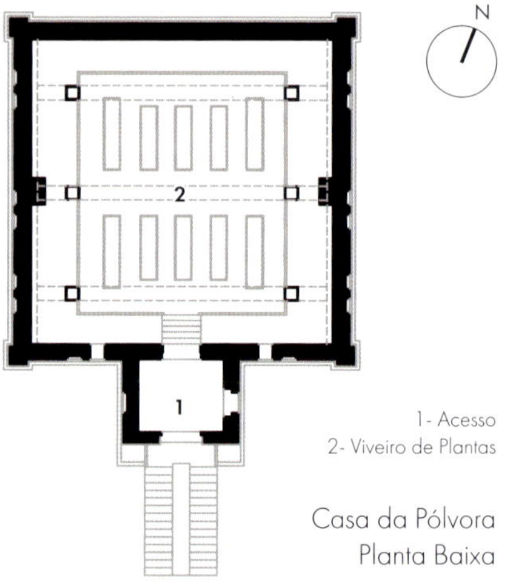

1- Acesso
2- Viveiro de Plantas

Casa da Pólvora
Planta Baixa

Rua João Alfredo, 852

Autor desconhecido | c. 1855
Projeto de restauração:
Nestor Torelly Martins | 1980-1982

O Solar foi construído aproximadamente entre os anos de 1845 e 1855, numa chácara com fundos para a Rua da Margem, atual Rua João Alfredo, para servir de residência à família de Lopo Gonçalves Bastos, importante figura política de Porto Alegre, vereador, provedor da Santa Casa de Misericórdia, fundador da Associação Comercial de Porto Alegre e presidente do Banco da Província. Lopo Gonçalves mantinha muitos escravos que ocupavam a parte térrea da casa, tida como senzala.

No final do século XIX, com o progressivo desaparecimento das propriedades semirrurais, a chácara reduziu seu tamanho. Em meados do século XX, o Solar passou a ser conhecido como Casa da Magnólia, devido à presença de um magnífico exemplar dessa árvore no jardim frontal. Em 1946, o Solar foi adquirido para servir de instalação de uma fábrica de velas.

Em 1966, a Prefeitura indefere pedido de demolição do prédio para a construção de um núcleo residencial para os associados do Serviço de Assistência e Seguro Social dos Economiários (SASSE). Em 1979, se efetua a permuta do Solar entre essa entidade e a Prefeitura. É tombado pelo município em 1979.

Em 1980, têm início as obras de restauração do Solar, que é inaugurado em 1982 e para onde se transfere o Museu Histórico de Porto Alegre. O Museu possui sob sua guarda importantes acervos sobre a história de Porto Alegre.

1 - Exposição/ Antiga Sala de Visitas
2 - Antiga Varanda
3 - Pátio
4 - Acesso ao Torreão
5 - Direção
6 - Fototeca
7 - Área Técnica
8 - Auditório

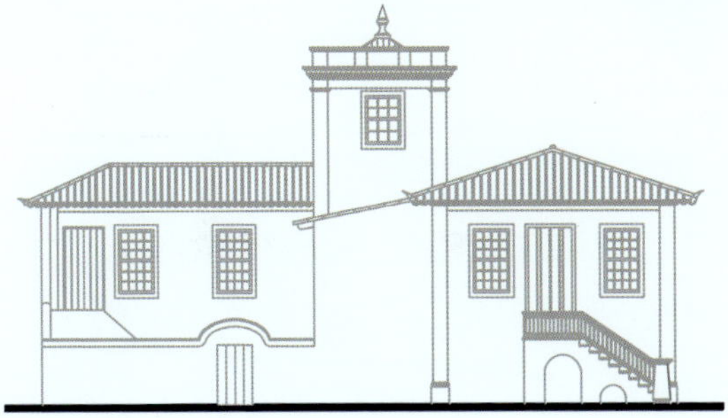

Fachada Leste

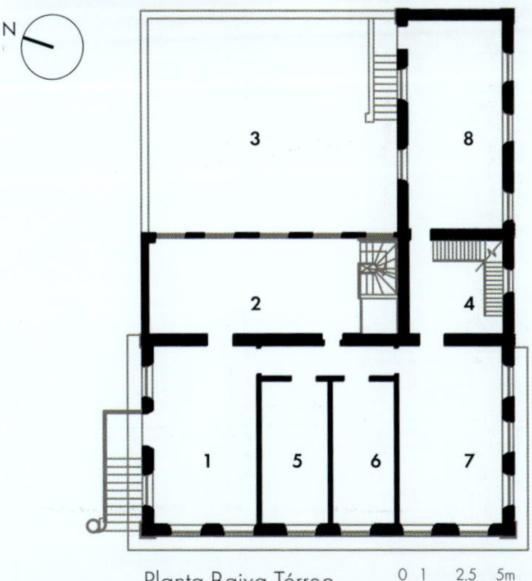

Planta Baixa Térreo

PALÁCIO PROVISÓRIO – MEMORIAL DO MINISTÉRIO PÚBLICO

FSB - MJF/PMPA

Praça Mal. Deodoro, 110
esq. Rua Jerônimo Coelho, 23

Francisco Nunes de Miranda | 1857-1871
Projeto de restauração:
Ediolanda Liedke | 1999-2002

Em 1857, Patrício Côrrea da Câmara, vice-presidente da Província, determinou a aquisição do terreno junto à Praça da Matriz, para construção da nova sede da Assembleia Legislativa Provincial. Ao ser concluída em 1871, instalaram-se no prédio diversas repartições, porém a Assembleia Legislativa, devido à demora na conclusão das obras, optou por permanecer no antigo prédio que ocupava na Rua Duque de Caxias. Nessa primeira fase, o prédio apresentava subsolo, dois pavimentos e dois torreões. Essa configuração, com os torreões simétricos, garantiu-lhe o apelido de "Forte Apache", denominação popularmente utilizada até hoje.

Em 1894 foi construída a ala sul, em cuja parte inferior instalou-se uma Estação de Telégrafos. A planta baixa alterada, em forma de "U", substituiu a forma em "L" original. Entre 1896 e 1921 foi provisoriamente sede do Governo Gaúcho, já que o Palácio Piratini encontrava-se em construção. Em 1899 o Palácio passou a ter a imagem que permanece até hoje, com a construção de mais um pavimento entre os dois torreões e um novo torreão sobre a esquina, onde se instalou o Observatório Meteorológico. Em 1906 foi construído um outro edifício geminado ao Palácio Presidencial, para a guarda presidencial e as cocheiras, com acesso pela Rua Jerônimo Coelho.

Com a inauguração do Palácio Piratini em 1921, foi transferida a sede do Governo Estadual e o antigo Palácio Provisório passou a abrigar então diversas repartições públicas. Foi restaurado em 2002 para abrigar o Memorial do Ministério Público, com espaços de exposições, seminários e eventos.

O antigo Palácio foi tombado pelo Governo do Estado em 1982.

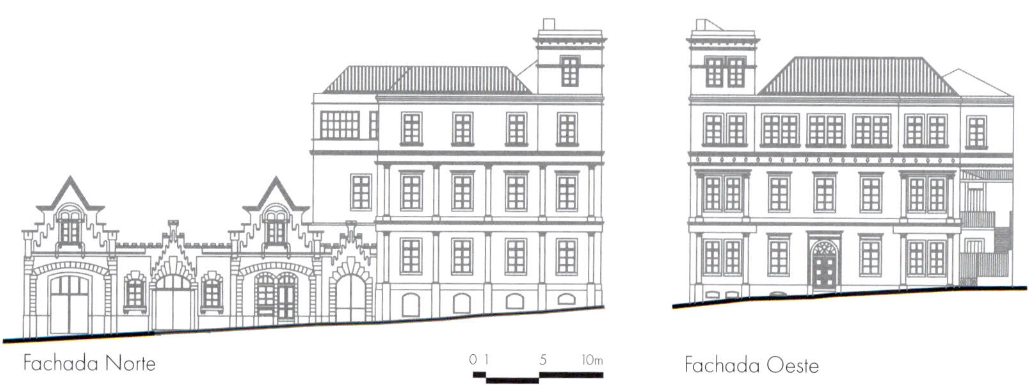

Fachada Norte

Fachada Oeste

Friedrich Heydtmann
(Hamburgo, 1802 – Porto Alegre, 1876)

Friedrich **Heydtmann** nasceu em Hamburgo, Alemanha, em 1802, emigrando para o Brasil provavelmente no final dos anos 1840. Instala-se em Porto Alegre, onde trabalhou inicialmente para a Intendência Municipal na construção de bicas d'água. Em janeiro de 1850, Heydtmann foi contratado como engenheiro provincial e iniciou o projeto da cadeia para Porto Alegre e no mesmo ano no projeto da Santa Casa de Misericórdia de Rio Grande.

Enquanto finalizava os projetos, recebeu o encargo de elaborar em parceria com Phillip Von Normann a primeira instituição de nível médio da Província, o Liceu Dom Afonso. Entre 1851 e 1855, foi transferido para Rio Pardo e depois Cachoeira, onde realizou diversos projetos de pontes e executou o calçamento de ruas. Volta a Porto Alegre em 1856 e no ano seguinte é transferido para o posto de engenheiro da Câmara de Porto Alegre. Em 1858, assumiu o cargo de diretor-geral de obras da municipalidade. Em 1861, Heydtmann apresentou para a Câmara o projeto de um novo edifício para o Mercado Público municipal que deveria ser construído sobre um aterro em frente à Praça do Paraíso (atual Praça XV de Novembro), Em julho de 1864, foi assinado o contrato de construção. Em 1870, o prédio foi aberto ao público. Nesse prédio, Heydtmann se vale do repertório neoclássico, aplicado aqui de forma contida e discreta através de uma volumetria simples, um quadrilátero de apenas um pavimento com pátio interno e quatro torreões nas esquinas. O segundo pavimento é obra posterior, de autor ainda desconhecido.

De acordo com Weimer (2006), em janeiro de 1870 Heydtmann apresentou um projeto urbanístico audacioso para a cidade: um grande aterro pelo lado norte da península onde seria construída uma ampla doca, organizando assim os inúmeros trapiches que mal conformavam o porto da cidade. O novo cais da cidade se configurou como uma avenida à beira do Guaíba, com um dique, gradis, iluminação e calçamento.

Como profissional liberal, o projeto de destaque foi o do Hospital Beneficência Portuguesa, para o qual a Intendência de Porto Alegre encarregou Heydtmann. Nesse prédio, o arquiteto se vale de um Historicismo inovador em relação ao já desgastado Neoclassicismo e Barroco ainda em voga na cidade. As fachadas são requintadas, ornadas com ordens jônicas e coríntias e belos gradis. Heydtmann faleceu de apoplexia em 1876, em Porto Alegre.

Phillip Von Normann
(Halle, 1816 – Porto Alegre, 1862)

O engenheiro civil e arquiteto **Georg Karl Phillip Theodor Von Normann** foi uma figura importante no desenvolvimento do Rio Grande do Sul. Nascido em Halle, na Alemanha, chegou à província em 1848, após uma carreira na construção de estradas de ferro na Suécia.

Contratado pelo governo provincial, foi responsável inicialmente pela elaboração de mapas e supervisionava o fornecimento de ferramentas e equipamentos para os colonos alemães. Em 1849 foi designado para refazer o projeto do Theatro São Pedro, com obras paradas desde a Guerra dos Farrapos (1835-1845). Nesse prédio aplica os princípios neoclássicos em voga na Corte desde a chegada da Missão Artística Francesa. As formas simples e serenas do prédio do teatro são ornadas apenas pelas aberturas, janelas com belos tímpanos curvos e triangulares.

Segundo seu principal biógrafo, Weimer (1979, 1980 e 2006), a partir de então se torna engenheiro da Secretaria de Obras Públicas e se envolve em importantes obras do estado, como o Liceu Dom Afonso, em Porto Alegre, em conjunto com Friedrich Heydtmann, e o projeto da Casa da Câmara, construída ao lado do Theatro São Pedro, formando um dos mais belos conjuntos da cidade. Em 1856 projeta a reforma da antiga Provedoria da Real Fazenda, um dos prédios mais antigos da cidade, para o qual acrescentou o segundo pavimento e atualizou estilisticamente as fachadas. A composição neoclássica introduziu platibanda e vãos em arco pleno, que no piso superior foram enquadrados por pilastras jônicas, num desenho que consagrou a imagem do edifício. Também projetou prédios para Rio Grande (Casa da Caridade) e Jaguarão (Casa de Câmara), além de diversas pontes, estradas, igrejas, cadeias em diversas partes da província.

Em conjunto com seu colega Heydtmann na Secretaria de Obras, foi responsável pela disseminação e popularização na província do estilo Neoclássico. Seu final de carreira é melancólico, devido ao alcoolismo, que o leva a perder seu cargo de engenheiro cartógrafo, sendo recontratado como desenhista. Morreu na miséria em 1862.

FSB - MJF/PMPA

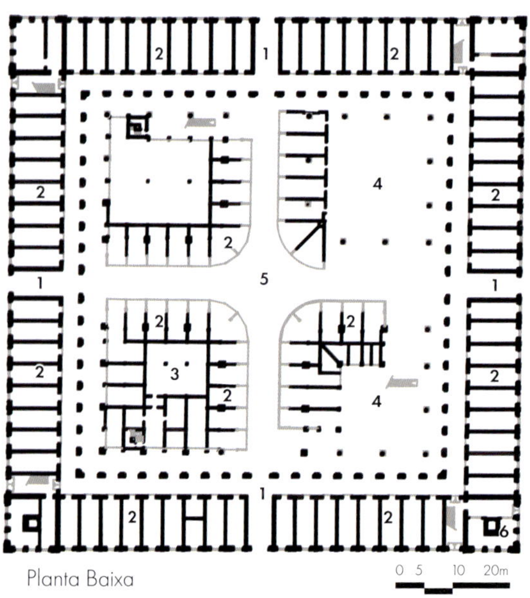

Planta Baixa

Largo Glênio Peres, s/nº

Friedrich Heydtmann | 1861-1869
Projeto de restauração:
Doris Saraiva de Oliveira, Evaldo Schumacher, Octacílio Rosa Ribeiro, Teófilo Meditsch e Vera Maria Becker | 1990-1997

O projeto de um novo mercado público foi apresentado pelo arquiteto da Intendência Friedrich Heydtmann em 1861 e previa a construção do prédio sobre um aterro que permitia o acesso de mercadorias diretamente do Guaíba em três de seus lados. As obras foram iniciadas em 1864 e concluídas em 1869.

A construção neoclássica, modulada por ordens toscanas e portas em arco pleno, foi construída em um único pavimento com quatro torreões nas esquinas. Abrigava as mais diversas atividades: armazéns, bares, açougues, fruteiras, restaurantes, barbearias, companhia de seguro e até hotéis.

Entre 1871 e 1873, o pátio interno foi calçado e arborizado e, em 1886, ali foram construídos chalés de madeira, utilizados como bancas de venda. Na administração do intendente José Montaury, em 1909, foi proposta a construção de um segundo pavimento, de forma a compor uma fachada mais elevada, visando harmonizá-la com o prédio vizinho da Intendência, construído em 1903. O pavimento superior foi concluído em 1913, apresentando alguns elementos do repertório eclético.

Em 1990, a administração organizou uma equipe para desenvolver o projeto de restauração. A obra recuperou a percepção do pátio e das arcadas internas em pedra grês que estavam encobertas, criou novos espaços de convivência e implantou novas redes de infraestrutura. Foi também acrescida uma grande cobertura metálica sobre o pátio, que possibilitou a integração entre a galeria e o espaço central.

O Mercado Público sobreviveu a algumas enchentes, quatro incêndios (1912, 1976, 1979 e 2013) e várias ameaças de demolição. Após o último incêndio, não deixou de funcionar durante a obra de restauração.

Foi um dos primeiros prédios a receber o tombamento municipal, em 1979.

N

1 - Acessos Principais
2 - Lojas
3 - Câmara Fria
4 - Eventos Temporários
5 - Bará
6 - Informações Turísticas

FSB - MJF/PMPA

Fachada

Rua Duque de Caxias, 876

Rua Sete de Setembro, 708

Rua dos Andradas, 891, 895

Autores desconhecidos | c. 1860

O uso de azulejos no Brasil remonta ao século XVII, mas é a partir do século XIX que se dissemina associado à arquitetura neoclássica, notadamente em residências abastadas e em estabelecimentos comerciais. Nesse período, predominou o uso de peças industrializadas, importadas da Europa, não apenas de Portugal, mas também da França e Holanda. Além de serem ornamentais, também auxiliavam na proteção das fachadas contra a umidade. Seu uso era generalizado em todo o Brasil. Em Porto Alegre restaram apenas cinco exemplares dessas fachadas, localizadas em pontos diversos do Centro Histórico.

Rua Duque de Caxias, 876

A mais famosa casa de azulejos de Porto Alegre possui uma característica local marcante: a platibanda vazada, trabalhada em ferro forjado, possível influência da arquitetura platina. Observa-se entre os gradis a data de reforma da fachada, 1863. Os azulejos são de apenas um tipo, representando folhas e flores em tons de verde, azul e amarelo, formando um tapete. A preservação desta casa foi objeto de um debate na cidade na década de 1970, marcando um momento importante da luta pela defesa do patrimônio arquitetônico de Porto Alegre. A solução de conciliação na época resultou na manutenção apenas da fachada frontal da casa, que serve de pórtico ao edifício de apartamentos construído no restante do lote. Essa solução está longe de ser a ideal, pelos evidentes problemas de ambientação e integridade decorrentes dos conceitos atualmente empregados na preservação do patrimônio arquitetônico.

Rua Sete de Setembro, 708

Dentre as cinco casas neoclássicas com fachadas azulejadas de Porto Alegre, esta é uma das mais bem conservadas. Com dois pavimentos, a parede é revestida com um padrão de azulejo tipo tapete, com pilastras revestidas por azulejos amarelos no segundo pavimento. O coroamento é também em platibanda vazada.

Rua dos Andradas, 891, 895
Projeto de restauração:
Alexandre Bock | 2017

Até há pouco era a casa que se encontrava em pior estado de conservação. Passou por um processo de restauração que estabilizou a fachada e reintegrou as inúmeras lacunas com azulejos similares aos originais. É ocupada por um bar e restaurante em uma estrutura de dois pavimentos.

Rua dos Andradas, 1527

A única casa de três pavimentos, com aberturas em arco pleno, típicas do Neoclássico imperial. A fachada encontra-se em razoável estado de conservação. O coroamento possui a tradicional platibanda vazada com gradis metálicos trabalhados.

Rua José Montaury, 121

Casa de dois pavimentos que mantém as características tipológicas já apontadas nos demais exemplares da cidade: platibanda vazada, com gradis de ferro forjado, balcão corrido em ferro trabalhado e marcação do ritmo do segundo pavimento com pilastras dóricas. Os azulejos de fundo foram substituídos, mas com resultado harmônico. O mesmo não se pode dizer da inserção de um terceiro pavimento atrás da platibanda vazada, que prejudica a leitura do coroamento do prédio.

Rua dos Andradas, 1325

Detalhe azulejos da casa Rua dos Andradas 891, 895

Rua José Montaury, 121

Rua Espírito Santo, 95

Jules Villain (projeto original) e
Johann Grünewald | 1865-1888
Projeto de restauração:
Edegar Bittencourt da Luz | 2012-2014
Lucas Volpatto | 2015

O prédio surgiu para abrigar o antigo Seminário Diocesano, por ordem de Dom Sebastião Dias Laranjeira em 1865, quando foi lançada sua pedra fundamental. O terreno, aos fundos da antiga Igreja Matriz, fora o antigo cemitério da cidade.

O projeto foi contratado ao arquiteto francês Jules Villain, que chegou a construir as fundações, quando veio a falecer. Foi contratado então o arquiteto alemão Johann Grünewald, que desconsiderou o projeto original, sobrepondo arremates neogóticos no conjunto de feições neoclássicas e concluindo a construção em 1888.

A Cúria é um imponente edifício em composição simétrica, num terreno em declive. No alinhamento de menor nível foi implantada uma muralha de pedra, com portal centralizado em feição neoclássica. Atravessando esse portal, uma escada conduz até um grande pátio defronte ao corpo principal de três pavimentos e galerias laterais. Num nível acima, o edifício principal também se organiza em volta de outro claustro. A pedra de arenito rosa é um elemento em destaque e contrastante com as alvenarias claras. A pedra, esculpida em linguagem neogótica, configura um contraponto interessante com o aspecto neoclássico percebido no todo da edificação.

A restauração retomou alguns aspectos originais do conjunto, como o piso de arenito no térreo e os ladrilhos no piso superior do claustro, além de reservar espaço para a instalação de um museu de arte sacra, com imagens de interesse artístico selecionadas por todo o estado do Rio Grande do Sul.

Fachada Sul

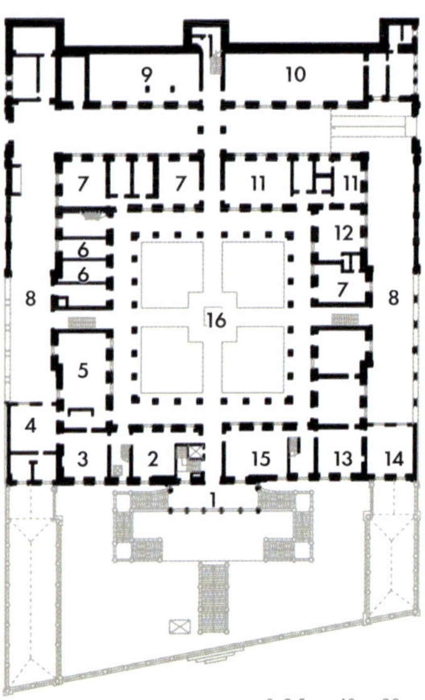

Planta Baixa

0 2,5 10 20m

N

1 - Alpendre
2 - Atendimento
3 - Refeitório Padres
4 - Cozinha
5 - Refeitório
6 - Sanitários
7 - Administração
8 - Pátio
9 - S. Convivência
10 - Biblioteca
11 - S. Reuniões
12 - S. Arcebispo
13 - Contabilidade
14 - Tesouraria
15 - Secretaria
16 - Claustro

Av. Independência, 270

Friedrich Heydtmann | 1867-1870
Projeto de reciclagem:
Analino Zorzi | 2010

A Sociedade Portuguesa de Beneficência foi criada em 1854 na Santa Casa de Misericórdia, onde funcionou em seus primeiros anos. No ano de 1858 foi feito um primeiro hospital na Rua da Figueira, mas pequeno e de caráter provisório. Em 1867 foi lançada a pedra fundamental do edifício em terreno situado no antigo Caminho da Aldeia dos Anjos, ao lado de onde estava sendo erguida a Igreja de Nossa Senhora da Conceição. O novo prédio do hospital foi inaugurado em 1870 e os enfermos do antigo foram transferidos.

O conjunto do prédio da Beneficência e da Igreja da Conceição ilustra a evolução estilística da arquitetura em meados do século XIX em Porto Alegre. O interior da Igreja pertence a um Barroco tardio, enquanto o Hospital da Beneficência já apresenta arquitetura de feição neoclássica. O prédio original organizava-se em torno de uma planta em "u", com as salas de exames no térreo e as enfermarias no andar superior. A fachada é modulada com janelas em arco pleno e bandeiras com vitrais policromos, alternadas com pilastras coríntias no térreo e toscanas no pavimento superior.

Acompanhando a história assistencial da cidade e a evolução das técnicas médicas, a instituição recebeu desabrigados na enchente de 1873; em 1882 foi construída uma enfermaria para doenças contagiosas; em 1890 foi montada uma seção de cirurgia e, em 1892, criou-se uma farmácia no saguão do hospital. Em 2010, a porção central do prédio voltada para a Avenida Independência recebeu intervenções para abrigar as instalações do Museu da História da Medicina, MUHM.

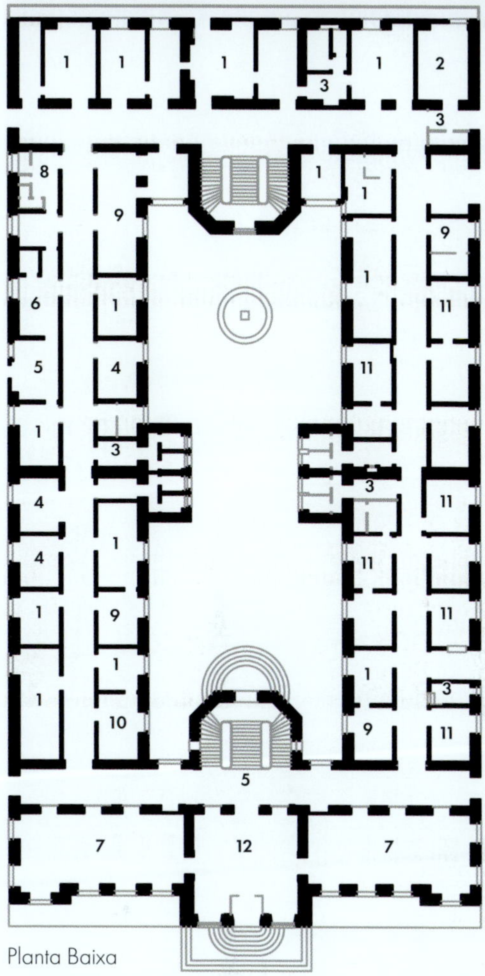

Planta Baixa

1 - Sala de Exames
2 - Enfermagem
3 - Sanitários
4 - Consultório
5 - Circulação
6 - Sala de Espera
7 - MUHM
8 - Depósito
9 - Recepção
10 - Digitação
11 - Administração
12 - Hall

N

0 1 5 10m

Av. Osvaldo Aranha, 462

Autor desconhecido | 1867-1913
Projeto de restauração:
Robert Levy (EPAHC - SMC) | 1983-1987

A devoção ao Senhor Jesus do Bom Fim surgiu em torno de imagem existente na Igreja da Conceição. Em 1864 foi autorizada a criação da irmandade. Em 1866 é doado um terreno em frente à Várzea da Redenção. A pedra fundamental foi lançada em 1867, mas o templo teve execução muito lenta. Em 1883, a Capela foi inaugurada ainda em obras, sendo sua conclusão apenas em 1913.

Identificam-se no prédio três etapas construtivas bastante marcadas. A mais antiga corresponde à construção da planta do altar-mor, apresentando ainda traços da arquitetura da colonização portuguesa, com janelas em arco abatido e telhas em capa-e-canal. A segunda, concluída por volta de 1890, corresponde à construção das tribunas neogóticas, com janelas em arco ogival. Finalmente, a terceira etapa, concluída em 1913, acrescentou o átrio, coro e fachada frontal com traços neoclássicos, perceptíveis nos arcos plenos, nas pilastras duplicadas em ordens clássicas, no frontão triangular e na estatuária.

Por falta de recursos, a Capela foi carecendo de conservação, chegando ao ponto de ser solicitada sua demolição em 1972. O prédio foi tombado pelo Município em 1979, o que não impediu um incêndio criminoso em 1982. Em 1983 iniciou-se a obra de restauração a cargo da Prefeitura. O novo altar em linguagem contemporânea data do ano de 1996, obra do arquiteto José Albano Volkmer, em substituição ao original destruído pelo incêndio.

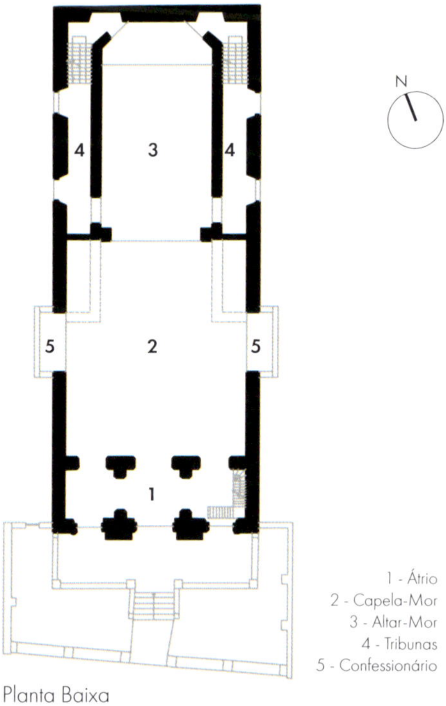

1 - Átrio
2 - Capela-Mor
3 - Altar-Mor
4 - Tribunas
5 - Confessionário

Planta Baixa

Fachada Sul

Rua dos Andradas, 630

Manoel Alves de Oliveira | 1867
Reforma e museografia:
Alexandre Guella Fernandes | 1999-2000

O prédio foi construído pelo mestre de obras Manoel Alves de Oliveira como anexo do Arsenal de Guerra, que funcionava em frente. No local era feita a fabricação e recuperação de armamentos e munições. Ali trabalhavam os meninos expostos da Santa Casa de Misericórdia, órfãos não adotados que, ao completarem sete ou oito anos, eram encaminhados para aprenderem algum ofício. O Arsenal de Guerra manteve-se nesse prédio até a década de 1940, quando foi transferido para a margem do Rio Taquari, na cidade de General Câmara.

O prédio possui um desenho simétrico, ao gosto neoclássico, com fachadas frontal e posterior em dois pisos unidas por alas térreas que definem um pátio central, originalmente a céu aberto. As fachadas principais possuem portas de acesso em arco pleno, que se destacam sob um pequeno frontão. Ordens gigantes toscanas demarcam o corpo central.

O Museu do Comando Militar do Sul foi criado em 1999 para preservar e expor objetos históricos do Exército Brasileiro. Seu acervo possui mais de quatro mil peças e apresenta coleções de veículos de combate e transporte, uniformes, armas, equipamentos, heráldica, fotos e documentos, desde o período colonial aos dias atuais.

FSB - MJF/PMPA

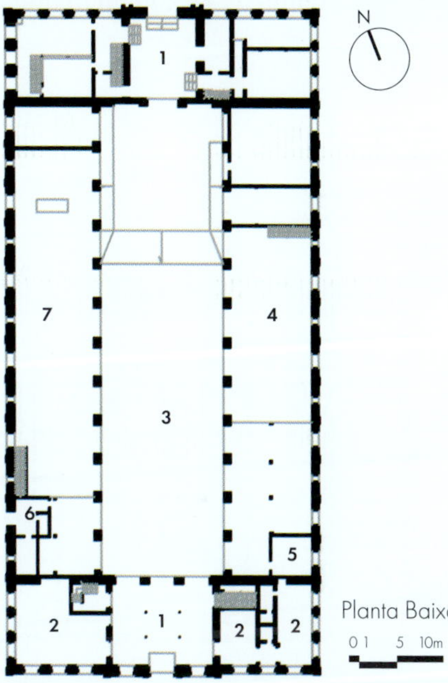

Planta Baixa

1 - Hall
2 - Salas de Exposições
3 - Pátio de Blindados
4 - Ala dos Dioramas
5 - Reserva Técnica
6 - Salas de Apoio
7 - Ala de Veículos

FSB - MJF/PMPA

Av. Bento Gonçalves, 2440

Álvaro Nunes Pereira | 1879-1884

O projeto é de autoria de Álvaro Nunes Pereira, então diretor da Repartição de Obras Públicas. Embora com a inauguração oficial em 1884, a construção prosseguiu em etapas sucessivas. De 1889 a 1903 construíram-se mais dois pavilhões e em 1927 realizaram-se "obras de modernização" que alteraram algumas compartimentações.

Foi o sexto hospício de alienados durante o Segundo Reinado no Brasil (1841-1889). Designado como Hospício São Pedro até 1925, passou a ser chamado Hospital São Pedro até 1961, quando então assumiu a atual identidade como Hospital Psiquiátrico.

O edifício centenário apresenta uma austera arquitetura neoclássica, sendo composto por seis pavilhões de dois pavimentos voltados para o sul e intercalados por pátios fechados, ligados transversalmente por um extenso pavilhão na direção leste-oeste, totalizando 12.324 m² de área construída. Foi tombado pela Prefeitura Municipal e pelo Instituto do Patrimônio Histórico e Artístico do Estado em 1990.

O Hospital Psiquiátrico São Pedro foi a primeira instituição psiquiátrica de Porto Alegre e do extremo Sul do Brasil. Sua construção foi consequência da preocupação com a inexistência de um tratamento especializado para os doentes mentais na província, que até então eram encaminhados ao Hospício Dom Pedro II, no Rio de Janeiro, ou encarcerados na cadeia civil de Porto Alegre. Em 1879, a Província adquiriu a chácara de Dona Maria Clara Rabello, situada na Estrada de Mato Grosso, antigo caminho para Viamão. Os recursos para a construção eram oriundos de doações filantrópicas e loterias.

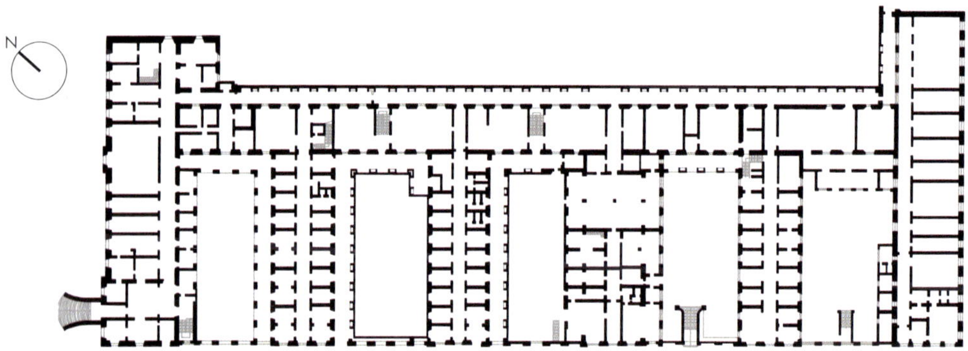

Planta Baixa

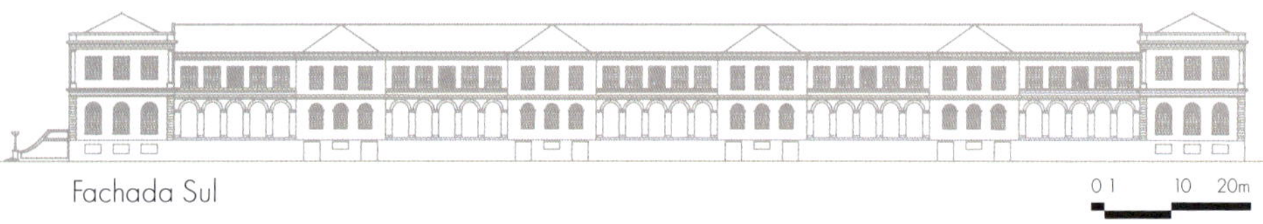

Fachada Sul

Álvaro Nunes Pereira
(Alegrete, 1847 – Porto Alegre, 1923)

Nascido em Alegrete (RS), no ano de 1847, **Álvaro Nunes Pereira** era descendente de uma antiga família do estado. Seu pai era o General Vasco Alves Pereira, mais tarde, Barão de Livramento. Formou-se em Engenharia Civil pela Escola Central (Politécnica) do Rio de Janeiro. Foi diretor da Repartição de Obras do Rio Grande do Sul durante o Império, tendo também assumido o cargo de engenheiro chefe da Companhia Hidráulica de Porto Alegre.

Nos últimos anos da Monarquia assina enquanto diretor de obras públicas os projetos do Hospício São Pedro (projeto de 1879, concluído em 1884) e do Asilo de Mendicidade Padre Cacique (projeto de 1880, concluído em 1898). Ambos em estilo Neoclássico austero e elegante.

Já na República, mesmo vinculado ao regime anterior, foi fundador e primeiro diretor da Escola de Engenharia de Porto Alegre, em 1896. Segundo Silva (2009), a escolha de Álvaro Nunes Pereira para o cargo teve origem numa indicação de Júlio de Castilhos – com quem o engenheiro teria relação de amizade – aos jovens militares fundadores da Escola. A incorporação de Álvaro Nunes Pereira asseguraria a presença de um engenheiro civil num grupo então composto exclusivamente de engenheiros militares.

Entretanto, logo em seguida, entra em atrito com outro dos fundadores da Escola, o militar positivista Juvenal Octaviano Miller, que inicia em 1898 uma campanha para que os professores fossem remunerados. No mesmo ano, Pereira pede exoneração, sendo substituído pelo engenheiro João Pereira Parobé.

Pereira fundou e presidiu o Centro Econômico do Rio Grande do Sul, fundou a Companhia que construiu as barragens do Caí, além de ter sido presidente da Sociedade Humanitária Padre Cacique e do Retiro dos Mendigos. Morreu em Porto Alegre, em 7 de março de 1923.

FSB - MJF/PMPA

Av. Padre Cacique, 1178

Álvaro Nunes Pereira | 1880-1898

O Asilo de Mendicidade Padre Cacique, como chamado originalmente, é parte de um amplo conjunto de prédios voltados para a assistência de crianças e idosos, idealizado no final do século XIX pelo padre baiano Joaquim Cacique de Barros, que incluía a Escola Normal, o Asilo São Joaquim, para meninos órfãos, e o Asilo de Santa Teresa, voltado para meninas órfãs. Este último teve sua construção iniciada em 1846 com projeto de Grandjean de Montigny. Ainda existente, está completamente desfigurado em relação ao original. Em 1880, o Padre Cacique começou a erguer a construção que abrigaria o asilo de mendigos. O projeto foi elaborado por Álvaro Nunes Pereira. Em 1898, a obra foi concluída e o Asilo aberto para receber os necessitados da cidade.

Exemplar autêntico da Arquitetura Neoclássica porto-alegrense, o prédio apresenta planta retangular com marcada horizontalidade, em contraste com o campanário da capela situada no seu eixo central. Esta capela divide simetricamente o conjunto, formado por dois pátios quadrangulares em arcadas, que correspondem aos dois setores de moradia dos idosos (masculino e feminino). Levemente elevado sobre a via, o edifício possui ampla escadaria frontal e rampas de acesso laterais que reforçam a sua simetria e monumentalidade.

1 - Portaria
2 - Captação
3 - Visitas
4 - Café
5 - Secretaria
6 - Direção
7 - Rouparia
8 - Dormitório
9 - Enfermaria
10 - Jardim
11 - Posto de Enfermagem
12 - Refeitório
13 - Cozinha
14 - Enfermagem
15 - Capela
16 - Torre

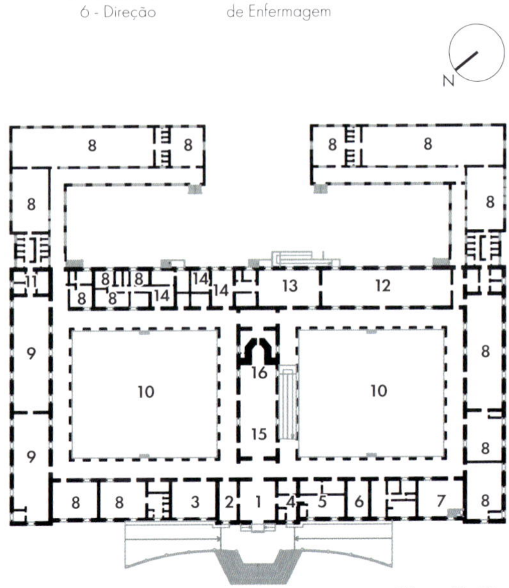

Planta Baixa

Rua José Bonifácio, 363

Wilhelm Ahrons | 1881-1887
Segundo pavimento:
Hermann Otto Menchen | 1914-1915

As origens do Colégio Militar remontam ao ano de 1851, quando foi criado o Curso de Infantaria e Cavalaria da Província de São Pedro. Esta escola passou por várias denominações e sedes provisórias, até se fixar nos Campos da Várzea, atual Parque Farroupilha.

O prédio seria originalmente destinado a abrigar o quartel de tropas, cujas obras, iniciadas em 1872, foram suspensas em 1878. Em 1880, o ministro da Guerra, Visconde de Pelotas, ordenou a modificação do plano original do edifício para abrigar a Escola Militar da Província do Rio Grande do Sul, com regime de internato. Nesta ocasião, o engenheiro Wilhelm Ahrons foi encarregado de adaptar o que havia sido construído para a nova função. O novo projeto consistia num prédio retangular de um pavimento, ocupando um quarteirão e com quatro torreões de dois pavimentos em cada esquina. Possuía uma única entrada monumental, na fachada voltada para o campo da Várzea, onde eram feitos os treinamentos militares.

O prédio recebeu um segundo pavimento em 1914-1915, quando a expressão eclética preponderou sobre o Neoclassicismo da proposta original. O grande torreão introduzido na frontaria domina a composição, onde repousam as enormes esculturas de Marte e Minerva.

Pelas arcadas do "Casarão da Várzea" transitaram oito presidentes da República: João Mena Barreto, Getúlio Vargas, Eurico Gaspar Dutra, Castelo Branco, Arthur da Costa e Silva, Emílio Garrastazu Médici, Ernesto Geisel e João Baptista Figueiredo.

FSB - MJF/PMPA

Mapoteca/SPM/PMPA

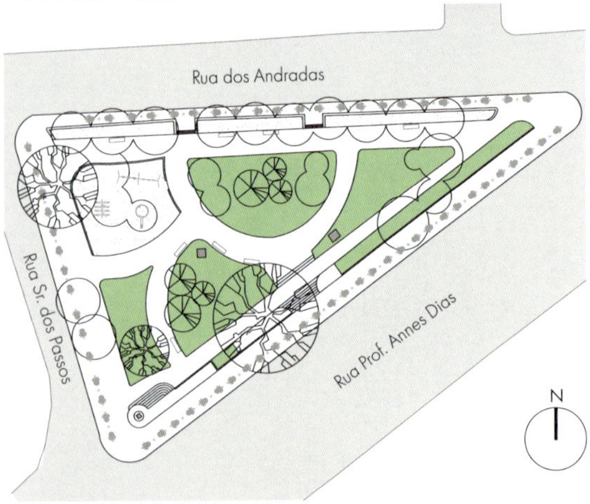

Implantação

Autor desconhecido | 1884 - 1887
Projeto de Restauração:
Edegar Bitencourt da Luz | 2014

O espaço conheceu diversos nomes antes do atual: Praça da Alegria, Alto da Caridade, Alto da Misericórdia e Praça da Misericórdia. Em 1809 a então Praça da Alegria foi designada logradouro público, objetivando organizar a chegada das carretas que transportavam gêneros alimentícios.

A construção das escadarias da Santa Casa em 1865, destruídas em 1940, e a terraplenagem do terreno em frente definiram o formato que se mantém inalterado até hoje. Em 1873, recebe a denominação de Praça Dom Feliciano, em homenagem a Dom Feliciano José Rodrigues Prates, primeiro bispo do Rio Grande do Sul. Na década de 1880 cuidou-se de seu ajardinamento e arborização. Em 1884 a Câmara autorizou os trabalhos, concluídos em 1887.

Na década de 1920, um muro de arrimo é construído na face limítrofe da Santa Casa para amenizar a forte declividade. Um nivelamento visando adequar o relevo e nova arborização foram executados nessa mesma época. É das poucas praças com desenho original do século XIX na cidade. Com caminhos curvos que vencem a declividade, é ornada por bustos e ainda mantém pavimentação dos passeios em pedra portuguesa decorada. Atualmente está cercada por terminais de ônibus em parte do seu perímetro, o que prejudica em muito a sua ambientação.

FSB - MJF/PMPA

FSB - MJF/PMPA

Rua Duque de Caxias, 1231

Augusto Catão Roxo | 1887
Projeto de restauração e ampliação:
Ediolanda Liedke | 1996

A casa foi construída em 1887 como residência do Coronel Engenheiro Augusto Catão Roxo, herói da Guerra do Paraguai. Em 1898, o prédio foi adquirido pelo Partido Republicano Rio-Grandense e doado ao Dr. Julio Prates de Castilhos, que nele residiu com sua esposa e seus seis filhos até sua morte em 1903. Em 1905 a casa foi adquirida pelo poder público para abrigar o acervo do Museu do Estado. Trata-se do museu mais antigo do Rio Grande do Sul, com cerca de dez mil peças.

A edificação apresenta linguagem historicista típica do Ecletismo, com fachada tripartida por colunas jônicas e pilastras coríntias. O corpo central é destacado por um frontão curvo, adornado com as iniciais JPC em referência ao morador ilustre. O prédio se implanta sobre um porão habitável em arenito. Também se destacam na alvenaria externa os elementos de arenito rosa (pedra grês) em duas tonalidades. Possui a entrada social situada na lateral da elevação.

Em 1975, a aquisição da casa número 1205, ao lado da sede existente, permitiu a ampliação dos espaços expositivos. A referida casa foi construída em 1916 como residência de Sebastião Velho, também apresentando repertório eclético. Em 1996, foram concluídas as obras de restauração da nova casa, sendo entregue ao público como anexo ao Museu Júlio de Castilhos.

O acervo do Museu foi tombado pelo IPHAN em 1937 e em 1982 o prédio foi tombado pelo Instituto do Patrimônio Histórico e Artístico do Estado (IPHAE).

FSB - MJF/PMPA

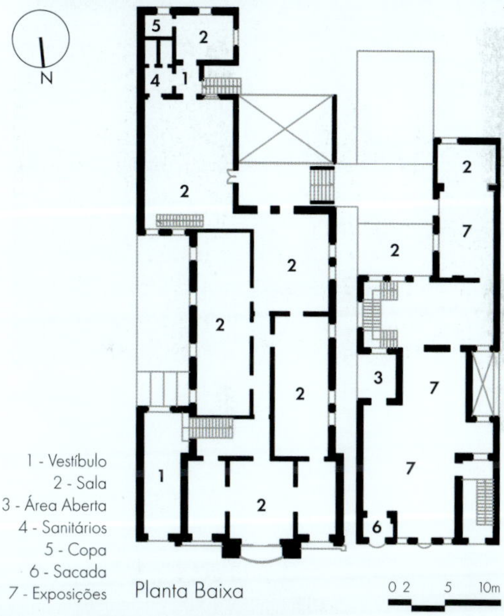

1 - Vestíbulo
2 - Sala
3 - Área Aberta
4 - Sanitários
5 - Copa
6 - Sacada
7 - Exposições

Planta Baixa

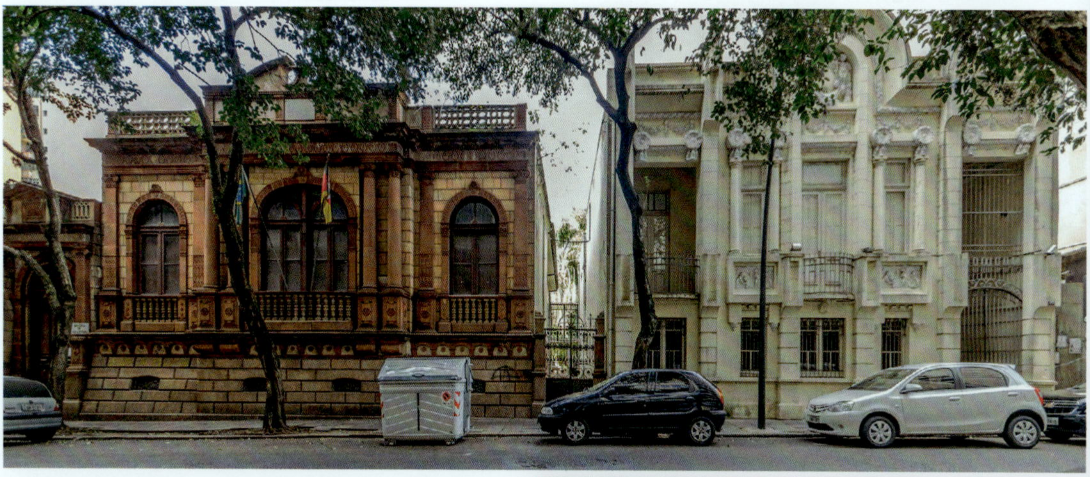

IPHAE

FASE 3

República Velha
(1889-1930)

Com a Proclamação da República, Porto Alegre consolida-se como o principal centro político e econômico do Sul do país. O processo de industrialização torna-se cada vez mais forte, apoiado pela ampliação dos ramais de linhas férreas e pela construção do novo cais do porto, o que fez a cidade superar Pelotas e Rio Grande, graças a uma excelente inserção geográfica e à proximidade em relação às colônias alemãs e italianas. As indústrias são relativamente diversificadas, com uma produção voltada principalmente para o mercado interno, destacando-se o setor têxtil, alimentício, de bebidas e metalúrgico, como a Companhia Fabril Porto-Alegrense, a tecelagem Renner, a fábrica de chocolates e doces Neugebauer e a Cervejaria Continental.

No plano político, o final do século foi marcado pela ascensão ao poder de um grupo de intelectuais componentes do Partido Republicano Rio-Grandense (PRR), comandado por Júlio de Castilhos, que suplantou a hegemonia do Partido Liberal, de cunho moderado, cujos interesses estavam voltados ao setor primário. Após a violenta Revolução Federalista iniciada em 1893, o PRR consolidou-se no poder, conquistando a burguesia urbana e mantendo-se na administração da capital por três administrações consecutivas que duraram exatos 40 anos: José Montaury de Aguiar Leitão (1897-1924), Otávio Rocha (1924-1928) e Alberto Bins (1928-1937).

Caracterizando-se por uma postura autoritária e tomando como doutrina filosófica o Positivismo de Auguste Comte, o PRR implantou um modelo econômico considerado na época como "modernizador e progressista", o qual dinamizou e diversificou os setores secundário e terciário, incrementando a circulação de mercadorias e viabilizando uma inclusão mais efetiva do Estado no mercado internacional.

As repercussões no meio urbano não tardaram a acontecer. Ações de higienização e embelezamento pautam as intervenções. Assim, a implementação de uma política sanitarista buscou o enfrentamento mais efetivo da questão da higiene. Já em 1889 foi autorizada a operar a Companhia Hidráulica Guaibense, que iniciou os serviços em 1891, captando água diretamente do Guaíba. Municipalizada em 1904, estende seus serviços aos novos bairros da cidade,

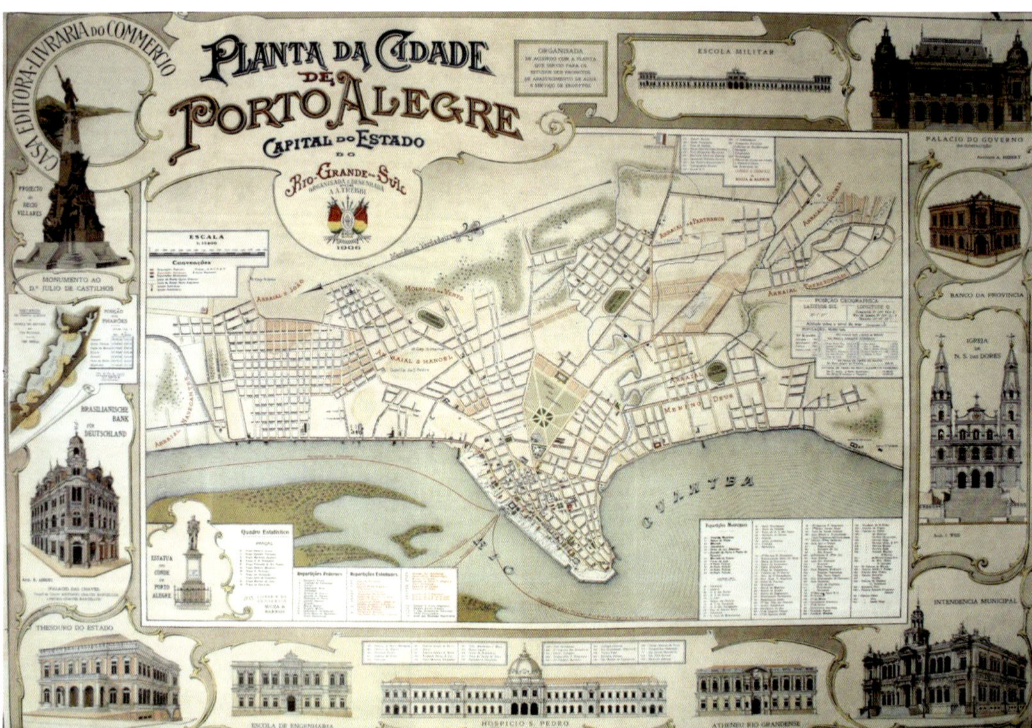

Mapoteca SPM/PMPA

Porto Alegre, 1906

FSB - MJF/PMPA

Viaduto Otávio Rocha recém-concluído

como Navegantes e São João. A Escola de Engenharia (fundada em 1896) começava a dar suporte técnico à implantação das obras de infraestrutura urbana, como o projeto da rede esgotos para o Centro (1898). No mesmo ano ocorre a municipalização do recolhimento de lixo na cidade. Em 1891, a Companhia Fiat Lux inicia o processo de fornecimento de luz elétrica domiciliar e em 1893, da iluminação pública. Em 1893 começa a operar na cidade a Companhia Carris Urbano, levando o transporte de bondes para os arraiais do Menino Deus e Navegantes.

O projeto de modernização da burguesia foi aos poucos ganhando consistência e adesão da coletividade, tanto pelo discurso como pelas suas realizações. Tal política estimulou a segregação social, pois a valorização imobiliária da área central e as medidas fiscais adotadas a partir de 1890 provocaram um maior deslocamento dos menos favorecidos para os arrabaldes, o que também se constituía, implicitamente, numa das metas do projeto de higienização da área central.

A Planta da Cidade de Porto Alegre elaborada em 1906 demonstra a eficácia da política de descentralização e o efetivo crescimento da mancha urbana após o final do Império. Os novos bairros organizam-se em leque em torno ao Centro, acompanhando as antigas estradas coloniais e ocupando as chácaras, que velozmente vão sendo loteadas por incorporadoras imobiliárias como a Companhia Territorial Porto-Alegrense e a Companhia Predial e Agrícola. Bairros operários passam a surgir próximos às indústrias, concentrada na Zona Norte da cidade, nos recém-loteados bairros Navegantes, São Geraldo e São João, enquanto as classes abastadas começaram a se afastar do centro urbano, em busca de áreas tranquilas e higiênicas, especialmente ao longo do eixo da Avenida Independência e da Estrada dos Moinhos de Vento. A planta de 1906 permite constatar também a ocupação efetiva da área sul da cidade, onde já estão configurados os bairros Santana, Menino Deus e Praia de Belas. O que a planta não identifica é o chamado "cinturão negro" em volta do Centro, as áreas ocupadas pelos casebres dos ex-escravos, como a Colônia Africana (bairro Rio Branco), o Areal da Baronesa e a Ilhota (na confluência da Cidade Baixa e da Praia de Belas).

A heterogeneidade de estilos caracterizava a arquitetura da época e a diversidade de funções demonstrava que a cidade modernizava-se através de novos equipamentos. O repertório formal e construtivo adotado nos edifícios correspondia às matrizes eclético-historicistas existentes na cultura europeia. Assim, compareciam por exemplo desde obras ligadas à estética do Pitoresco (Chalé da Praça XV, 1911), do Neorrenascimento (Biblioteca Pública, 1912), do Neobarroco (Edifício Ely, 1922), Neogótico (Catedral da Santíssima Trindade, 1900-1903), Art Nouveau (Casa Godoy, 1904-1907), até as manifestações ligadas ao avanço tecnológico da chamada "Arquitetura do Ferro", como as estruturas pré-fabricadas do Pórtico Central e dos primeiros armazéns do porto em construção (1919-1928).

Por sua vez, o surto imobiliário que acompanhava as transformações da cidade exigia do poder público outras medidas de adequação aos novos padrões de crescimento urbano. Foi assim que, no auge da construção civil daquele período, entre os anos de 1910 e 1914 – denominado de "quadriênio glorioso" (Doberstein, 1992) – surgia o Plano Geral de Melhoramentos do engenheiro João Moreira Maciel, um dos primeiros planos urbanísticos globais para um município brasileiro, e que previa o alargamento de ruas, extinção de becos, melhores ligações entre o Centro e a periferia, o ajardinamento das praças, a construção de aterros para a construção do porto e de parques à beira do Guaíba.

O final do período corresponde à gestão do intendente Otávio Rocha e de seu vice, Alberto Bins, que assume o comando da cidade com a morte prematura do primeiro. O enfoque dessa administração compartilhada é caracterizado pela prática da cirurgia urbana, com os canteiros de obra tomando conta das áreas públicas centrais. Além da ampliação na escala das obras de infraestrutura, a cidade foi sendo higienizada através do rompimento dos becos e da expulsão dos "indesejáveis" do Centro, dando espaço ao surgimento dos boulevards. Realizava-se um imenso esforço para a renovação da imagem urbana.

O título de "remodelador" dado a Otávio Rocha pela opinião pública demonstra que o papel realizado pelo intendente foi semelhante ao desempenho pelo Barão Haussmann em Paris. Em sua administração iniciou-se a abertura das Avenidas Julio de Castilhos, Borges de Medeiros e o prolongamento das Avenidas São Raphael e Alberto Bins (configurando a atual Avenida Otávio Rocha). Em complementação às obras viárias e de infraestrutura (calçamento, redes de esgoto e água), intensificou-se a implantação de áreas verdes com a arborização das ruas, ajardinamento de praças e, principalmente, o início do tratamento

FSB - MJF/PMPA

Biblioteca Pública

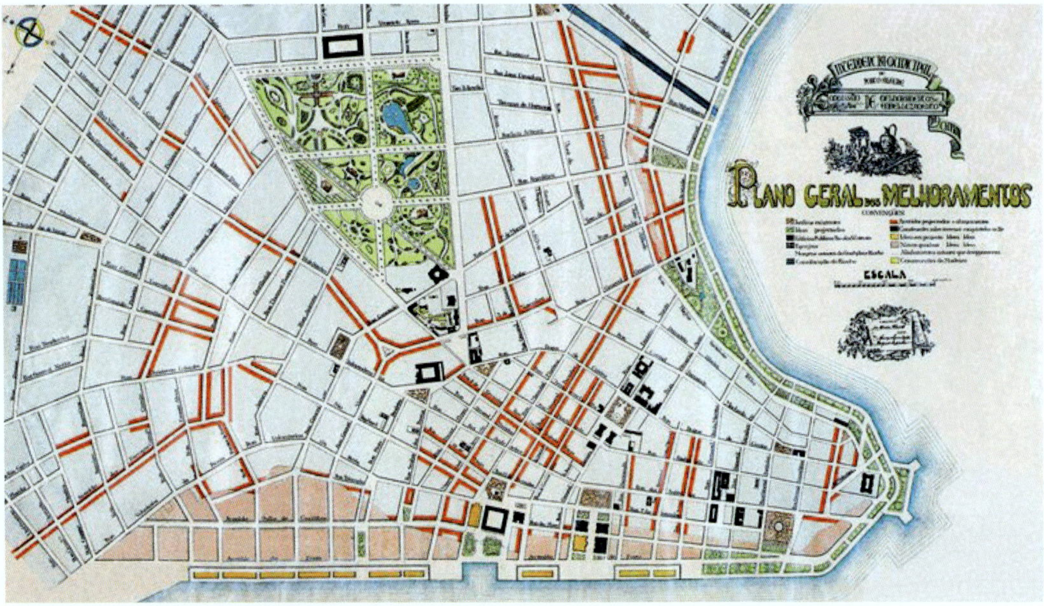

Mapoteca SPM/PMPA

Plano Geral de Melhoramentos, 1914

paisagístico do Campo da Redenção, atual Parque Farroupilha.

Sob esse ponto de vista, a obra da Avenida Borges de Medeiros foi exemplar. Além de "sanear" um beco (Rua General Paranhos), a transposição de uma barreira física (talude da Rua Duque de Caxias) viabilizou um franco acesso de tráfego entre Zona Sul e Centro da cidade. No cruzamento resultante (Av. Borges de Medeiros/Rua Duque de Caxias) foi construída uma obra de engenharia ambiciosa, o Viaduto Otávio Rocha (1928-1932), síntese entre arquitetura historicista, estrutura arrojada, solução viária e embelezamento urbano.

A grande demanda de investimentos nos mais variados ramos da engenharia e arquitetura atraiu, durante todo o período, profissionais em grande número, na imensa maioria estrangeiros, que passam a atuar em Porto Alegre. Entre os profissionais locais, atuando na Diretoria de Obras Públicas, destacam-se os engenheiros Afonso Hebert (1852-1925) e Teófilo Borges de Barros (1882-1953), diretores da equipe. O primeiro assina os projetos da Escola Ernesto Dornelles, da primeira etapa da Biblioteca Pública, do Arquivo Público Estadual e da esplanada em volta do Monumento a Júlio de Castilhos, na Praça da Matriz. O segundo é responsável pela conclusão da Biblioteca Pública, pelo projeto do prédio do jornal de propaganda do governo, *A Federação*, e dos prédios gêmeos da Secretaria da Fazenda e das Obras Públicas.

Esse reduzido corpo técnico da Divisão de Obras não consegue dar conta da demanda de projetos e acaba por repassar grande parte das obras públicas ao setor privado, com destaque para a empresa construtora do arquiteto Rudolph Ahrons (1869-1915), responsável pela construção de alguns dos prédios mais significativos do período, como as Escolas de Medicina e Direito, dos Correios e Telégrafos (hoje Memorial do Rio Grande do Sul), da Delegacia Fiscal, atual MARGS. Sua firma empregou importantes arquitetos, como Manoel Barbosa Itaqui, Hermann Otto Menchen e Theodor Wiederspahn.

A atuação de arquitetos estrangeiros na cidade no período é extensa e bem documentada, com destaque para os profissionais de origem germânica, como Theodor Wiederspahn (1878-1952), autor de um conjunto de obras que impressiona pela extensão e qualidade, como o Hotel Majestic, os já citados Correios e Telégrafos e Delegacia Fiscal, que funcionam como pórtico para a Praça da Alfândega, do Moinhos Chaves, Edifício Ely, entre muitos outros. Pode-se citar também Julio Weise, autor de muitos palacetes da elite porto-alegrense e de igrejas, entre as quais o projeto das torres da Igreja das Dores; Otto

Menchen, autor da ampliação do Colégio Militar, de residências, com destaque para a Casa Godoy, em estilo Art Nouveau; e Alexander Gundlach, que trabalhou em cooperação com Theo Wiederspahn. Também podem ser mencionados os italianos João Antonio Carrara Colfosco, autor do Palácio da Intendência, hoje Paço dos Açorianos, e o boêmio Josef Hruby, autor de diversas igrejas, como a São Pedro, da Glória e da Piedade. Esses arquitetos exercem uma extensa produção privada, construindo fábricas, palacetes, estabelecimentos comerciais, clubes, hospitais e igrejas que completam a profunda transformação urbana do período.

Porto Alegre chega à década de 1930 completamente transfigurada em sua arquitetura, mas também com uma área edificada consideravelmente ampliada. O mapa de 1932 mostra a cidade organizada em seis distritos e com uma mancha urbana extensa, que circunda o Centro em todas as direções. Na região Norte, nota-se já o loteamento da Vila Ipiranga ao longo da atual Avenida Assis Brasil. Percebe-se um grande crescimento da região Leste, com loteamentos que configuram os atuais bairros Petrópolis, Três Figueiras, Vila Jardim e, mais a sudeste, o crescimento do bairro Partenon. Na região Sul, a área da Tristeza, Vila Conceição e Ipanema já está loteada, em fase de consolidação.

FSB - MJF/PMPA

Praça da Matriz (Praça Marechal Deodoro)

FSB - MJF/PMPA

Praça da Alfândega

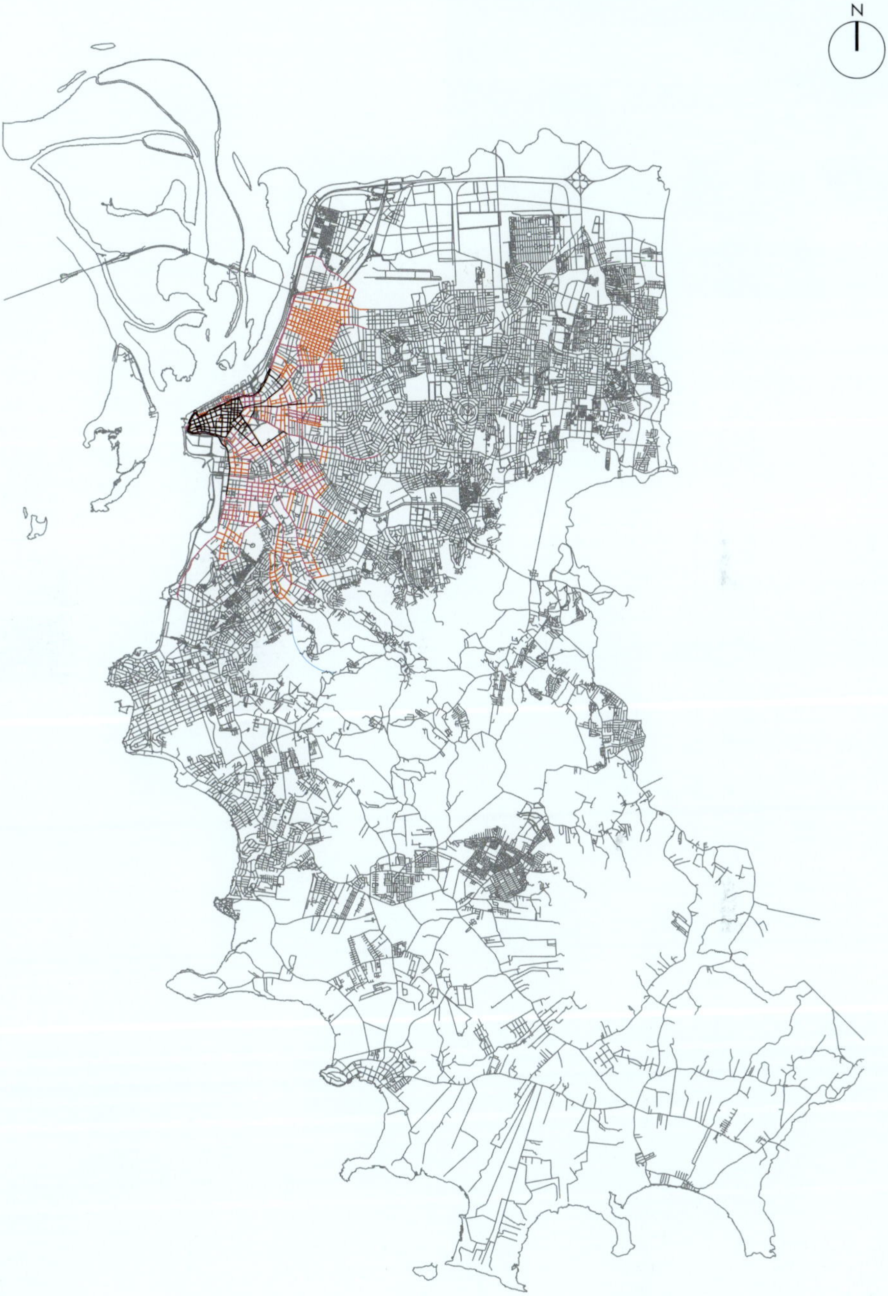

Evolução Urbana Porto Alegre

- FASE 01: 1772-1822
- FASE 02: 1822-1889
- FASE 03: 1889-1930

Rua Voluntários da Pátria, 3085

Autor desconhecido | 1893
Ampliação: **Jacob L. Pufal** | 1924

O conjunto da Cia. Fiação e Tecidos Portoalegrense foi construído em 1893, financiado por um grupo de incorporadores ilustres, como Manoel Py, Antônio Chaves Barcellos, Nogueira de Carvalho, Antônio José G. Mostardeiro e o Banco da Província.

O terreno de aproximadamente 20.000 m² se estendia até as margens do Guaíba, permitindo a atracação de embarcações. Além disso, a estrada de ferro passava em frente à fábrica, agilizando o embarque e desembarque dos artigos de exportação da empresa. A fiação e tecelagem estavam organizadas em seções especializadas, distribuídas em três pavilhões alinhados e ligados entre si por passarelas abertas e cobertas. O partido era de pavimento único, pavilhões longos com modulação rígida, cobertura em lanternins e chaminé. As fachadas do acesso principal possuem uma linguagem nitidamente neoclássica, com aberturas em arco pleno, frontões com frisos, ornatos e esculturas. Na ampliação de 1924, foi acrescentado um módulo em aumento a um dos pavilhões existentes, com linguagem e dimensões semelhantes, mas com uma melhor iluminação através de amplas aberturas de ferro.

Um aspecto importante diz respeito às facilidades proporcionadas pela empresa, como o consultório médico e a vila operária. Foram construídas dez casas próximas à tecelagem que eram alugadas aos funcionários. Essas residências continuam existindo, porém associadas a um empreendimento imobiliário recente. O conjunto principal da fábrica também passou por um processo de reconversão, fazendo parte desde 2014 de um empreendimento formado por quatro torres residenciais e comerciais de expressiva altura.

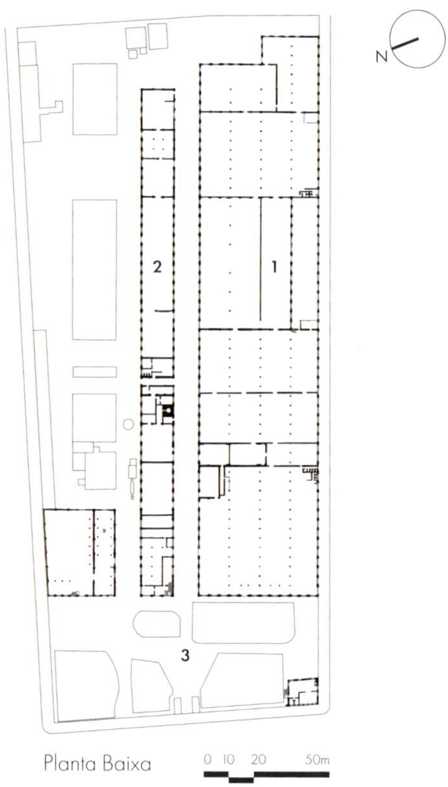

Planta Baixa

1 - Edifício de 1893
2 - Ampliação de 1924
3 - Jardim Frontal

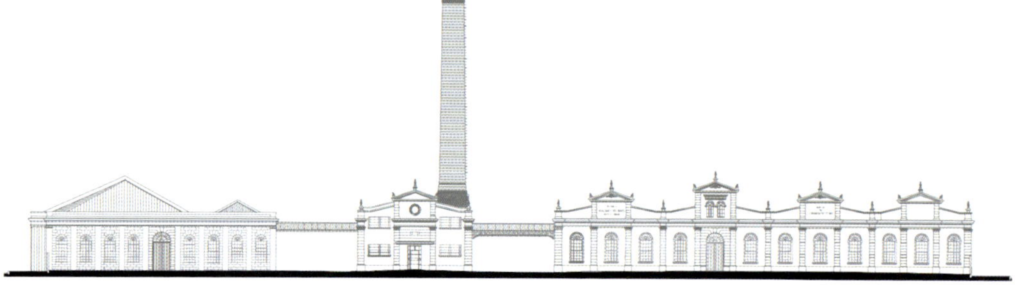

Fachada Rua Voluntários da Pátria

ARQUIVO HISTÓRICO MOYSÉS VELLINHO

Av. Bento Gonçalves, 1129

Autor desconhecido | 1894-1895
Projeto do anexo:
Berenice Arioli | 1995
Projeto de restauração:
Oscar Carlson (EPAHC-SMC) | 1999

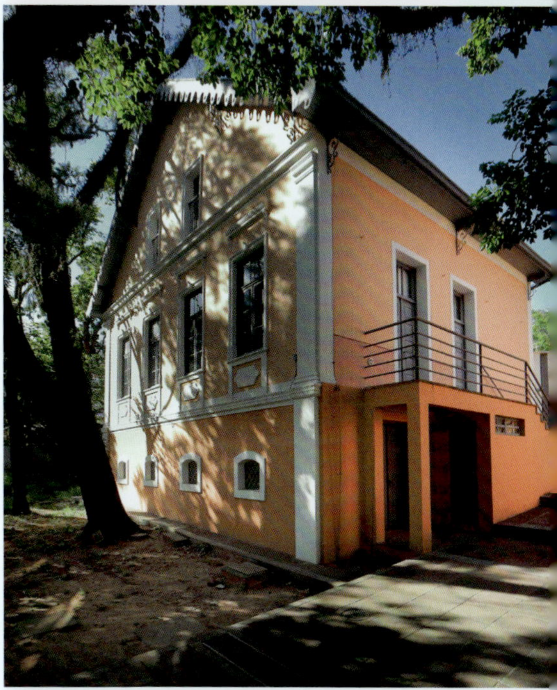

Datados do final do século XIX, os casarões foram construídos pelo Dr. Eugênio Pinto Cardoso Malheiros na chácara de sua família, situada na Estrada do Mato Grosso, hoje Avenida Bento Gonçalves. O primeiro casarão foi construído em 1894 e o segundo em 1895. A linguagem arquitetônica se vincula ao Ecletismo imperante na época, aqui manifesto pela referência aos chalés europeus, perceptíveis por exemplo nos lambrequins que ornam as fachadas.

A propriedade foi arrendada pelo Estado para abrigar a Escola Estadual Inácio Montanha, na década de 1930, e a Escola Estadual Apelles Porto Alegre, que permaneceu no local até meados da década de 1970. Em 1994, o conjunto é restaurado e passa a sediar o Arquivo Histórico de Porto Alegre. Entre 2009-2023, um dos casarões recebeu a Equipe do Patrimônio Histórico e Cultural – EPAHC.

Atualmente armazena o patrimônio documental do Município, classificado e catalogado, à disposição do público. O acervo abrange a história, geografia, arquitetura e legislação. Sob sua guarda estão documentos datados desde 1764, que registram a formação e as transformações da cidade, com informações oriundas dos Poderes Executivo e Legislativo, além de jornais e revistas que relatam o cotidiano. Também realiza projetos de educação patrimonial.

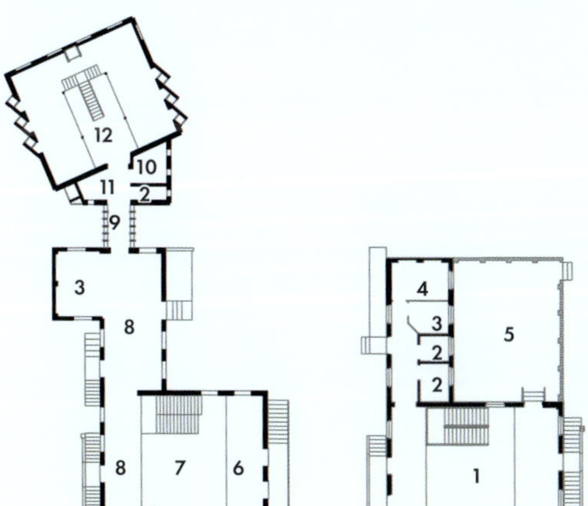

Planta Baixa

1 - Salão
2 - Banheiro
3 - Administração
4 - Direção
5 - Pátio
6 - Consulta
7 - Biblioteca
8 - Equipe Técnica
9 - Circulação
10 - Copa
11 - Depósito
12 - Acervo

Fachada Frontal

0 2 5 10m

A Universidade Federal do Rio Grande do Sul começa a se estruturar a partir da Proclamação da República, com o incentivo do governo positivista à educação técnica e de nível superior. Em 1895 é criado o primeiro curso, a Escola de Farmácia e Química, e, em seguida, em 1896, a Escola de Engenharia. Assim iniciava-se a educação superior no Rio Grande do Sul. Ainda no século XIX, foram fundadas a Faculdade de Medicina de Porto Alegre e a Faculdade de Direito, que, em 1900, foi o primeiro dos cursos humanísticos no Estado.

A área escolhida para a construção dos primeiros prédios ocupa parte do antigo "campo da Redenção", uma área baixa nas imediações do Centro de Porto Alegre.

O primeiro a ser construído é a Escola de Engenharia (1898/1900). Um dos egressos da Escola, o engenheiro-arquiteto Manoel Itaqui, recebe a incumbência de construir parte desses edifícios, entre eles o Colégio Julio de Castilhos (1908), atualmente Escola de Economia, hoje irreconhecível após um incêndio. Ele é o autor do conjunto de três pequenos prédios que abrigam a Escola Técnica Profissional e o Instituto Astronômico e Meteorológico.

Em 1934 este conjunto de escolas e institutos isolados é reunido, formando a Universidade de Porto Alegre. Em 1950, a Universidade foi federalizada. A partir desta data, alguns novos prédios são incorporados ao conjunto, como o prédio da Reitoria e do Salão de Atos, a Faculdade de Arquitetura e a Faculdade de Educação, que serão apresentados mais adiante.

A Universidade Federal do Rio Grande do Sul atualmente possui um conjunto de grande valor cultural no contexto urbano da cidade de Porto Alegre. Observando a cronologia da construção dos prédios, percebe-se a existência de duas gerações históricas e artísticas de edificações. A Primeira Geração corresponde aos prédios construídos entre 1898 e 1928 e a Segunda, aos prédios construídos após a federalização da instituição, especialmente entre 1951 e 1964.

No Campus Centro, 11 edificações possuem traços característicos do estilo do Ecletismo, que representam a 1º Geração, e dez edifícios são representativos do Movimento Modernista, pertencentes à 2º Geração.

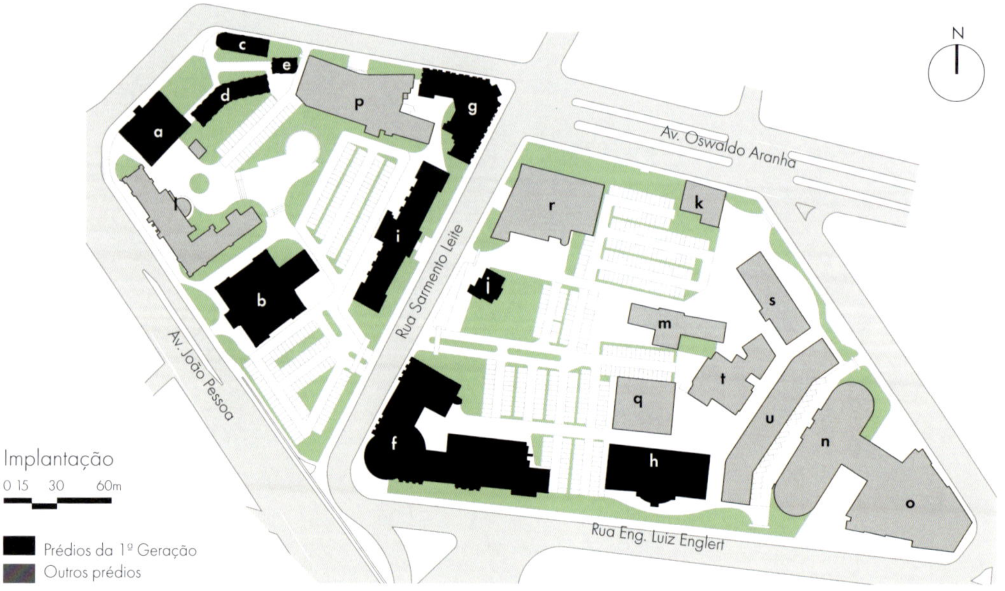

Prédios da 1º Geração
a - Prédio Centenário da Escola de Engenharia
b - Faculdade de Direito
c - Castelinho (atual Núcleo de Inovação das Edificações)
d - Château (atual Secretaria do Desenvolvimento Tecnológico)
e - Observatório Astronômico
f - Antigo Prédio da Faculdade de Medicina (atual Instituto de Ciências Básicas da Saúde – ICBS)
g - Instituto Eletrotécnico
h - Antigo Prédio do Instituto de Química (atual Anexo II – Reitoria)
i - Antigo Instituto Parobé (atual Escola de Engenharia – Departamento de engenharia Mecânica – DEMEC)
j - Rádio da Universidade

Outros prédios
k - Museu da UFRGS
l - Faculdade de Ciências Econômicas
m - Faculdade de Educação
n - Reitoria
o - Salão de Atos
p - Escola de Engenharia Nova
q - Escola de Engenharia – Departamento de Engenharia Química – DEQUI
r - Faculdade de Arquitetura
s - Antigo Prédio do Instituto de Ciências Naturais (atual Anexo III – Reitoria)
t - Sala Redenção – Cinema Universitário
u - Antigo Prédio da Faculdade de Filosofia (atual Administrativo)

30a - ESCOLA DE ENGENHARIA

João José Pereira Parobé | 1898-1900

Projeto de restauração: **SPH** | 2005-2015

Praça Argentina, 9

A Escola de Engenharia foi fundada em 1896, possuindo como sede provisória as salas do Ateneu Rio-Grandense. Em 1898 iniciam-se as obras da escola no antigo Campo da Redenção. Foi o primeiro edifício construído especificamente para abrigar uma instituição universitária na cidade. O curso foi estruturado pelos engenheiros militares da Escola Militar.

A edificação projetada por João José Pereira Parobé, conhecida hoje como "Engenharia Velha", possuía originalmente apenas dois pisos. Em 1950 recebeu o terceiro pavimento, cujo coroamento copiou as formas clássicas do prédio anterior, inclusive a data em letra caixa sobre a portada. É um prédio ainda com traços neoclássicos, com embasamento elevado e corpo central destacado pela escadaria e frontão.

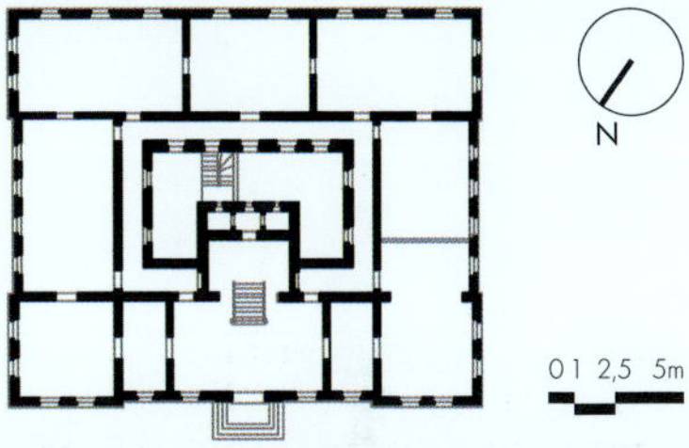

Planta Baixa Térreo

30b - FACULDADE DE DIREITO

Hermann Otto Menchen | 1908-1910

Projeto de restauração: **SPH** | 2004

Avenida João Pessoa, 80

A Faculdade de Direito foi fundada em 1900, tendo promovido concurso para sua sede própria em 1907, vencido pela firma de Rudolf Ahrons e projetada pelo arquiteto alemão Hermann Otto Menchen. As obras se estenderam entre 1908 e 1910.

O prédio possui volumetria cúbica com um pequeno pátio interno onde se desenvolve a escadaria de mármore. Destaca-se a forte rusticação do térreo e a cúpula sobre o volume principal da entrada. Essa cúpula possui amplas janelas nos quatro lados. O acesso forma um pórtico coríntio ressaltado sobre o plano da fachada. No Salão Nobre, em seu interior, uma pintura de cena típica dos Pampas, é de autoria de Ado Malagoli.

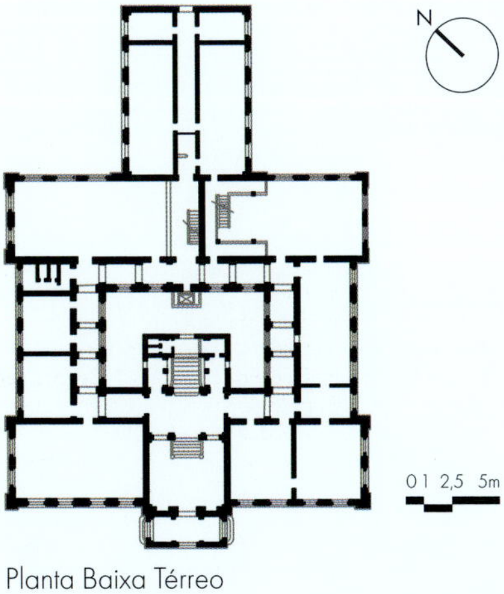

Planta Baixa Térreo

c - *Castelinho*

d - *Château*

e - *Observatório Astronômico*

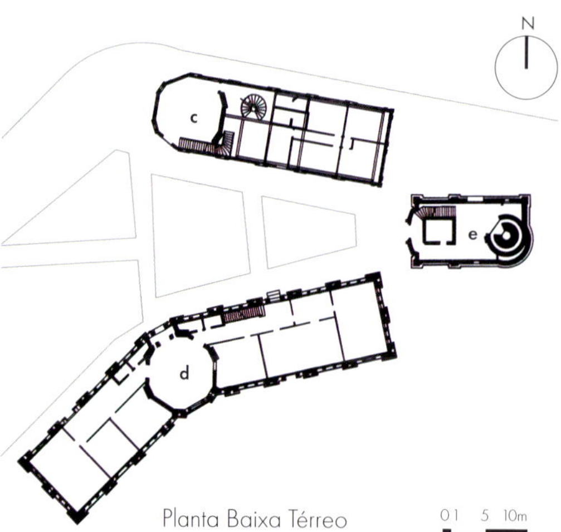

Planta Baixa Térreo

30c - CASTELINHO
30d - CHÂTEAU
30e - OBSERVATÓRIO ASTRONÔMICO

Manoel Barbosa Itaqui | 1906-1908
Projeto de restauração: SPH | 2002-2006
Praça Argentina s/nº

Manoel Barbosa Itaqui, engenheiro e arquiteto, foi também professor da Universidade Estadual do Rio Grande do Sul e dentre as suas obras destaca-se o conjunto de três prédios projetados para a ampliação da Escola de Engenharia, construídos entre 1906 e 1908. O conjunto conta com o Observatório Astronômico e os prédios Château e Castelinho.

Os três prédios formam uma pequena praça triangular, sendo que o Château e o Castelinho, alongados e baixos, formam os lados maiores do triângulo, e o Observatório Astronômico, em forma de torre, funciona como o vértice e ponto focal da composição. O conjunto é um raro recanto belle époque em Porto Alegre.

O Castelinho tinha por finalidade abrigar os laboratórios e as oficinas para as aulas práticas da Seção de Mecânica da Escola de Engenharia.

Juntamente com o Castelinho, o Château foi projetado para abrigar a Escola Técnica Profissional. Nele estavam instaladas as salas de máquinas, almoxarifado e ambulatório e as oficinas de marcenaria, carpintaria, serralheria. Com a criação do Instituto Parobé, em 1928, o prédio passou a abrigar sucessivamente diversas funções. Em 2004 o prédio passou a abrigar a Secretaria de Desenvolvimento Tecnológico (Sedetec).

O edifício do Observatório Astronômico foi elaborado para abrigar o telescópio importado de Paris em 1907, tendo sido construído pela firma Andrighetto & Paganini. É um prédio que, apesar das pequenas dimensões, possui alta complexidade. Possui um corpo principal em forma retangular, dividido em três pavimentos: uma base baixa, um pavimento intermediário onde foram colocadas janelas de linhas curvas, com influência art nouveau, e um último pavimento, com janelas retas e uma ampla cornija bastante ornamentada. No topo, localiza-se a cúpula metálica do observatório. A esse corpo principal se soma uma fachada curva, voltada para a pequena praça triangular, com intensa ornamentação. No topo temos uma falsa cúpula em alvenaria onde se instalou o nicho para abrigar a estátua de Urânia e todo o conjunto é arrematado por uma exuberante representação de folhagens e ramos entrelaçados.

30f - ANTIGA FACULDADE DE MEDICINA

Theodor Wiederspahn e
Alexander Gundlach | 1913-1924
Rua Sarmento Leite, 500

A Escola de Medicina teve sua construção iniciada em 1913, durante o Governo de Carlos Barbosa, porém a construção foi interrompida durante a 1ª Guerra Mundial, sendo concluída apenas em 1923. O contrato foi firmado com a empresa de Rudolf Ahrons, com projeto de Theo Wiedersphan e Alexander Gundlach. A fachada do edifício é estabelecida no alinhamento viário, formando um volume curvo que se prolonga em duas alas. O volume valoriza a esquina, abrigando a entrada principal e a escadaria nobre que conduz ao salão principal da edificação. A fachada tem sua hierarquia demarcada pelas colunas colossais em ordem jônica.

FSB - MJF/PMPA

SPH – UFRGS

30g - ANTIGO INSTITUTO ELETROTÉCNICO

Manoel Barbosa Itaqui | 1908-1910
Avenida Osvaldo Aranha, 103

O Instituto foi criado em 1908 para o ensino de eletricidade e mecânica. O prédio abrigava salas de aula, oficinas, laboratórios e continha uma usina elétrica. O equipamento instalado era o mais avançado da época, com uma Central Termoelétrica, inclusive uma chaminé que foi demolida nos anos 70.

Construído e projetado com dois pavimentos, em 1951 o edifício recebeu mais um andar. O Instituto Eletrotécnico, no mesmo princípio da Faculdade de Medicina, marca e valoriza a esquina, mas neste caso através de um chanfro com um discreto pórtico ressaltado. A edificação apresenta dois balcões superpostos em projeção, sustentados por pilares ornamentados. Nas fachadas das alas, existe uma base rusticada e subdivisões com pilastras largas e estreitas.

30h - ANTIGO INSTITUTO DE QUÍMICA

Autor desconhecido | 1922-1926
Projeto de restauração: SPH | 2015-2018
Rua Eng. Luiz Englert, s/nº

Criado em 1920, o Curso de Química Industrial deu origem ao Instituto de Química que teve sua edificação inaugurada em 1926.

O projeto apresenta galeria aberta protegida pelo terraço que é sustentado por colunas toscanas e possui no alto do seu guarda-corpo duas esculturas femininas que simbolizam a Química. A planta em forma de "U" tem acesso através de uma escadaria em pedra. Em 1944 ocorreu uma ampliação que criou alas laterais estreitas. Atualmente, sedia o Centro Cultural da Universidade.

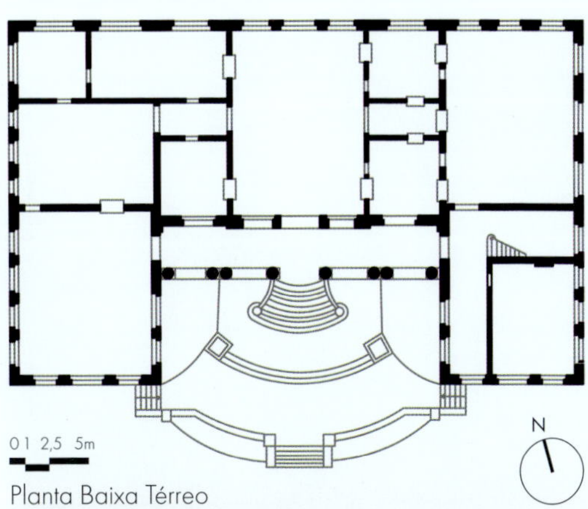

Planta Baixa Térreo

30i - ANTIGO INSTITUTO PAROBÉ

Chrétien Hoogenstraaten | 1923-1928
Rua Sarmento Leite, 425

O edifício foi construído para abrigar o Instituto Técnico Profissional, que estava até então instalado nos prédios do Château e Castelinho. O Instituto, criado em 1906, era destinado à instrução gratuita de jovens pobres e de operários. A nova edificação abrigava oficinas amplas para o maquinário pesado utilizado nas aulas práticas. O prédio foi construído com referências classicistas. Possui composição simétrica, com pavilhão central, alas laterais e pavilhões nas extremidades. Os pavilhões possuem quatro pavimentos e apresentam base rusticada no térreo com pilastras colossais acima. As cúpulas existentes são revestidas em cobre.

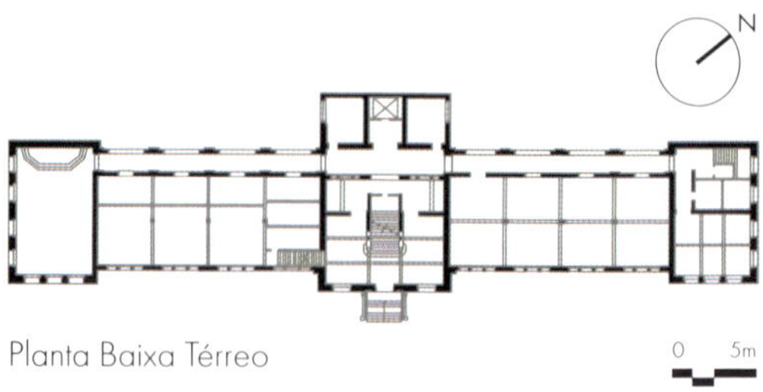

Planta Baixa Térreo

30j - RÁDIO DA UNIVERSIDADE

Adolph Stern | 1920-1921
Projeto de restauração: SPH | 2002
Rua Sarmento Leite, 426

O prédio de Rádio da Universidade foi construído entre 1920 e 1921. Projetado por Adolph Stern em 1919 para abrigar a Seção de Meteorologia do Instituto Astronômico e Meteorológico da Escola de Engenharia, constitui-se de uma torre de quatro pavimentos abraçados por um volume que contém três andares. Sua edificação possui uma escadaria de mármore com gradil trabalhado em ferro, a qual se destaca na sua fachada sóbria. Em 1960, o edifício passou a ser sede da Radio da Universidade, pioneira em radiodifusão universitária no Brasil.

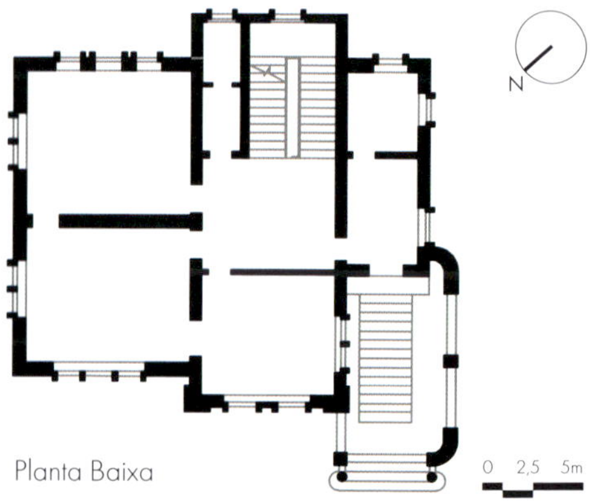

Planta Baixa

Manoel Barbosa Itaqui
(Itaqui, 1876 – Rio de Janeiro, 1945)

Manoel Barbosa Assumpção Itaqui formou-se em 1901 na primeira turma da Escola de Engenharia de Porto Alegre. Logo após, começa a trabalhar junto a Rudolph Ahrons, dono da maior construtora da cidade, e no ano seguinte casa-se com Judith Augusta Antunes de Assumpção, tendo com ela oito filhos.

No ano de 1906, Manoel Itaqui inicia sua carreira como docente na Escola de Engenharia, que perdura até 1928. Entre 1906 e 1909 é encarregado do projeto das primeiras ampliações da Escola, incluindo o conjunto do Observatório Astronômico e dois outros prédios destinados ao Instituto Técnico Profissional. Trata-se do belíssimo conjunto de prédios art nouveau ainda preservado no Campus Central da Universidade Federal. Nessa mesma época também foi responsável pelo projeto do Instituto Eletrotécnico, o qual foi ampliado em 1912 pelo próprio Manoel Itaqui a fim de aumentar sua capacidade.

Posteriormente à execução dos projetos, por ser o engenheiro chefe do Observatório Astronômico e obter grande reconhecimento de seu trabalho, é enviado à República da Argentina para estudar a organização dos trabalhos dos observatórios e dos serviços meteorológicos.

Nesse mesmo ano concebe mais dois trabalhos para a Escola de Engenharia: um projeto majestoso e rico em detalhes destinado ao prédio do Instituto Gymnasial do Rio Grande do Sul, futuramente denominado Instituto Júlio de Castilhos. Incendiado em 1951, foi totalmente reconfigurado, estando hoje irreconhecível, abrigando a Escola de Economia. Além deste, projeta o Instituto de Agronomia e Veterinária na Avenida Bento Gonçalves.

Ainda no ano de 1910, Nicolau Rocco encomendou o projeto de um prédio que abrigaria um salão de festas, uma fábrica de doces e uma confeitaria, posteriormente denominada Confeitaria Rocco. A autoria da obra é creditada tanto a Manoel Itaqui como ao arquiteto Salvador Lambertini, havendo dúvidas sobre a quem pertenceria a autoria do projeto. No entanto, com o falecimento de Salvador Lambertini em 1911, antes mesmo do início da obra, Manoel Itaqui assume a execução.

No ano de 1928 encerra sua atividade de docente na Escola de Engenharia. Nesse mesmo ano a Intendência de Porto Alegre previu a abertura da Rua Borges de Medeiros, com intuito de ligar as Zonas Leste, Central e Sul da cidade, até então isoladas. Com isso Manoel Itaqui, juntamente com Duilio Bernardi, deixa outro legado de seu trabalho em Porto Alegre: o Viaduto Otávio Rocha, o primeiro viaduto construído na capital.

Pouco se sabe das atividades e acontecimentos da vida de Manoel Itaqui nos anos posteriores, havendo apenas registro de sua mudança para a cidade do Rio de Janeiro, onde morreu aos 69 anos no dia 6 de julho de 1945.

Praça Montevidéu, 10

João Antônio Luiz Carrara Colfosco | 1898-1901
Projeto de restauração:
Doris Maria Saraiva de Oliveira
(EPAHC - SMC) | 1996-2003

A sede do Governo Municipal foi construída por iniciativa de Julio de Castilhos com projeto do italiano Carrara Colfosco. Além do gabinete do intendente, funcionava no prédio o Conselho Municipal, a tesouraria, um posto policial e a cadeia.

O edifício possui planta simétrica em forma de "U", com um pátio voltado aos fundos. Na frente foi reservado um largo, hoje conhecido como Praça Montevidéu, onde ao centro está instalada desde 1935 a Fonte de Talavera. O Paço é elevado sobre um porão, de forma que a entrada principal se dá por uma escadaria de mármore. Nas laterais, os acessos secundários são guardados por leões, também em mármore. Internamente destaca-se o hall, ambientado por uma colunata dórica e seguido por uma vistosa escadaria iluminada zenitalmente. Atualmente abriga o Museu de Arte de Porto Alegre, com um acervo significativo de pinturas e outras obras de arte do Município.

O prédio é fartamente ornamentado, com destaque na fachada para dois grupos escultóricos principais, em composição triangular. À direita temos a representação da Liberdade (figura feminina, em pé), da História (Clio, sentada) e da Ciência (figura masculina, sentada). Simetricamente à esquerda aparecem as alegorias da Agricultura (Ceres, em pé), do Comércio (Mercúrio, sentado) e da Indústria (figura feminina, sentada).

Em 1979 a edificação foi tombada como patrimônio cultural do Município.

N

1 - Circulação
2 - Terraço
3 - Assessoria/Sec.Prefeito
4 - Recepção Prefeito
5 - Sala Prefeito
6 - Sala Vice-Prefeito
7 - Assessoria Vice-Prefeito
8 - Salão Nobre

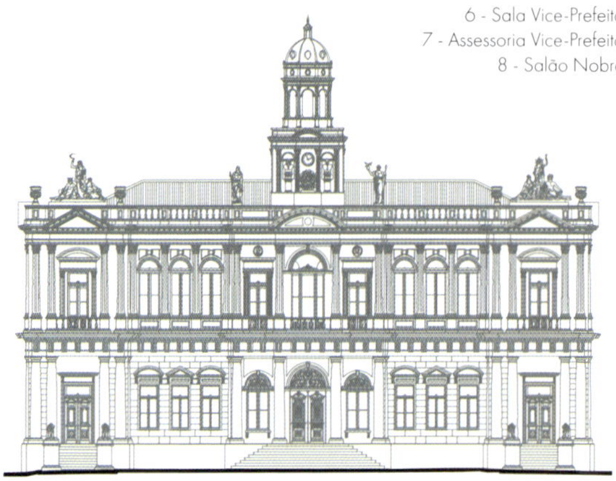

Fachada Frontal

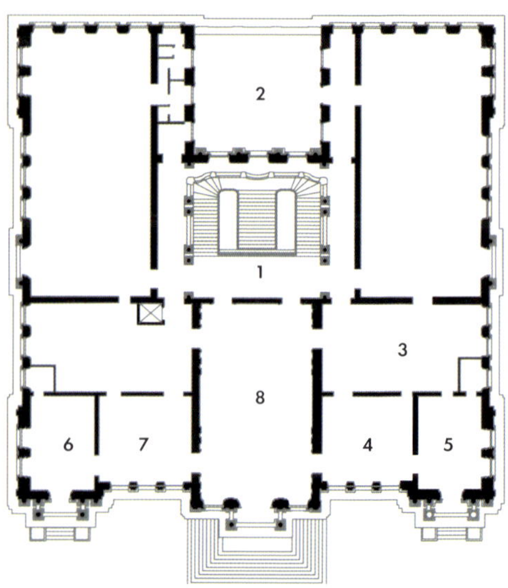

Planta Baixa 2º Pavimento

0 2 5 10m

Av. Independência, 453

Julio Weise | 1899
Projeto de restauração:
Marli Coelho da Silva (EPAHC - SMC) | 1990-1993

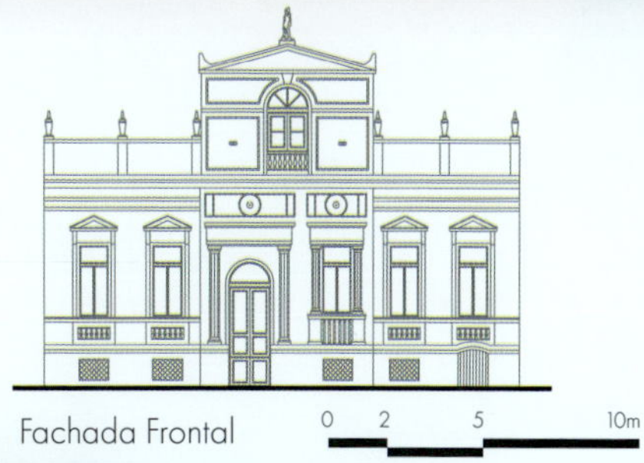

Fachada Frontal

A casa Firmino Torelly é um exemplo significativo em Porto Alegre de residência projetada segundo o repertório neorrenascentista. Sua fachada frontal disposta sobre o alinhamento segue composição que tende à simetria, reforçada pela presença de uma camarinha sobre o eixo do pavimento térreo. No alto do frontão triangular que domina o coroamento do prédio está a escultura de Hefesto.

O conjunto resultante pode ser interpretado como uma adaptação do modelo da Villa Palladiana a um lote urbano exíguo, onde a residência foi implantada sem recuos. Os pórticos que delimitam as aberturas térreas, com ênfase na porta de acesso principal, o ritmo das aberturas e seu rebatimento nos elementos escultóricos dispostos sobre a linha horizontal da platibanda são outras particularidades também comparáveis às soluções formais encontradas na arquitetura de origem renascentista.

Após o tombamento em 1987, a casa Firmino Torelly tornou-se próprio municipal, dando início ao processo de restauração arquitetônica, a cargo da Equipe do Patrimônio Histórico e Cultural (EPAHC). O projeto definiu a implantação da sede administrativa da Secretaria Municipal da Cultura (SMC), inaugurada em 1993.

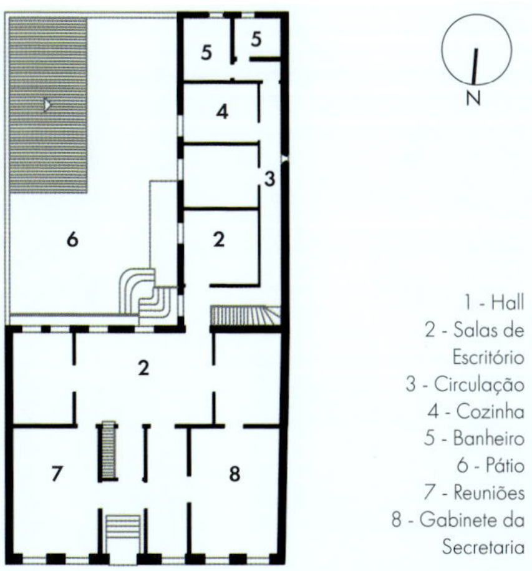

1 - Hall
2 - Salas de Escritório
3 - Circulação
4 - Cozinha
5 - Banheiro
6 - Pátio
7 - Reuniões
8 - Gabinete da Secretaria

Planta Baixa

CATEDRAL DA SANTÍSSIMA TRINDADE

Rua dos Andradas, 880

John Gaw Meen | 1900-1903
Projeto de restauração:
Cátia Ceccarelli, Larissa Gransotto, Letícia Castilhos Coelho e Simone Pretto Ruschel | 2006

A Catedral da Igreja Episcopal Anglicana do Brasil foi o primeiro trabalho dos anglicanos no Sul do Brasil. O projeto teve autoria do engenheiro e teólogo norte-americano John Meen, um dos cinco fundadores da congregação anglicana no Rio Grande do Sul. Meen é autor igualmente da Catedral do Redentor em Pelotas, construída em 1908. Em Porto Alegre, por falta de recursos, a Catedral não foi realizada conforme o projeto original, que previa uma alta torre. A obra ficou a cargo do engenheiro Rudolf Ahrons e do construtor Francisco Tomatis.

Em estilo Neogótico, na fachada destaca-se a nave central, mais elevada, com um pórtico no alinhamento. O corpo central é salientado por pináculos. As aberturas são em arcos ogivais. O retábulo de madeira atrás do altar-mor, entalhado na década de 20, foi o primeiro elemento tombado pelo Município. Em 1981 toda a Catedral foi tombada.

A partir da década de 30, foram colocados vitrais coloridos com cenas bíblicas e símbolos cristãos, doados por membros da Igreja e confeccionados por artífices alemães da antiga Casa Genta, especializada em vitrais clássicos.

A Igreja passou por uma restauração em 2008 a cargo do Projeto Monumenta da Prefeitura de Porto Alegre e do IPHAN, em que foram restauradas as fachadas e a estrutura em arcos ogivais da nave central, um raro exemplar de *hammerbean roof*, treliça de madeira típica do gótico inglês.

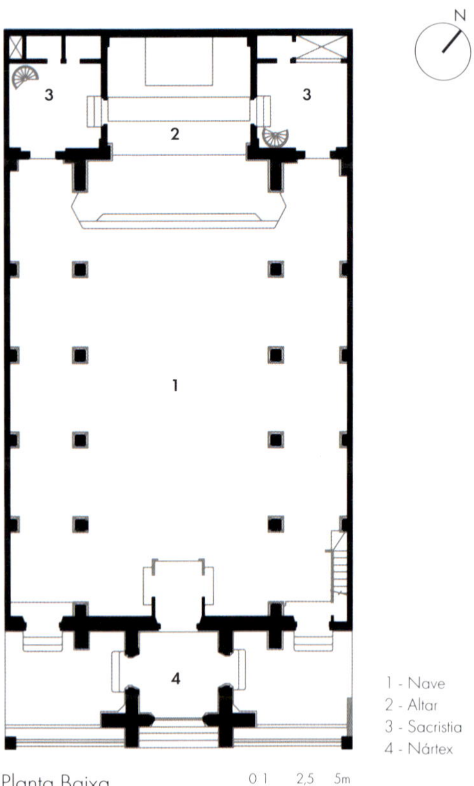

Planta Baixa

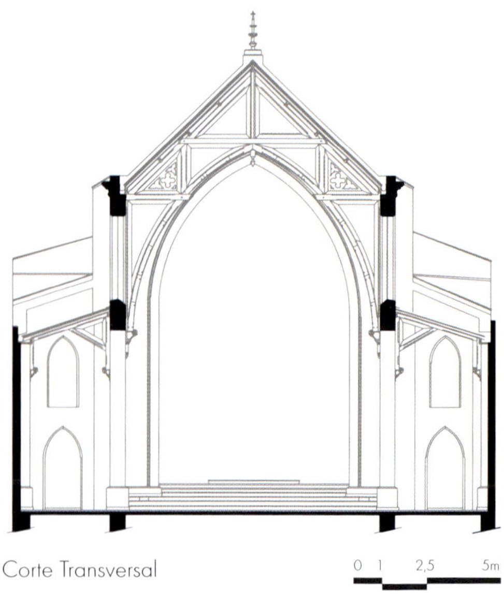

Corte Transversal

Hermann Otto Menchen
(Laudau, 1876- ?)

Hermann Otto Menchen nasceu em 1876 em Landau, Palatinado, filho de Johann Menchen, um mestre pedreiro. Em 1894, a família se transfere para Munique, onde Johann passa a exercer a atividade de técnico de edificação. Otto Hermann formou-se em Hochbau (Engenharia Civil), na Universidade Técnica de Munique, atuando tanto como arquiteto quanto na área de engenharia mecânica.

Depois de trabalhar em uma empresa construtora alemã, ele emigra, juntamente com a mãe e três irmãos, em 1903 para o Brasil, primeiramente para Joinville e logo em seguida para Porto Alegre. Nesta cidade passa a trabalhar já em 1903 nos escritórios de Rudolf Ahrons, um dos principais da cidade, onde permanece no cargo de arquiteto chefe do Departamento de Arquitetura até 1907. Poucos são os projetos conhecidos de Menchen nesse cargo, mas provavelmente seja o autor da residência neogótica de Frederico Jung, na Rua Marechal Floriano, 500 (1905). Nesse período, casa-se com Elisa Friedrichs, membro de uma família bem estabelecida de Porto Alegre, sendo seu irmão, João Vicente, proprietário de umas das mais importantes oficinas de escultura da cidade.

Ao sair do escritório de Ahrons em 1907, Menchen começa a trabalhar como autônomo. Ainda em 1907 projeta a casa de Arno Bastian, na Avenida Independência, hoje conhecida como Casa Godoy, belíssimo exemplar em estilo Jungendstil e tombada pelo município de Porto Alegre. Em 1908 projeta a Escola de Direito, onde emprega solução formal similar ao Kaiserpalast de Estrasburgo. Grienesen (2013) supõe que Menchen tenha trabalhado na empresa construtora desse palácio, a Philipp Holzmann AG, antes de emigrar para o Brasil.

Nesse mesmo ano de 1908, assume o cargo de construtor do prédio da Alfândega de Porto Alegre, obra que se conclui apenas após a guerra, em 1924. Seguem-se nos anos de 1910 vários projetos para famílias abastadas, em geral de origem alemã. Em 1912 projeta cinco casas geminadas na Rua dos Andradas para o Sr. Nabuco Varejão, ornamentadas com inspiração egípcia, das quais três ainda são existentes, mas apenas uma conservada.

Em 1914 projeta o segundo pavimento da Escola Militar de Porto Alegre nos Campos da Redenção, inserindo um salão abobadado no corpo central e expressiva ornamentação através de estatuária. Atua intensamente até 1917, quando se transfere para Munique, onde permanece ao longo da década de 1920. Em 1930, instala-se em Santa Cruz, projetando construções de beneficiamento de fumo, o Colégio Sinodal, as Igrejas Evangélicas de Sinimbu (1939) e Bom Jesus de Carazinho. No período, também atuou em Pelotas, Santa Maria e Porto Alegre, onde mantinha um escritório. Em 1940 elabora Planta da Cidade de Santa Cruz, aposentando-se no mesmo ano, por motivos de saúde.

Av. Independência, 867

Teófilo Borges de Barros | 1901
Projeto de restauração:
Luiz Fernando Rhoden (IPHAN) | 1985-1987

Trata-se de uma requintada mansão em arquitetura eclética, com um pavimento principal, porão alto e acesso por escadaria lateral, conformando um jardim lateral, típico das residências burguesas do final do século XIX. Este palacete integra um conjunto de residências da elite porto-alegrense construídas ao longo da Avenida Independência. Atualmente algumas delas ainda estão preservadas em um cenário urbano já bastante verticalizado. Internamente, as paredes apresentam pinturas com padronagens em cores fortes e barras decorativas junto ao forro. Possui belos vitrais de linhas art nouveau e elementos trabalhados em madeira. O banheiro e a cozinha possuem louças e azulejos importados. O Palacete foi ampliado em 1928, quando recebeu o jardim de inverno na parte posterior.

A edificação foi construída em 1901 pelos Irmãos Tomatis, para Sebastião de Barros. Em 1928 tornou-se propriedade de Franklin Etzberger e, nos anos 1930, passou à família Barbedo. Em 1940, o Governo do Estado do Rio Grande do Sul alugou o prédio e ali instalou o Grupo Escolar Argentina, que funcionou até 1978. O Instituto do Patrimônio Histórico e Artístico Nacional (IPHAN) tombou e restaurou a edificação, que sedia sua sede regional desde 1984.

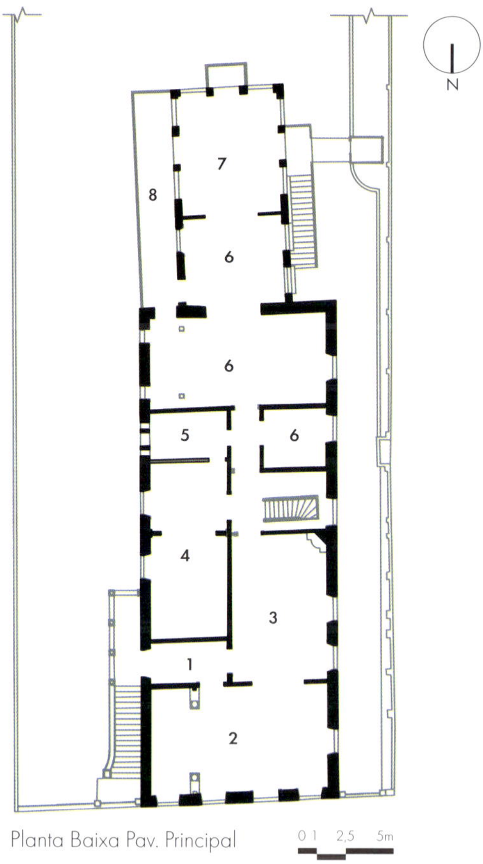

Planta Baixa Pav. Principal

1 - Hall
2 - Auditório
3 - Secretaria
4 - Diretoria
5 - Banheiro
6 - Sala Técnicos
7 - Jardim de Inverno
8 - Varanda

Av. Independência, 456

Hermann Otto Menchen | 1904-1907
Projeto de restauração:
Helton Estivalet Bello e **Ana Luiz Oliveira (EPAHC - SMC)** | 2002

Com projeto e execução do arquiteto alemão Menchen, a casa foi encomendada por Arno Bastian Meyer para abrigar sua família. Em 1939, o imóvel foi adquirido por Jacinto Godoy Gomes para a instalação de seu consultório médico-psiquiátrico e moradia.

O cuidado com os detalhes vai desde o projeto até a execução: a qualidade do desenho, dos materiais utilizados nas esquadrias, pisos, paredes, forros e mobiliário. Das fachadas até os menores objetos da residência, tudo está em intencional harmonia com o repertório Jugendstil, como o movimento Art Nouveau era conhecido na Alemanha. Trata-se do mais expressivo exemplar desta vertente na arquitetura da cidade.

Destacam-se a fachada e porta de entrada com linhas orgânicas; as pinturas parietais nas salas de estar e jantar, de autoria de Ferdinand Schlatter; as portas internas originais, com maçanetas numeradas e os belos azulejos com motivos holandeses na cozinha e banheiros, assim como a varanda coberta em ferro e vidro que, juntamente com a escada de mármore externa, ligam a Casa ao jardim posterior, compondo uma perfeita transição e integração entre o espaço fechado e aberto.

A Casa Godoy foi tombada e adquirida pela Prefeitura em 1996, tornando-se sede provisória da Coordenação da Memória Cultural e da Equipe do Patrimônio Histórico e Cultural (EPAHC). Está em fase de obras de restauração iniciadas em 2024.

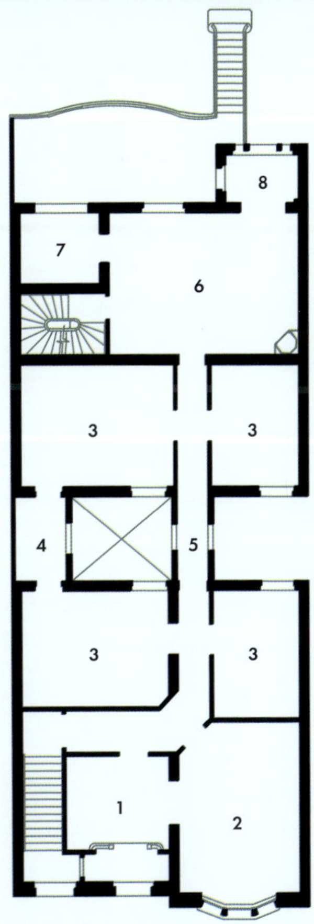

1 - Gabinete
2 - Sala de Visitas
3 - Dormitório
4 - Banheiro
5 - Sala Anexa
6 - Sala de Jantar
7 - Sala de Música
8 - Sala de Fumar

Planta Baixa Pav. Principal

0 1 2,5 5m

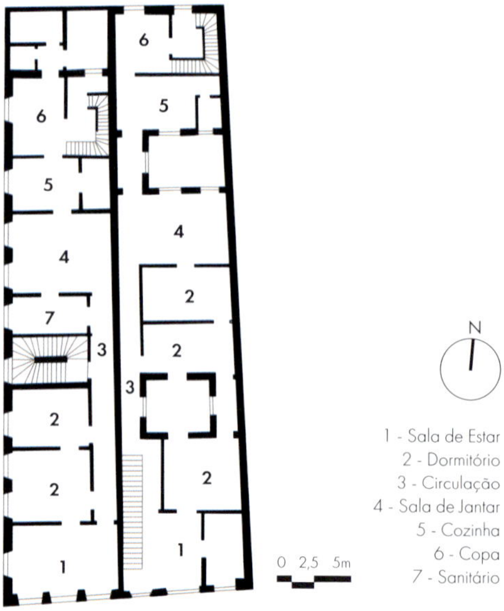

Planta Baixa Pav. Superior

Av. Independência, 422, 426 e 430
esq. Rua Barros Cassal, 410 e 416

Germano Pedro Plentz | 1906
Projeto de restauração: **Jaqueline Manica** e **Lucas Volpatto** | 2012

Trata-se de dois prédios geminados, formando um casarão de esquina, construído no início do século XX, quando a Avenida Independência ainda estava se tornando a principal rua aristocrática de Porto Alegre. O conjunto possuía comércio no térreo e residências no andar superior. A fachada é um dos melhores exemplares do Ecletismo Neorrenascentista na cidade, tendo o térreo um tratamento em rusticatto, enquanto o piano nobile (piso superior, residencial) recebe o peso da ornamentação: pilastras em forma de diamante, balcões em ferro forjado, portas e janelas com tímpanos triangulares ornadas por cabeças femininas. O coroamento possui platibanda em balaustrada e frontão encimado pelas esculturas de duas crianças, provavelmente em alusão aos dois proprietários originais, os irmãos Antonio e Caetano Frasca.

Fachada Rua Barros Cassal

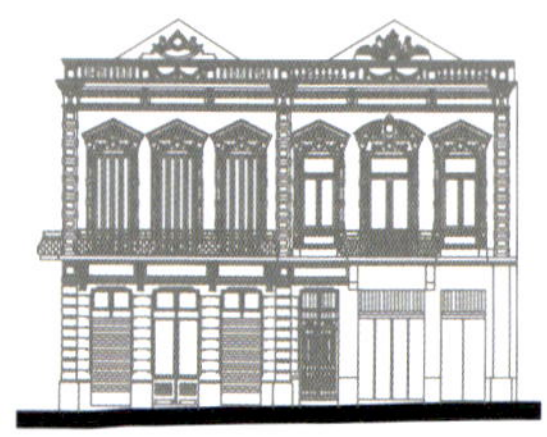
Fachada Av. Independência

Rua dos Andradas, 1035

Farmácia Carvalho: **Irmãos Tomatis** | 1906
Cinema Guarany:
Theodor Wiederspahn | 1910-1911

Este conjunto, já ocupado pelo Banco Safra, é constituído por dois prédios originalmente independentes, de excepcional qualidade, dos quais só restam as fachadas.

O mais antigo é a Farmácia Carvalho, projetada e construída em 1906 pela empresa dos Irmãos Tomatis como residência do Sr. Antônio Barcellos. Com três pavimentos, apresenta inventiva ornamentação art nouveau, da qual se destaca um belo pavão em alto relevo, na parte central do coroamento.

O Cinema Guarany, ao lado, foi construído em 1913 como sede da Previdência do Sul, então uma das maiores companhias de seguros do estado. Logo em seguida foi transformado no Cine Guarany. O projeto é de Theodor Wiederspahn e engenharia de Rudolf Ahrons. A profusa ornamentação externa em Ecletismo Neobarroco veio da oficina de João Vicente Friedrichs, com esculturas de Wenzel Folberger. O prédio possui cinco pavimentos divididos em um bloco central recuado no térreo, com o amplo acesso em arco, mais dois blocos simétricos laterais encimados por cúpulas em bronze. O quinto pavimento também é recuado e apresenta uma grande sacada com balaustrada.

Arquivo Municipal de Porto Alegre

Fachada Original
Cine Guarany

Fachada Original
Farmácia Carvalho

Rua Duque de Caxias, 1048

Maurice Gras | 1909-1921

O Palácio Piratini substituiu o velho Palácio de Barro, sede dos governadores portugueses e dos presidentes da província nos períodos colonial e imperial, demolido em 1896. O governador Carlos Barbosa promoveu um concurso público, para a construção do novo palácio. O projeto, entretanto, foi oferecido a Carlos Barbosa pelo arquiteto Maurice Gras, por indicação de autoridades francesas no Brasil. A construção foi polêmica, com custos exorbitantes devido à importação de materiais e aos custos dos honorários de projeto.

O Ecletismo Neobarroco ostentado pelo Palácio evoca o Petit-Palais de Versalhes e se utiliza de vários recursos da arquitetura e do paisagismo francês. O mais evidente é sua implantação em terraços, que organizam os dois blocos: no nível mais alto, voltado para a Praça da Matriz, o bloco governamental, separado do bloco residencial por um pátio interno ornamentado pelo conjunto escultórico *A Primavera*, de Paul Landowski, escultor francês autor da estátua do Cristo Redentor no Rio de Janeiro. No tratamento da frontaria utilizou-se revestimento em "pedra reconstituída", com cimento importado da França.

No interior, a sequência espacial inicia no salão de entrada inferior com acesso em três lados. No térreo, a escadaria que realiza a transição até o grande salão de recepções possui a forma de um "E", com cinco imponentes lances que vencem o pé-direito monumental de oito metros, inseridos em um volume de dupla altura, totalmente branco e com decoração em ordem coríntia.

Fachada Frontal

Rua Riachuelo, 1626
esq. Rua Doutor Flores, 465

Salvador Lambertini (projeto) e
Manoel Barbosa Itaqui (construção) | 1910-1912

O projeto foi elaborado pelo italiano Salvador Lambertini, professor do Instituto Parobé, tradicional escola técnica da cidade. Veio a falecer logo após a aprovação do projeto, quando então foi contratado Manuel Barbosa Itaqui para a execução da obra.

De propriedade de Nicolau Rocco, o edifício em arquitetura historicista eclética salienta-se por sua implantação em terreno de esquina. Impressionam três pares de atlantes, rebatidos simetricamente nas duas fachadas do prédio, formados por um jovem e outro idoso, que suportam com uma das mãos a sacada corrida do primeiro piso e com a outra mão seguram uma cornucópia, cada um deles representando a América e Europa, a Fartura e a Abundância, respectivamente. No eixo da composição, disposta sobre o encontro das fachadas está uma figura feminina, representando a Luz Inspiradora das Artes, emoldurada por uma lira e duas crianças em cada lado.

A área total do imóvel é de 1.560 m², distribuídos em quatro pavimentos. A fabricação dos doces ficava inicialmente no subsolo e a confeitaria, com acesso ao público, localizava-se no térreo. O salão de festas ficava no segundo pavimento, com a copa e dependências de serviço no terceiro. No topo do prédio, o terraço era o local onde se apreciava a paisagem.

A Confeitaria Rocco foi tombada pela Prefeitura em 1997.

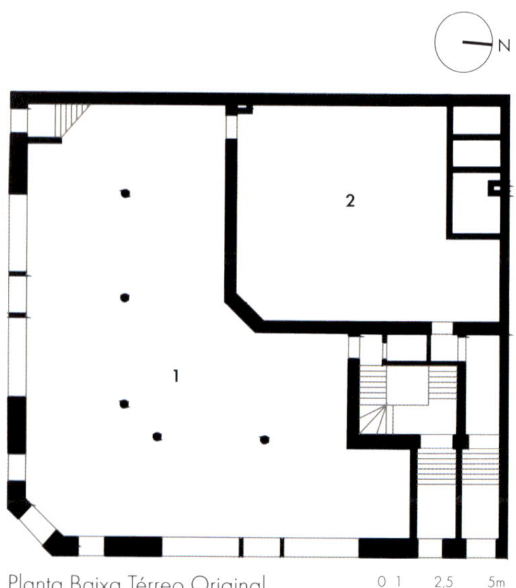

Planta Baixa Térreo Original

1 - Confeitaria
2 - Cozinha

Theodor Wiederspahn
(Wiesbaden, 1878 – Porto Alegre, 1952)

Theodor Alexander Josef Wiederspahn trabalhou como aprendiz de pedreiro enquanto cursava a Escola Profissional de Construção e Ofício de Wiesbaden. Em 1884 formou-se arquiteto na Koenigliche Baugewerkschule de Idstein. Entre 1896 e 1908 desenvolve carreira na Alemanha, quando, por indicação de seu irmão, Heinrich Josef, migra para o Rio Grande do Sul para trabalhar na companhia belga que construía um dos ramais ferroviários do Rio Grande do Sul. Entretanto, tendo demorado a conseguir migrar para o Brasil, acabou sendo apresentado ao engenheiro Rudolf Ahrons, dono da maior construtora imobiliária do estado, que logo o contratou na condição de arquiteto responsável pelo departamento de projetos do escritório. Neste período, Wiederspahn desenvolve alguns projetos que vão mudar o aspecto da cidade de Porto Alegre, como o Edifício Chaves e Barcellos (1908), os Correios e Telégrafos (1909), o Banco da Província do Rio Grande do Sul (1910) e a Cervejaria Bopp, atual Shopping Total (1910-1914). Em 1912 projeta a Delegacia Fiscal, atual MARGS, e a Faculdade de Medicina. São projetos que revigoram a arquitetura historicista local, inserindo um padrão construtivo de excelência, ornamentação exuberante e estruturas modernas que cairão no gosto da elite imigrante da cidade.

A partir de 1916, quando o escritório de Ahrons fechas suas atividades devido à Primeira Guerra, Wiederspahn passou a trabalhar como profissional autônomo em sua própria construtora, que, apesar das dificuldades decorrentes da Guerra e da discriminação sofrida pelos profissionais estrangeiros, obteve diversas encomendas de novos projetos (WEIMER, 2009). Uma clientela importante nessa fase foram os bancos, que construíam filiais pelo interior do estado, entre eles o Banco Nacional do Comércio. Em 1922, a firma de Wiederspahn encerra suas atividades, fazendo com que Theo voltasse a trabalhar como profissional liberal. Apesar das dificuldades desse período, o arquiteto produziu obras respeitáveis na área da construção fabril – entre elas, as mais significativas são a Móveis Hugo Gerdau, Metalúrgica Wallig e o Moinho dos Irmãos Chaves. Ainda no ano de 1922, Wiederspahn concebe também um grande exemplar de edificação neobarroca, o Edifício Ely, e dois anos depois constrói sua própria residência (1925).

Na década de 1930 inicia-se a colaboração com a Igreja Evangélica de Confissão Luterana, sendo o projeto mais importante desse período a ampliação do Hospital Alemão de Porto Alegre, atual Moinhos de Vento (1935). A Segunda Guerra foi período dificílimo, de perseguições, prisão e falta de trabalho. Ao final do conflito é a Comunidade Evangélica o cliente principal, com demanda de projetos destinados a diversas cidades do interior do estado. Morre em Porto Alegre em 1952.

Monumento a Júlio de Castilhos:
Décio Villares | 1910-1913
Esplanada do Monumento a Júlio de Castilhos:
Atílio Trebbi | 1910-1913
Projeto de restauração:
Rafael Brener da Rosa e Marco Schimitt | 2015-2018

A elevação de Porto Alegre à categoria de capital da província no dia 24 de julho de 1773, pelo governador José Marcelino de Figueiredo, determinou a instalação de um aparato de administração pública na cidade. Os "Altos da Praia" foram escolhidos para sediar os primeiros equipamentos administrativos, como o Palácio do Governo, a Igreja da Matriz e a antiga Casa da Junta. A partir da metade do século XIX, destaca-se a inauguração do Theatro São Pedro (1858) e posteriormente da Casa da Câmara (1864-1870).

A Praça passou a contar, a partir de 1866, com seu primeiro elemento de ornamentação: um chafariz de mármore adornado com estátuas que simbolizavam os rios formadores do Guaíba. Situado bem no centro do logradouro, o conjunto escultórico denominado "Os Quatro Rios" foi executado pelo arquiteto italiano Giuseppe Obino. O ajardinamento da praça foi executado entre 1881 e 1883 e em 1885 foi erguida uma estátua de mármore em homenagem ao Conde de Porto Alegre. Esse primeiro ajardinamento possuía linhas sinuosas, formando recantos, influência dos jardins ingleses.

A partir da Proclamação da República, a praça sofre significativa transformação para receber o Monumento a Júlio de Castilhos, verdadeira apoteose à República. As antigas estátuas tiveram de ser transferidas para outros logradouros, para dar lugar à esplanada e escadaria que iriam receber o conjunto escultórico.

O Monumento a Júlio de Castilhos foi projetado pelo escultor Décio Villares, responsável pelo desenho da bandeira nacional. Os trabalhos de assentamento e fundação da obra, iniciados em 1910 e inaugurados em 1913, foram coordenados por Afonso Hebert. Os trabalhos de cantaria ficaram a cargo do ateliê de João Vicente Friedrichs, cabendo a Atílio Trebbi o desenho da esplanada, com os balaústres e a escadaria.

A magnitude da implantação do conjunto, exigindo a retirada das estátuas e chafarizes, o aterro de parte significativa da Praça e a retirada do gradil externo conduziram a um novo desenho dos caminhos, em forma radial, que reforçam a posição centralizadora da figura do líder no papel de irradiador das virtudes cívicas. Esse desenho permanece até hoje implantado no local.

Décio Villares defendia os ideais positivistas de Auguste Comte, procurando expressá-los através de sua produção artística. O monumento consiste em uma grande pirâmide de pedra, repleta de figuras em bronze que ocupam seus quatro lados. No topo, destaca-se a figura da República. Na base, distingue-se a figura sentada de Júlio de Castilhos. As esculturas da face norte são alegorias das qualidades de Castilhos; as da face sul representam o trabalho e as riquezas do estado. As localizadas nos lados leste e oeste representam a história das lutas republicanas travadas no contexto do Rio Grande do Sul. Em 1927, durante a administração do intendente Otávio Rocha (1924-1928), a Praça da Matriz, assim como a Praça da Alfândega, recebem nova configuração de passeios, pavimentos em pedra portuguesa e a adoção do novo sistema de iluminação norte-americano Novalux, e mantém suas linhas gerais até hoje. Passou por obras de restauração entre 2019 e 2021.

Acervo Olavo Dutra

Vista desde o Theatro São Pedro

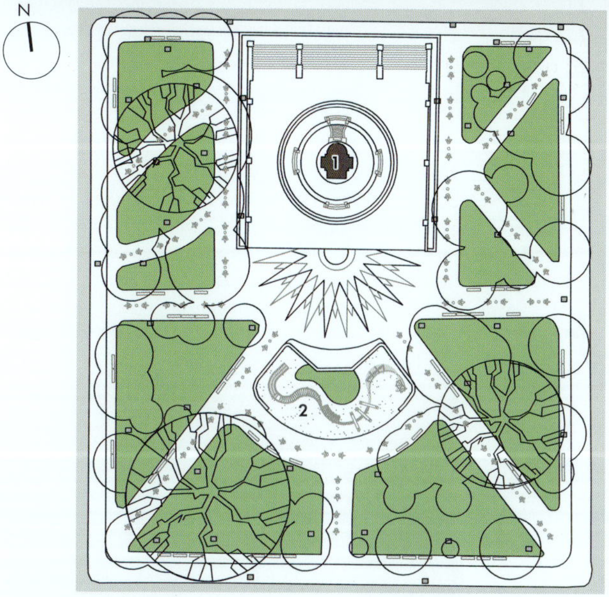

Implantação

0 2 5 10m

1 - Monumento a Júlio de Castilhos
2 - Playground

Acervo Olavo Dutra

Vista Theatro São Pedro e Casa da Cultura

MEMORIAL DO RIO GRANDE DO SUL

Praça da Alfândega, s/nº

Theodor Wiederspahn | 1910-1914
Projeto de restauração e museografia:
Ceres Storchi e **Nico Rocha** | 1998-2000
Urbana Logística Ambiental | 2015

A edificação foi construída para abrigar a sede dos Correios e Telégrafos, função que manteve até a década de 1990. Está implantada em um dos lados da Praça da Alfândega juntamente com a Delegacia Fiscal, atual MARGS, também projetada por Wiederspahn, compondo um conjunto de forte presença na paisagem. O arquiteto concebeu as duas edificações espelhadas, em mesma volumetria e linguagem clássica, cujas torres servem como portais da Praça e reforçam o eixo definido desde o Pórtico Central do Cais Mauá, destacando o principal acesso portuário da cidade.

A decoração do prédio do Memorial foi responsabilidade da oficina de esculturas de João Vicente Friedrichs. O grupo principal, composto por três esculturas, pretende evidenciar os serviços prestados pelos Correios na integração dos continentes. Ao centro, um Atlante, curvado pelo peso do globo em suas costas, tem o auxílio de uma mulher e de um adolescente, que simbolizam a Europa e a América.

O imóvel passou por um processo de restauração a partir de 1998, objetivando preservar suas características originais e adequá-lo à instalação do Memorial do Rio Grande do Sul, instituição criada para divulgar a história e a cultura sul-rio-grandense. No prédio também está localizada a sede do Arquivo Histórico do Rio Grande do Sul. O projeto de restauração introduziu uma conexão interna entre o térreo e o primeiro pavimento, inexistente na planta original. O prédio recebeu o tombamento pelo IPHAN em 1980.

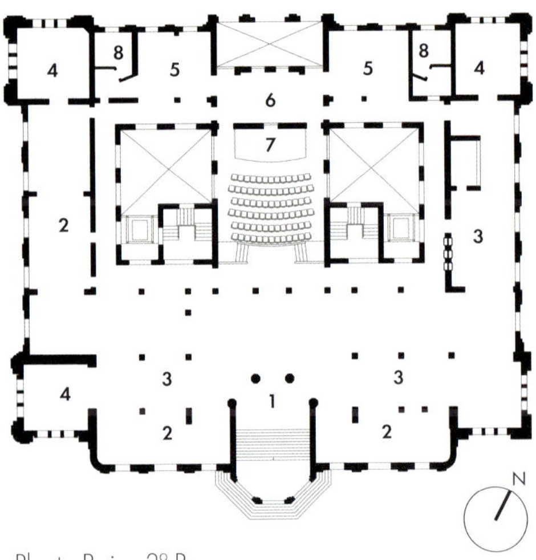

Planta Baixa 2º Pav.

1 - Acesso
2 - Linha do Tempo
3 - Miniexposições Temporárias
4 - Sala de Vídeo
5 - Exposições Temporárias
6 - Memorial do Edifício
7 - Auditório
8 - Sanitários

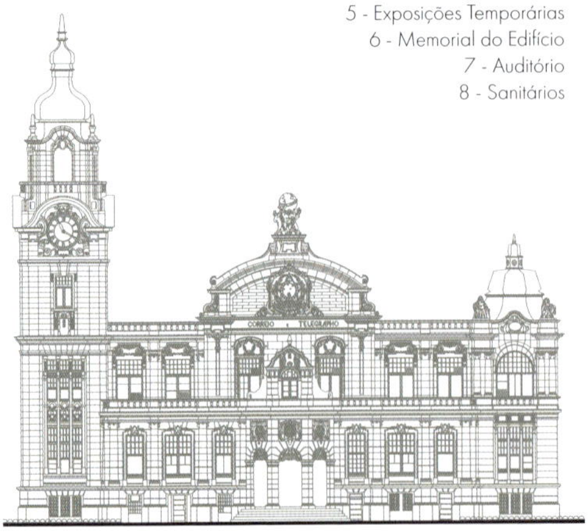

Fachada Frontal

Rua Riachuelo, 1031

Afonso Hebert (atribuído) | 1910-1921
Projeto de restauração:
Renata Galbinski Horowitz (SDO) | 2001

Os prédios do Arquivo Público do Estado compreendem um conjunto arquitetônico em linguagem eclética, construído especialmente para a guarda e preservação dos bens documentais estaduais, com um acervo de aproximadamente 18 milhões de documentos. A construção do primeiro pavilhão, constituído por duas alas em "L", foi iniciada em 1910 e concluída em 1912. Entre 1918 e 1921 foi construído o segundo pavilhão. O projeto é tradicionalmente atribuído a Afonso Hebert, então diretor da Diretoria de Obras Públicas, mas fontes do Arquivo indicam a autoria do francês Maurice Gras, também projetista do Palácio Piratini. Hebert teria sido responsável pela execução das obras das duas fases.

Com características específicas para armazenamento de documentos, os pavilhões possuem teto em forma de abóbada, paredes com espessura entre 0,90 e 1,5m, estantes de ferro revestido por cimento, piso de ferro vazado sobre o qual deslizam escadas móveis também de ferro e exaustores elétricos. Essas atribuições técnicas asseguram o melhor controle da circulação de ar e da temperatura ambiental, além de contribuir para a prevenção de incêndios. Em 1948 foi iniciada uma nova edificação, destinada às atividades administrativas, concluída em 1950 e que forma a atual fachada para a Rua Riachuelo.

Em 1991 este conjunto foi tombado pelo Instituto de Patrimônio Histórico e Artístico de Estado – IPHAE.

Fachada Interna

Implantação

SHOPPING TOTAL

Av. Cristóvão Colombo, 545, 691 e 695

Theodor Wiederspahn | 1910-1914
Projeto de refuncionalização:
Marco Calábria, Fernanda Nascimento, Oltramari Arquitetos e Axelrud Arquitetura | 2003

O conjunto de prédios que hoje formam o Shopping Total ocupa parte da antiga Cervejaria Bopp, construída entre 1911 e 1914, depois Cervejaria Continental (1924) e finalmente adquirida em 1946 pela Cervejaria Brahma, ativa até 1998.

O projeto foi realizado por Theodor Wiederspahn, construído pela firma de Rudolph Ahrons e decorado pelos escultores das oficinas de João Vicente Friedrichs. O edifício mais antigo, de 1911, é o que se localiza junto ao alinhamento da Avenida Cristóvão Colombo. O conjunto estatuário da fachada representa temas ligados aos produtos da Cervejaria Bopp, como o deus Mercúrio, alusivo ao rótulo da Cerveja Comercial; o elefante representando a cerveja Elefante; as crianças, em referência à gasosa Continental, o gato à cerveja Pilsen e os atlantes à cerveja Hércules.

Esse primeiro prédio foi complementado posteriormente em 1914 por um novo, recuado em relação à Avenida Cristóvão Colombo, que permitiu a criação de um pátio frontal. Este prédio, mais alto e imponente, possui uma torre com cúpula e um arco que dá passagem aos fundos do complexo. Na torre estão instaladas estátuas em alusão à cerveja Negrita e uma imensa estátua de autoria de Alfred Adloff representando Gambrinus, o inventor da cerveja.

Após alguns anos ociosos e ameaçados por demolição, os prédios da fabricação, fermentação, caldeiras, escritórios e chaminé foram tombados pela Prefeitura Municipal em 1999.

Em 2003, houve a implantação de um shopping center no local, que reconfigurou o conjunto original através da preservação das frontarias tombadas e introdução de novas edificações.

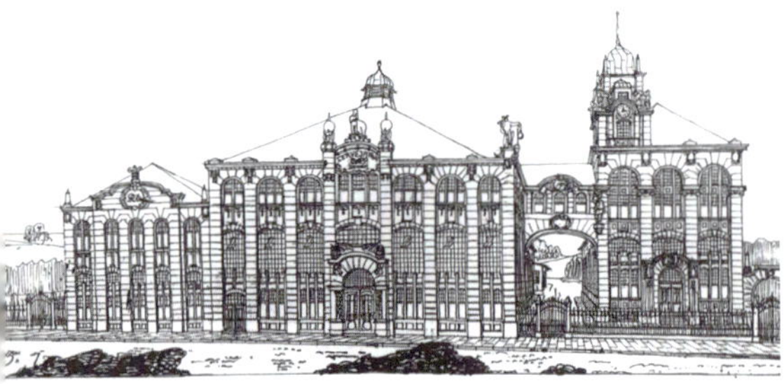

EPAHC – SMC/PMPA

Praça XV de Novembro

Autor desconhecido | 1911
Projeto de restauração:
Edegar Bittencourt da Luz | 1980
Projeto de ampliação: **Silvia Benedetti** | 2008

O Chalé da Praça XV é um dos mais tradicionais pontos gastronômicos de Porto Alegre. Não se trata do primeiro quiosque ali construído. Em 1885 foi inaugurado o primeiro, destinado à comercialização de sorvetes e bebidas; em 1909 foi construído um "pavilhão restaurant" em madeira, o qual, em 1911, é substituído por um prédio composto por estrutura em aço desmontável e vidro, segundo algumas fontes, reaproveitada da Feira Internacional de Buenos Aires. Seu primeiro concessionário foi Gaspar Binter, pelo que era conhecido como "Pavilhão Binter".

Em termos tipológicos e morfológicos, o edifício manifesta a influência do pitoresco na arquitetura, notadamente nos equipamentos de lazer. A planta baixa em esquema radiocêntrico, a simetria das elevações e a referência ao chalé e ao quiosque enquanto solução tipológica são algumas evidências dessa tendência. Contudo, estão presentes outras vertentes formais, como os gradis de ferro e os montantes da estrutura com motivos art nouveau.

A edificação é composta de dois pavimentos em planta octogonal, mais subsolo e mezanino. O pavimento térreo abriga o salão principal do restaurante e possui piso de ladrilho hidráulico decorado com motivos geométricos em branco, preto e cinza. O pavimento superior é constituído por um octógono menor com telhado de várias águas ornamentado com lambrequins, rodeado por um terraço com gradeamento metálico.

O prédio foi restaurado em 1980 e recebeu uma ampliação aos fundos em 1999, que foi expandida em 2008, integrando o projeto de reformulação da Praça XV de Novembro. O Chalé foi tombado pela Prefeitura Municipal em 1998.

Acervo Flavia Boni Licht

1 - Salão
2 - Balcão
3 - Apoio/Copa

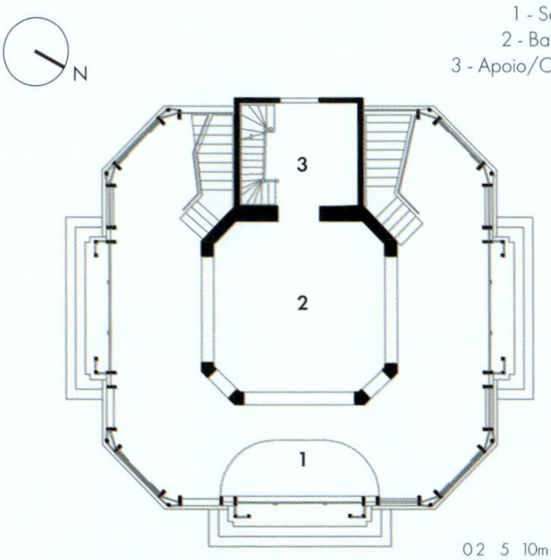

Planta Baixa Térreo

BIBLIOTECA PÚBLICA DO ESTADO

Rua Riachuelo, 1190
esq. Rua General Câmara

Afonso Hebert | 1912-1915
Projeto de ampliação:
Teófilo Borges de Barros | 1919-1922

A Biblioteca Pública foi instituída em 1871, instalada inicialmente junto ao Ateneu Rio-Grandense, onde permaneceu até 1915. Em 1919 é criada uma comissão de profissionais das áreas de Jurisprudência, Medicina, Engenharia, Ciências Naturais e Pedagogia para montar o acervo. O conjunto de obras reflete as preferências positivistas da época, com farta coleção sobre a filosofia de Auguste Comte e milhares de volumes de literatura francesa.

O prédio foi construído em duas etapas. O primeiro bloco, voltado para a Rua Riachuelo, foi iniciado em 1912. Em 1919 inicia-se a ampliação anexa na Rua General Câmara, inaugurada em 1922. É um dos mais representativos exemplares do Ecletismo arquitetônico adotado pelo governo positivista do estado. Destacam-se na fachada a base rusticada sobre a qual repousa o pavimento nobre, marcado por janelas em arco pleno ladeadas por colunas jônicas. Destaca-se uma sequência de medalhões com bustos dos santos positivistas, patronos do calendário de Comte: Júlio César, São Paulo, Carlos Magno, Dante, Gutemberg, Shakespeare, Descartes, Frederico II, Aristóteles, Bichat e Arquimedes.

No interior, os salões são luxuosamente decorados e mobiliados, com destaque para as pinturas de Ferdinand Schlatter, visíveis no Salão Mourisco e na Sala Borges de Medeiros. As salas de leitura das senhoras, o jardim interno com uma fonte, a escadaria em ferro são alguns dos inúmeros requintes deste prédio. O elevador Otis é um dos mais antigos do estado, ornamentado por José Gaudenzi, com referências em bronze à *Divina comédia*.

Em 1982, a obra foi tombada pelo IPHAE e, em 2000, pelo IPHAN.

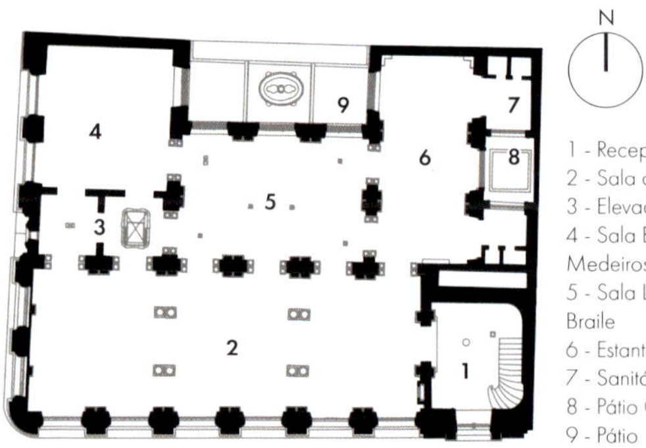

1 - Recepção
2 - Sala de Leitura
3 - Elevador
4 - Sala Borges de Medeiros
5 - Sala Leitura e Braile
6 - Estantes
7 - Sanitários
8 - Pátio Coberto
9 - Pátio

Planta Baixa Térreo

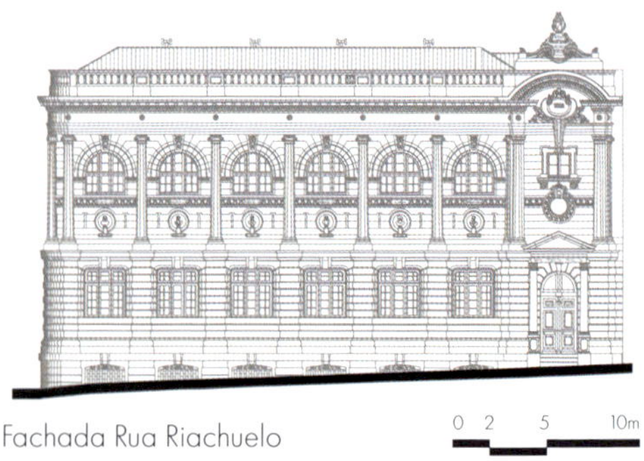

Fachada Rua Riachuelo

Av. João Pessoa, 1058

Cipriano Lemos (atribuído) | 1912-1928

A Capela Positivista de Porto Alegre foi idealizada e construída por um grupo de gaúchos liderados por Carlos Torres Gonçalves para difundir os ensinamentos do mestre, Auguste Comte. Era destinada a abrigar suas publicações, a propaganda e o culto da Religião da Humanidade. A partir de uma campanha financeira, em 1912 foi lançada a pedra fundamental da Capela, que só pôde ser inaugurada em 1928.

O projeto da Capela de Porto Alegre foi baseado no Templo da Humanidade construído no Rio de Janeiro em 1897, que, por sua vez, é uma miniatura do templo idealizado por Comte no Catecismo Positivista. Nos originais guardados na Capela, a autoria do projeto é atribuída a Cipriano Lemos, mas difere bastante do prédio construído.

A fachada é tipicamente neoclássica, com quatro pilastras coríntias que sustentam um frontão ornado pela figura de Clotilde de Vaux, a musa inspiradora do mestre. No friso de entablamento, lê-se a inscrição positivista "o amor por princípio, a ordem por base, o progresso por fim". Em cada um dos 13 degraus da escadaria há um lema do movimento. O salão para os cultos situa-se no pavimento superior, com pé-direito de sete metros e um mezanino de madeira acima da porta principal. Nos dois lados do altar encontram-se placas de madeira com as imagens dos santos positivistas. No pavimento inferior, embaixo do salão principal, há salas em pé-direito menor, com mobiliário original de época.

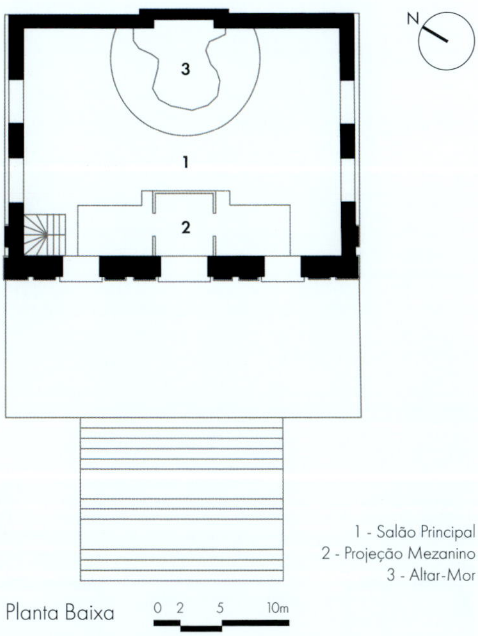

Planta Baixa

Fachada Frontal

Praça da Alfândega, s/nº

Theodor Wiederspahn | 1913-1914
Projeto de restauração:
Ediolanda Liedke | 1996-1998
Urbana Logística Ambiental | 2015

A construção do antigo prédio da Delegacia Fiscal insere-se no contexto do planejamento do novo porto da cidade a partir de 1911, quando se iniciam os aterros que se estendem diante da Praça da Alfândega. O projeto deste prédio e o dos Correios e Telégrafos ao lado formam um eixo de entrada da cidade, ligando o Cais Mauá à Praça.

Possui caráter inovador, sendo um dos primeiros prédios a utilizar iluminação zenital sobre o amplo espaço central. O uso pioneiro do concreto armado é também aspecto a destacar nesse edifício. Os conjuntos escultóricos foram executados pelo escultor Alfred Adloff. A fachada organiza-se através de imponentes colunas jônicas assentadas sobre um embasamento que eleva o prédio em relação à Praça. A entrada se dá na lateral sul da fachada, sob o torreão mais alto, que forma par com a torre do prédio gêmeo dos Correios e Telégrafos.

A ocupação como sede definitiva do MARGS ocorreu em 1978, abrigando hoje a maior coleção de obras de arte do estado. Em 1996 o prédio passou por um processo de restauração e adequação à função museográfica. A administração foi concentrada no pavimento térreo, juntamente com a reserva técnica, alocada no antigo cofre. Um restaurante foi instalado nesse pavimento, com acesso direto pela Praça. O primeiro e o segundo pavimento recebem as exposições permanentes e temporárias, com parte dos torreões abrigando salas de restauração.

Foi tombado pelo Governo do Estado em 1985 e pelo IPHAN em 2000.

1 - Portaria
2 - Saguão
3 - Loja
4 - Café
5 - Pinacoteca
6 - Salas Negras

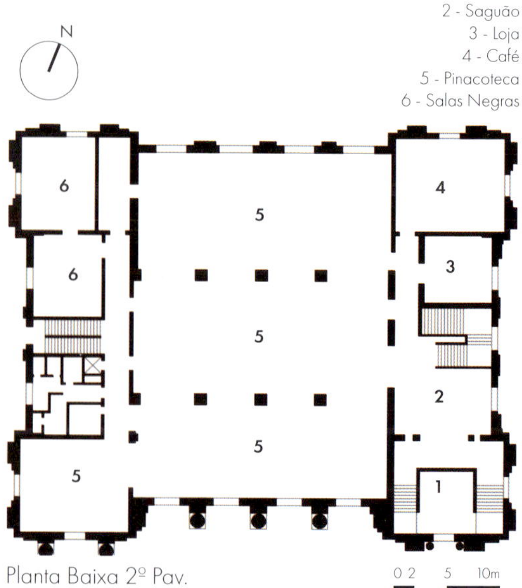

Planta Baixa 2º Pav.

Rua dos Andradas, 726/736/748

Theodor Wiederspahn | 1ª Etapa 1910-1919, 2ª Etapa 1919-1926, 3ª Etapa 1927-1935
Projeto de restauração:
Flavio Kiefer e **Joel Gorski** | 1987-1990

Em 1910, Theo Wiederspahn é contratado pelo comerciante Horácio de Carvalho para projetar a revenda de automóveis Sulford. O arquiteto previu uma rua interna no terreno, fracionado em dois lotes que foram ocupados por etapas. Inicialmente a loja é construída em metade de um deles, com quatro andares. Em 1919, o proprietário transforma o negócio em um hotel, com a utilização de todo o primeiro lote, num prédio em paredes externas portantes, estrutura interna de concreto e divisórias em estuque. Com o sucesso do empreendimento, no final da década de 1920 foi projetada sua ampliação no lote remanescente. Essa obra transformou o Hotel Majestic no mais impressionante dos hotéis de luxo de Porto Alegre pela ousadia do partido. As duas alas do edifício foram interligadas por passarelas, coroadas por terraços circulares cobertos por cúpulas.

Num Ecletismo já bastante depurado, a obra teve embargo do presidente do Estado, Borges de Medeiros, pelo receio em executar as passarelas. Apenas em 1927 é autorizada sua continuação. Em 1935, o hotel estava concluído com 300 quartos e salão de refeições para 600 pessoas. A nova ala leste, composta por seis andares, resultou numa assimetria não prevista no projeto original, mas que hoje é um aspecto peculiar no edifício.

O Majestic teve seu auge entre 1930 e 1950, recebendo hóspedes famosos. Também foi moradia do poeta Mario Quintana entre 1968 e 1982. Em 1960, o estabelecimento torna-se uma pensão mensalista para antigos clientes, funcionários e aposentados. As condições do prédio foram lentamente se tornando precárias, resultando no tombamento do IPHAE em 1983. A obra de restauração e sua reciclagem para uso cultural constituíram-se no marco inicial para a recuperação do patrimônio arquitetônico do Centro Histórico.

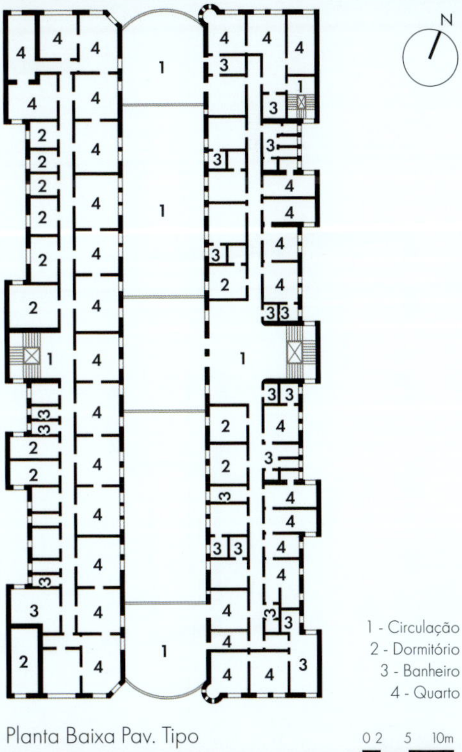

Planta Baixa Pav. Tipo

Rua Sete de Setembro, 687/695
esq. Rua General João Manoel, 180/184

Augusto Sartori | 1919
Projeto de restauração:
Ediolanda Liedke | 2010-2014

O projeto arquitetônico do Hotel Moritz, depois transformado em Hotel Nacional, foi elaborado pelo italiano Augusto Sartori, responsável por inúmeros prédios na capital, a pedido do comerciante Guilherme Alves, em 1919.

A estrutura remanescente do antigo prédio do Hotel Nacional constitui-se em elemento significativo da caracterização do Centro da cidade, notadamente pela sua implantação de esquina, tipologia recorrente em hotéis de Porto Alegre na primeira metade do século passado. A linguagem utilizada na composição das elevações o qualifica como um expressivo exemplar do Ecletismo arquitetônico do início do século XX. O tratamento formal utiliza principalmente elementos historicistas (Neobarroco) e anti-historicistas (Art Nouveau). Neste caso, a aparente contradição de repertórios – marca intrínseca do próprio Ecletismo resulta em uma composição arquitetônica de peculiar equilíbrio e harmonia.

Na década de 1940, o Hotel entrou em decadência, passando a abrigar um escritório de engenharia a partir de 1953. Um incêndio destruiu praticamente todo o prédio em 1991, restando apenas a torre de circulação e as duas fachadas sobre a esquina. Essas alvenarias externas remanescentes foram tombadas em 2003 pela Prefeitura Municipal, tendo sido um dos imóveis privados restaurados no âmbito do Projeto Monumenta.

1 - Loja
2 - Vestíbulo
3 - Sanitário
4 - Jardim Interno
5 - Copa
6 - Elevador

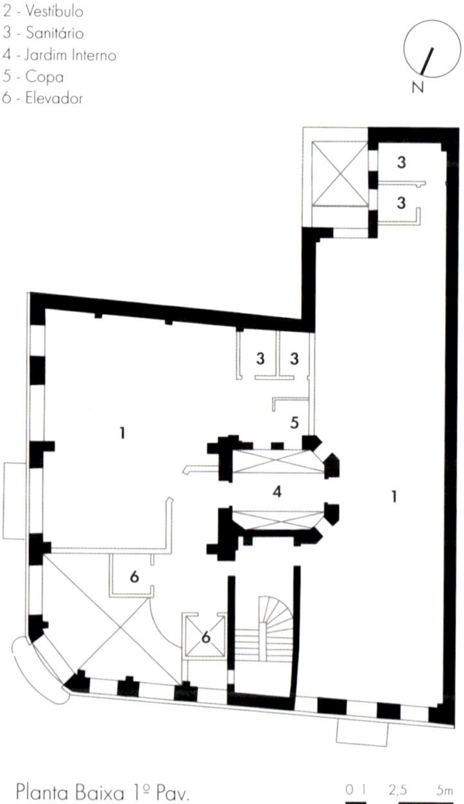

Planta Baixa 1º Pav.

Rua Duque de Caxias, 863

Theodor Wiederspahn | 1919

A residência pertencente a uma das famílias mais tradicionais de Porto Alegre situa-se na rua mais aristocrática da área antiga da cidade. Construída dentro da linguagem do Ecletismo de vertente neoclássica, implanta-se isolada no amplo lote, elevada sobre porão alto, que lhe serve de embasamento rusticado. É marcante o pronaos jônico na fachada principal, que marca a projeção do salão sobre o jardim frontal.

A organização da planta apresenta as características de uma residência burguesa da República Velha: grande destaque para os setores sociais, com uma sucessão de vestíbulos que conduzem à imponente sala de jantar e ao salão de visitas. Os dormitórios são interligados e possuem toaletes e salas de vestir anexos. O porão é destinado para acomodações de empregados, despensas, adegas e depósitos de lenha. A decoração interna é suntuosa, com lambris de madeira, forros em estuque, painéis de azulejos, entre outros ornatos.

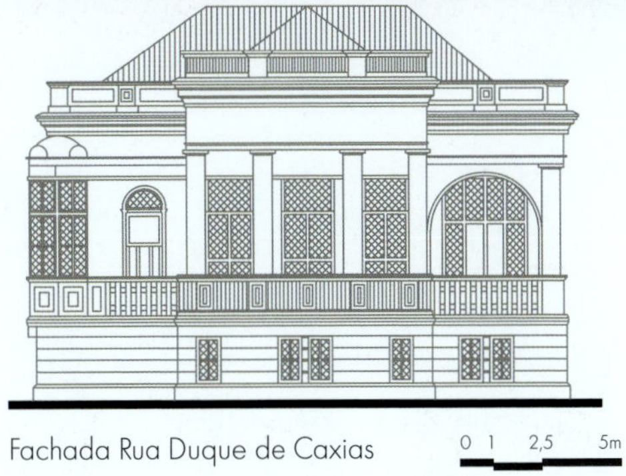

Fachada Rua Duque de Caxias

Planta Baixa

1 - Salão
2 - Dormitório
3 - Hall
4 - Copa
5 - Cozinha
6 - Sala de Jantar

Av. Mauá

Pórtico Central e Armazéns:
Casa Costa-Daydée | 1919-1928
Projeto de revitalização:
Dal Pian Arquitetos e ZeBL Arquitetura | 2021

A construção do porto da cidade no início do século XX representou um passo fundamental para a modernização urbana e para o desenvolvimento econômico do estado. O objetivo era modernizar a estrutura portuária através da implantação de um novo atracadouro linear, do aprofundamento dos canais de navegação e da construção de novos armazéns, em substituição aos precários trapiches particulares. O projeto foi elaborado em 1899 por João Luiz de Faria Santos e complementado em 1904 por Candido José de Godoy.

O conjunto do Cais Mauá estruturou-se por etapas: a construção do Cais de Passageiros (1911-13), do Pórtico Central e armazéns A, B, B1 e B2 (1919-1922), dos armazéns A1, A2, A3, A4, A5, A6 e B3 (1922-1928) e da sede do DEPREC (1947). O Pórtico Central e os armazéns possuem estruturas metálicas rebitadas em ferro encomendadas à Casa Daydée, de Paris. A cobertura compõe-se de um coroamento ritmado por sucessivos frontões que formam a fachada extensa e homogênea do conjunto.

Em 1983, o Pórtico e os armazéns A e B foram tombados pelo IPHAN e em 2001 o restante do Cais Mauá foi tombado pelo Município. A partir dos anos 1990, com a transferência das operações do porto para o Cais Navegantes, a ideia da reciclagem do Cais Mauá foi tomando corpo, a ponto de ocorrer um concurso nacional de projetos em 1992, não executado.

Em 2011, o arquiteto Jaime Lerner, juntamente com o escritório b720 Fermin Vazquez Arquitectos, de Barcelona, é contratado pelo Governo do Estado para desenvolver proposta global para o Cais Mauá. São definidos três setores principais: Gasômetro, Armazéns e Docas. O projeto previu a transformação do setor dos armazéns em espaço de cultura, gastronomia e lazer. Tais atividades seriam viabilizadas por meio de um conjunto de torres residenciais e de negócios no Setor Docas, a leste, e de um shopping center junto ao Setor Gasômetro. O projeto encontrou grande resistência de determinados setores sociais.

Em 2018, o consórcio Cais Mauá do Brasil S.A. assume a responsabilidade pelos investimentos e anuncia a licitação de novo projeto, vencida pelo escritório paulista Dal Pian Arquitetos. A nova proposta inclui alterações sobretudo para o Setor Gasômetro, que perdeu seu caráter comercial, sendo destinado a receber um "cluster de entretenimento". Os armazéns passaram por obras de limpeza e manutenção, que viabilizaram a montagem de eventos de grande porte em seu interior. Na área junto ao Gasômetro foi instalado um espaço gastronômico formado por uma praça de contêineres e ocupando o interior do Armazém A7.

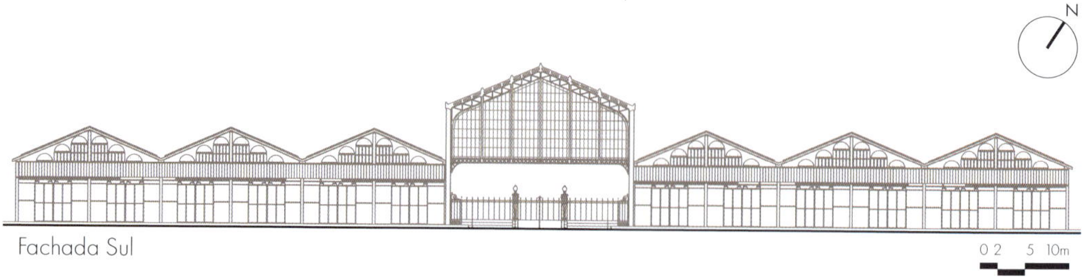

Fachada Sul

Pórtico Central e Armazéns A e B

A
P 5
P 4

1835
1935

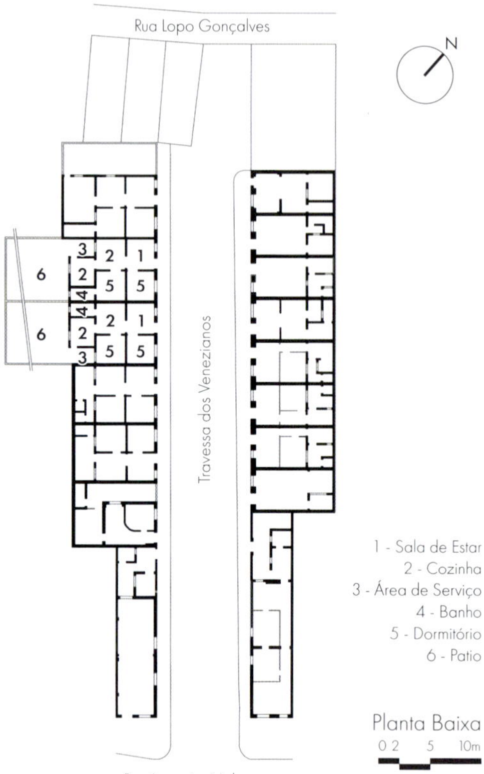

Planta Baixa

Transversal às ruas Joaquim Nabuco e Lopo Gonçalves

Autor desconhecido | c. 1920

A Travessa dos Venezianos é uma via de uma quadra de extensão localizada no bairro Cidade Baixa, definida por um conjunto homogêneo de casas que foram tombadas pelo Município entre os anos de 1980 e 1991.

Em ambos os lados da Travessa estão localizadas 15 casas em fita, além de quatro outras que complementam o conjunto nas cabeceiras das Ruas Joaquim Nabuco e Lopo Gonçalves. A construção da parcela mais antiga data do início do século XX. A arquitetura simples, de ornamentação sóbria, revela a tipologia da casa térrea de porta-e-janela ou de meia-morada originária da arquitetura tradicional luso-brasileira, destinada a servir de fonte de renda na forma de aluguéis. A parcela mais recente, edificada em torno de 1930, integrou-se à preexistência, respeitando as relações de volume e proporção, potencializando assim a harmonia e peculiaridade do cenário local. Trata-se de um espaço urbano típico de muitas de nossas cidades antigas, com ruas estreitas para onde se abrem portas e janelas de casas cujas platibandas coroam ambas as faces da via.

A Prefeitura Municipal custeou intervenções de conservação nas fachadas e coberturas na década de 1990, além de uma pintura do conjunto ocorrida em 2010, patrocinada por uma empresa fabricante de tintas.

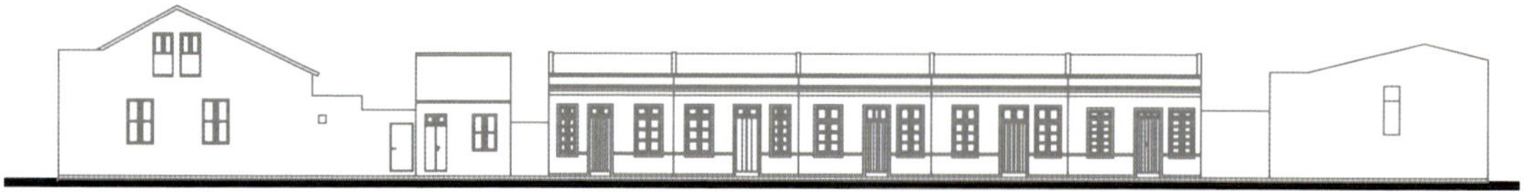

Fachada Original

Rua Siqueira Campos, 1044
e Av. Mauá, 1155

Teófilo Borges de Barros | 1920-1935

A construção do prédio da antiga Secretaria de Obras teve início em 1920, visando inicialmente sediar a administração do novo porto da capital. As condições do terreno, situado em área de aterro, exigiram um trabalho técnico difícil e demorado, determinando a utilização de um tipo específico de fundação: a estacada flutuante. Foram cravadas 1.500 estacas de madeira, fixadas pelo atrito e amarradas por um vasto radier de concreto armado, garantindo assim a distribuição das cargas. Sobre essa base de concreto foram construídos os alicerces da edificação.

Originalmente com dois pavimentos sobre um porão elevado, o prédio recebeu ainda um terceiro pavimento, que perturbou o equilíbrio estilístico da composição original. O projeto em linhas ecléticas, com predominância neorrenascentista, é atribuído ao engenheiro Teófilo Borges de Barros, que também foi titular da Secretaria de Obras do Estado. Possui área aproximada de 2.400m² e compreende, na verdade, dois edifícios quase gêmeos rebatidos, conformando assim um pequeno quarteirão.

A fachada voltada para o cais do porto possui pórtico marcando o acesso e ampla escadaria projetada em granito rosa, com balaustradas no mesmo material. A fachada oposta, voltada para Rua Siqueira Campos, tem acesso para veículos através de uma bela rampa sinuosa.

FSB – MJF/PMPA

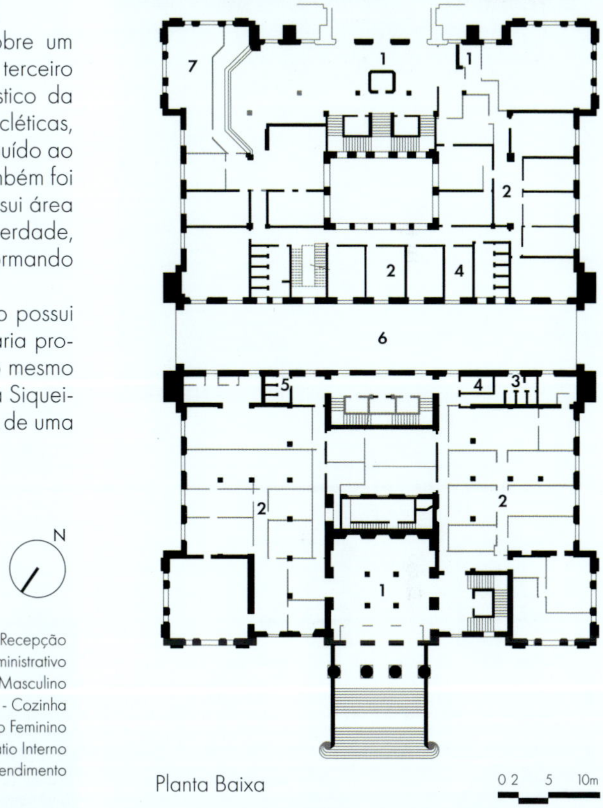

1 - Recepção
2 - Setor Administrativo
3 - Sanitário Masculino
4 - Cozinha
5 - Sanitário Feminino
6 - Pátio Interno
7 - Atendimento

Planta Baixa

Vista desde a Av. Sete de Setembro

Vista desde a Av. Mauá

Rua Duque de Caxias, 1047

Giovanni Baptista Giovenalle | 1921-1986
Restauração da cúpula: Analino Zorzi | 2012

A Catedral Madre de Deus substitui a antiga Matriz barroca no mesmo local de implantação. Em 1915, um concurso para elaboração do projeto de uma igreja maior teve como vencedor o arquiteto Jesús Maria Corona, que elaborou um projeto neogótico com cinco naves e torres de 72 m de altura, com uma cripta em estilo neomanuelino. Após inúmeras críticas, o projeto de Corona foi abandonado. O arcebispo remeteu então a proposta a Roma para uma revisão. O encarregado da tarefa foi o arquiteto da Cúria Romana, Giovanni Baptista Giovenalle, membro da Comissão de Arte Sacra da Basílica de São Pedro.

A obra iniciou-se em 1921, com acompanhamento do arquiteto Josef Hruby, e foi considerada concluída na instalação das portas de acesso às naves, em 1986. A estrutura e as fachadas da edificação foram totalmente executadas em granito rosa, extraído dos morros de Porto Alegre. Sua fachada norte é caracterizada por três acessos simétricos, ladeados por duas torres sineiras. A elevada cúpula possui estrutura em duas cascas de concreto, construída em 1955, hoje revestida com chapas de cobre que substituíram em 2012 as peças de mármore branco originais. Também em granito rosa podem-se observar oito surpreendentes carrancas de feições indígenas, dispostas em paredes laterais externas.

Possui no subsolo uma cripta e salas de apoio; no térreo destacam-se o amplo nártex e a nave central com o altar-mor em mármore de Carrara e pintura a óleo sobre tela de Aldo Locatelli.

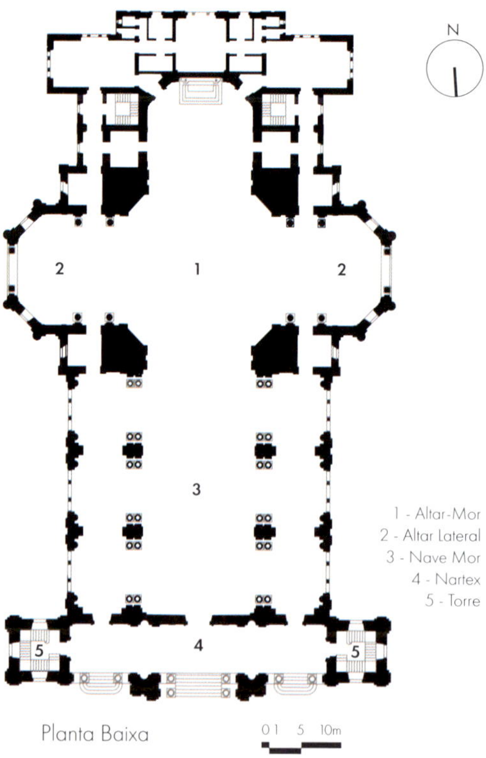

Planta Baixa

Av. Alberto Bins, 467

Josef Lutzenberger | 1922-1925

A Comunidade São José foi fundada em 1871 pelos alemães católicos de Porto Alegre com fins educacionais, assistenciais e religiosos. Construiu inicialmente um colégio para meninos em 1907, o Sankt Josephsschule. Em 1913 foi acrescentada a sede social com salão de festas e, alguns anos depois, em 1921, a escola para meninas, Marieenschule. Estes prédios formavam um conjunto disposto em forma "U". A igreja foi erigida no espaço central remanescente, com projeto do arquiteto e artista plástico Josef Lutzenberger.

A exiguidade do espaço foi habilmente explorada pelo projetista, resultando em um partido bastante peculiar. A igreja foi implantada sem recuo frontal, sobre um embasamento elevado, de forma que os acessos ao nártex se dão por escadas laterais e não pela frente, como é usual. Nesse corpo frontal eleva-se a torre do campanário em posição centralizada, encimada por elementos de cobre. Um transepto à meia altura da torre abriga o coro e um órgão de tubos.

A configuração do interior se dá por uma nave central e duas laterais, sob um vistoso forro em caixotões de madeira. Lutzenberger também foi o responsável pela concepção dos vitrais e das pinturas murais, que ilustram diversas passagens da Bíblia. Os altares e as estátuas que compõem o interior da igreja foram confeccionados na oficina de Aloys Friedrichs, esculpidas pelos artistas plásticos Alfred Adloff e André Arjonas.

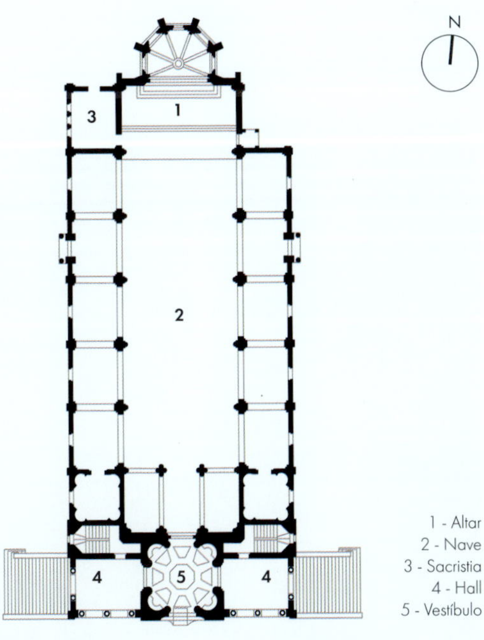

1 - Altar
2 - Nave
3 - Sacristia
4 - Hall
5 - Vestíbulo

Planta Baixa

56 MUSEU DE COMUNICAÇÃO SOCIAL HIPÓLITO JOSÉ DA COSTA

Rua dos Andradas, 959/963

Teófilo Borges de Barros | 1922
Projeto de restauração:
Urbana Logística Ambiental | 2015

O Museu de Comunicação Social está sediado em um conjunto de duas edificações interligadas, mas estilisticamente heterogêneas. O bloco mais antigo situa-se na esquina da Rua dos Andradas com a Rua Caldas Júnior. Construção eclética em quatro pavimentos, esse bloco abriga áreas de exposição, auditório, reservas técnicas e salas administrativas. Foi construído em 1922 para abrigar o jornal *A Federação*, órgão oficial do Partido Republicano Rio-Grandense (PRR). O jornal divulgava a doutrina positivista, que sustentou o PRR no Governo do Estado por 40 anos desde a Proclamação da República.

O projeto é atribuído ao engenheiro Teófilo Borges de Barros, titular da Secretaria de Obras Públicas do Estado nesta época. No alto do frontão da fachada principal destaca-se uma figura feminina empunhando um archote na mão direita, alegoria da imprensa, de autoria do escultor italiano Luiz Sanguin.

No aclive da Rua Caldas Júnior está implantado o prédio anexo, em linguagem modernista, também com quatro pavimentos, com salas reservadas à Companhia Rio-Grandense de Artes Gráficas (CORAG) no térreo, e espaços para exposição de maquinário antigo e arquivo de periódicos do Museu.

O Museu de Comunicação Social foi criado em 1974 com a função de preservar e divulgar a memória dos meios de comunicação do Rio Grande do Sul. Nele se encontram arquivos de periódicos, fotografias, vídeos, filmes e discos de interesse para a cultura estadual.

Pelo seu valor arquitetônico e histórico, foi tombado pelo IPHAE em 1982.

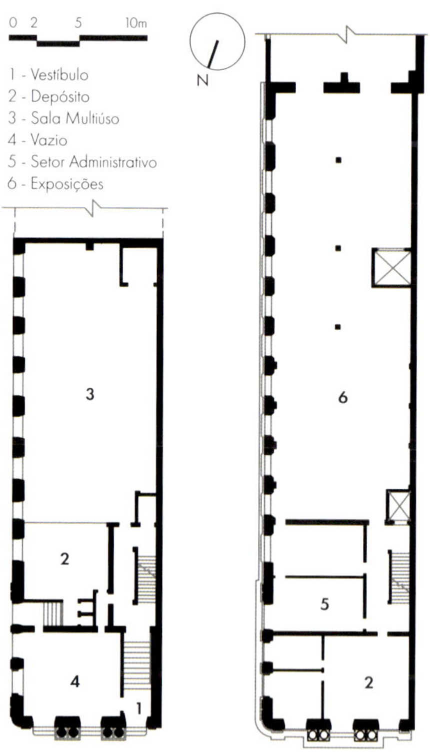

Planta Baixa Térreo

Planta Baixa Pav. Superior

Rua Marquês do Pombal, 1111

Armando Boni | 1922
Restauração e reciclagem:
Evandro Eiffler Jr. | 2008

Implantada magnificamente no centro de amplo terreno, a casa constitui um exemplo significativo de residência burguesa das primeiras décadas do século XX. Projetada e construída pelo engenheiro italiano Armando Boni para abrigar sua própria família, tem linguagem ainda marcada pelo Ecletismo arquitetônico predominante em Porto Alegre na República Velha. Existe entretanto uma indelével influência modernista pela depuração compositiva e ornamental de suas fachadas. Mesmo assim não ocorre o abandono do regramento classicista, devido principalmente à simetria adotada na composição dos volumes.

O tratamento das fachadas externas apresenta reboco texturizado em dois tons de ocre. Algumas paredes internas são revestidas com lambris de madeira. A estrutura é convencional, composta por paredes portantes e entrepisos com barroteamento em madeira maciça. Destaca-se no prédio a qualidade e feição dos materiais empregados, como escaiolas, granitinas, tacos de madeira, azulejos e forros decorados em madeira e estuque, alguns dispostos em abóboda. No salão de estar, a lareira é revestida com azulejos portugueses, originários da antiga escadaria demolida da fachada do prédio da Santa Casa de Misericórdia de Porto Alegre.

A casa foi tombada pelo Município em 2001.

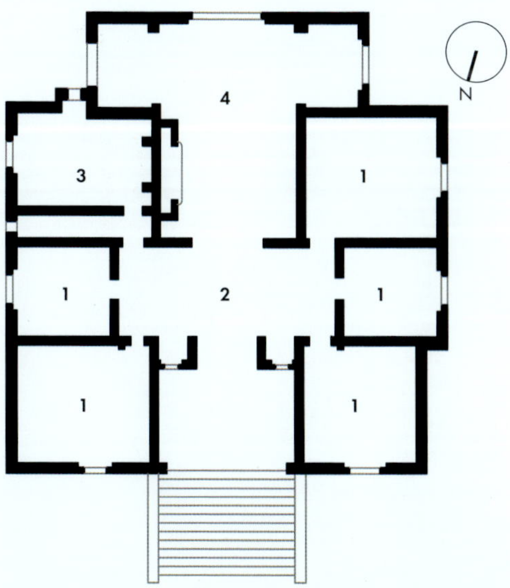

Planta Baixa Pav. Superior
0 2 5 10m

1 - Dormitório
2 - Hall
3 - Banheiro
4 - Sala

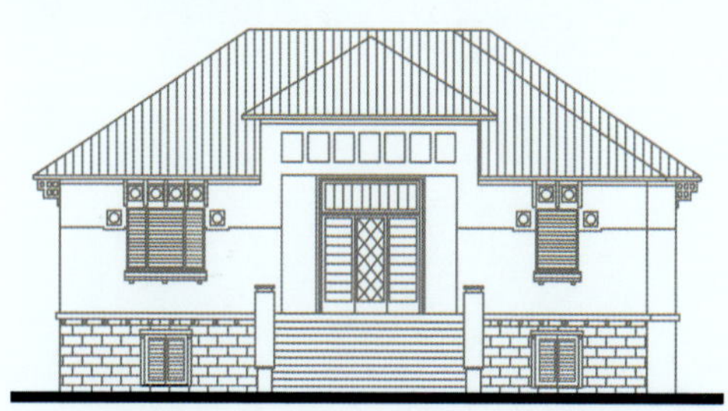

Fachada Frontal

Rua da Conceição, 283,
esq. Rua Comendador Manoel Pereira, 249

Theodor Wiederspahn | 1922
Restauração e reciclagem:
Everton do Prado e **Rodrigo Posser** | 2009

O projeto do Edifício Ely foi encomendado ao arquiteto Wiederspahn por Nicolau Ely, visando à implantação de um grandioso estabelecimento comercial. Construído no limite do Centro da cidade, o edifício ocupa uma face inteira de quarteirão, com 7.400 m² de área construída. Nas plantas originais o pavimento térreo está dividido em armazéns e depósitos, sendo os demais andares destinados a escritórios e salas de aluguel.

O volume se impõe pela monumentalidade, embora predominantemente horizontal. A arquitetura eclética de vertente neobarroca apresenta fachadas com tratamento diferenciado em cada setor: o térreo caracterizando uma base rusticada, marcado por arcos e simulação de pedra; o corpo dos pavimentos-tipo fortemente ritmado pelas aberturas, bay windows e ressaltos, finalizando no delicado coroamento, onde grupos de anjos esculpidos por Alfred Staege foram dispostos sobre pilastras junto à platibanda, encimada por janelas em mansarda e frontões ao longo da extensa cobertura. O centro do edifício é delimitado pelo frontão principal, onde aparece em destaque a escultura de Mercúrio.

Ao longo dos anos, o prédio foi aos poucos sendo desativado. Na década de 1970 ergueram-se defronte ao prédio as duas pistas elevadas da Primeira Avenida Perimetral, prejudicando enormemente a ambientação e visualização da fachada principal. O Edifício foi adquirido por um grande grupo varejista de materiais de construção em 1982, recebendo utilização similar ao uso original. Em 2009, os pavimentos superiores foram destinados a atividades de ensino superior. Hoje se encontram fechados.

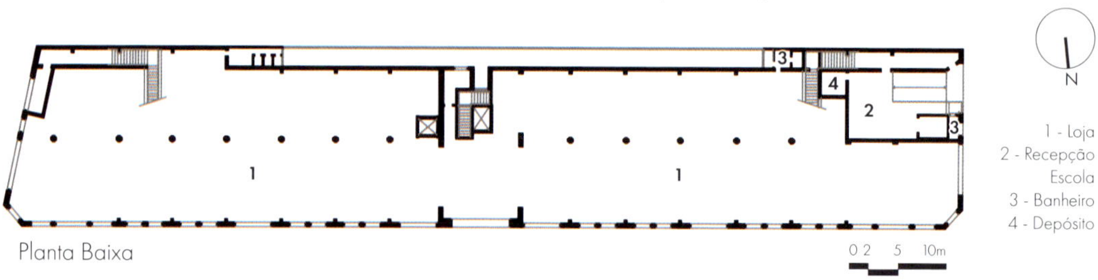

Planta Baixa

1 - Loja
2 - Recepção Escola
3 - Banheiro
4 - Depósito

Rua dos Andradas, 1416 e
Rua José Montaury, 101

Armando Boni | 1924 - 1928
Projeto de reciclagem:
Evandro Eifler Jr. | 2011 - 2013

Fundada em 1883 e sob a direção da família Bertaso a partir de 1918, a Livraria do Globo tornou-se referência nacional do setor tipográfico e editorial. Nela trabalharam os maiores intelectuais gaúchos da época, tais como Érico Veríssimo, Mário Quintana, Carlos Reverbel e Justino Martins.

O edifício original foi ampliado e reformulado totalmente nos anos 1920 pelo engenheiro e imigrante italiano Armando Boni. O prédio da Livraria atravessa um dos quarteirões mais valorizados da área central, com fachadas para as Ruas dos Andradas e José Montaury. Cada elevação apresenta soluções formais distintas: a da Rua dos Andradas, em repertório neorrenascentista, e a da Rua José Montaury, num Ecletismo mais inventivo, onde um grande arco domina o corpo central, ladeado por duas pilastras monumentais jônicas, em que inusitadamente se inserem aberturas sobrepostas.

No início deste século, após a venda da Editora e do fechamento da Livraria, o prédio passou por sucessivas reformas internas, tendo abrigado desde um centro comercial, lojas variadas, até finalmente ser ocupada por uma loja de departamentos. Cada um desses usos conduziu a reformulações internas significativas, de forma que hoje o principal testemunho da obra original está representado nas referidas fachadas e na volumetria geral do conjunto.

O edifício foi tombado pela Prefeitura de Porto Alegre em setembro de 2011.

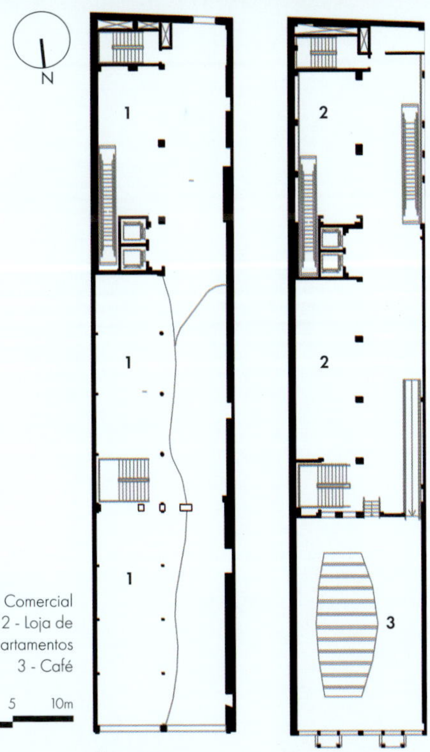

1 - Loja Comercial
2 - Loja de Departamentos
3 - Café

0 2 5 10m

Planta Baixa Térreo

Planta Baixa Pav. Superior

Rua Comendador Coruja, 261, 275, 277, 285 e 295

Theodor Wiederspahn | 1925
Projeto de restauração:
Evandro Eifler Jr. | 1996

Apesar de aparentar uma residência unifamiliar, trata-se de um condomínio residencial de dois pavimentos e sótão habitável. Ao projetar a edificação para sua própria moradia e escritório profissional, Wiederspahn incluiu também no programa outros apartamentos para alugar, visando complementar sua renda. As duas portas de acesso e as cinco chaminés sobre a cobertura atestam essa solução.

O prédio possui repertório eclético simplificado no tratamento da fachada, apresentando frontão ondulado de inspiração neobarroca, bay window no segundo pavimento da fachada frontal e um terraço semicircular aos fundos, lembrando um pronaos, com colunas dóricas e gradis trabalhados em ferro. O prédio foi tombado pelo Município em 1999, tendo sido restaurado com a manutenção da função residencial. Internamente, preserva alguns elementos originais, como vitrais, ladrilhos hidráulicos, azulejos e louças sanitárias.

Fachada Frontal

1 - Estar/Jantar
2 - Dormitório
3 - Banho
4 - Cozinha
5 - Cozinha
6 - Dormitório
7 - Lavabo
8 - Banho
9 - Estar/Jantar

Planta Baixa Andar Superior

0 2 2,5 5m

Av. Praia de Belas, 76 a 120

Josef Lutzenberger | 1925-1930
Restauração: **Edegar Bittencourt da Luz** e
Maria Lúcia Fuentefria | 2010
Lucas Volpatto e Jaqueline Mânica I 2015

A instituição "O Pão dos Pobres de Santo Antônio" foi fundada em 1895. Adquiriu em 1900 o antigo terreno do Solar da Baronesa do Gravataí, destruído por um incêndio. Ali foi instalado em 1904 um abrigo para viúvas pobres e, em 1910, duas escolas, uma para meninas (Dom Sebastião) e outra para meninos (Dom Feliciano). Em 1925, foi projetada a construção de uma nova sede que ampliasse sua capacidade para poder abrigar uma centena de meninos.

Tombada pelo Município em 2004, a edificação com cerca de 5.500 m² destaca-se pela sua imponência. A planta baixa do internato, apesar de algumas modificações para adaptá-la a novas necessidades, mantém-se basicamente a mesma, concebida pelo arquiteto imigrante alemão Josef Lutzenberger.

A utilização dos arcos plenos na arcada e aberturas do primeiro pavimento, a simetria, a marcação central através de frontão e corpo avançado, a marcação vertical com pilastras e separação de planos horizontais por meio de cornija caracterizam o predomínio do Ecletismo historicista como linguagem arquitetônica.

Destaca-se a estrutura em vigas misuladas de concreto armado, a torre com o relógio, o ladrilho hidráulico dos pisos dos diversos ambientes, as pias e lava-pés originais do internato. Parte do muro, dos portões e da grade do Solar da Baronesa do Gravataí permanece delimitando o conjunto, que ainda conta com edificações para oficinas, escola e capela.

Fachada

1 - Almoxarifado
2 - Secretaria
3 - Depósito
4 - Circulação
5 - Sanitário
6 - Arquivo Morto
7 - Sala de Aula
8 - Refeitório
9 - Refeitório/ Limpeza
10 - Ambulatório
11 - Despensa

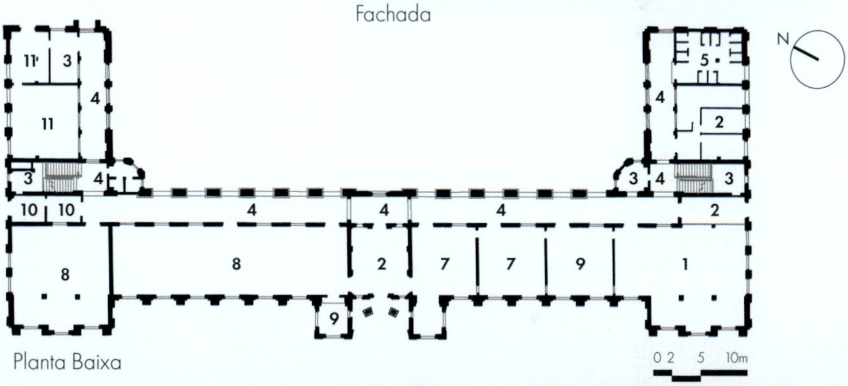

Planta Baixa

Ulen & Company | 1926-1928
Projeto Torreão Central:
Christiano de La Paix Gelbert | 1926-1928

O fornecimento de água potável de boa qualidade aos porto-alegrenses era uma grande aspiração do poder público municipal no início do século XX. Naquela época, pipeiros circulavam pelas ruas vendendo água sem procedência comprovada à população, evidenciando a incapacidade da empresa Hidráulica Guaybense em suprir adequadamente o abastecimento. Por decorrência, a Prefeitura estatiza o serviço em 1904, iniciando um processo de melhorias. Em 1920 foi aprovada a ampliação da antiga Hidráulica e modernização do sistema de filtragem, com projeto da Ulen & Company, de Nova York. A nova Hidráulica, inaugurada em 1928, passou a contar com a Galeria de Filtros Rápidos, inovando o tratamento na cidade; o Torreão Central, abrigando o laboratório de controle da água; a Casa Química, para a adição de sulfato de alumínio da água bombeada ao complexo; os reservatórios subterrâneos, atualmente reaproveitados como área expositiva no subsolo do Jardim Frontal, além do Reservatório Metálico para lavagem dos filtros.

O funcionamento da Hidráulica se integra ao processo de renovação da infraestrutura urbana, deflagrado a partir do surgimento da Escola de Engenharia (1896). Outras iniciativas foram o projeto da rede esgotos (1899), juntamente com a eletrificação da iluminação pública e dos bondes (1908), substituindo os de tração animal. Tais obras foram decisivas para a expansão da malha urbana naquela topografia, consolidando o bairro Moinhos de Vento como o preferido das elites durante a República Velha e Era Vargas.

O conjunto edificado ocupa um grande quarteirão que acompanha o limite do bairro a oeste. A Galeria de Filtros Rápidos, transversal ao lote, delimita o Jardim Frontal e o Torreão Central, um dos mais belos cenários do bairro, hoje muito frequentado pelo público local. Atrás dessa Galeria estão o Reservatório Metálico e os tanques abertos do sistema de tratamento de água, arrematados pela Casa Química ao fundo.

O Reservatório Metálico é um exemplo da arquitetura do ferro produzido pela indústria nova-iorquina, importado em peças pré-moldadas e montado no local. No restante das construções de 1928 foi adotado o Ecletismo arquitetônico, onde se destaca a Galeria de Filtros Rápidos, cujas extensas fachadas neobarrocas, combinadas aos desenhos geométricos do Jardim Frontal e dos tanques abertos aos fundos, podem sugerir uma associação com o modelo de Versalhes. Neste sentido, como diretriz de governo da época, trata-se não só de uma obra para o abastecimento urbano, mas também para o embelezamento da cidade.

Praça da Alfândega, s/nº

Remodelação: **Christiano de la Paix Gelbert** (atribuído) | 1927
Projeto de restauração: **Rafael Brener da Rosa** e **Marco Schmitt** | 2005-2013

A Praça data do fim do século XVIII, surgida junto ao antigo porto fluvial da cidade. Nela se reuniam comerciantes e quitandeiros, sendo então conhecida como "Largo da Quitanda". Entre 1819 e 1824 foi construído um prédio no centro desse largo para abrigar a Alfândega, adquirindo o nome popular que perdura até hoje.

Entre 1856 e 1858 foi executada a abertura da Rua Nova da Praia, atual Rua Sete de Setembro, com um grande cais de pedra e escadarias que desciam até a água. Este projeto é de Friedrich Heydtmann, sendo o primeiro local à beira do Guaíba que teve um tratamento e ambientação definidos e cuidados. Em 1866 a Companhia Hidráulica Porto-Alegrense instalou o chafariz "A Imperatriz" de ferro bronzeado, em frente à porta da Alfândega. A partir dessa data ocorre uma série de melhorias em termos de ajardinamento e ornamentação: plantio de árvores (1866), passeios pavimentados (1879) e a construção de um quiosque (1880). Em 1883, a Praça da Alfândega passa a chamar-se "Praça Senador Florêncio".

Com a Proclamação da República ocorreram transformações radicais devido à construção do porto, que exigiu, a partir de 1911, o aterro da área contígua à praça, onde é construída a Avenida Sepúlveda e duas novas pequenas praças, uma em frente ao novo prédio dos Correios e Telégrafos (atual Memorial do Rio Grande do Sul) e outra defronte à Delegacia Fiscal (atual MARGS). Em 1918 estava concluída a transformação do antigo Largo da Quitanda, de características coloniais, em uma praça cujo ajardinamento, arborização e edificações definiram um cenário marcante da supremacia do Ecletismo, representando uma época gloriosa no imaginário da cidade.

Em 1927, ao final da administração do intendente Otavio Rocha (1924-1928), a Praça da Alfândega, assim como a Praça da Matriz, recebe nova configuração de passeios, pavimentos em pedra portuguesa e a adoção do novo sistema de iluminação norte-americano Novalux. Em 1933 foi inaugurada a estátua equestre do General Osório, de autoria de Leão Veloso.

Uma alteração radical se deu em 1979, com a criação de uma extensa área de pedestres, que unificou da Praça da Alfândega e as duas praças, que perderam sua definição original com a remoção dos meios-fios e dos passeios de contorno. A forma dos canteiros foi alterada e um sanitário em concreto armado foi construído próximo ao eixo da Praça. A falta de manejo da vegetação, que se multiplicou e adensou enormemente, fez com que aos poucos se perdessem as características de um jardim belle époque.

Em 1980 a Praça da Alfândega foi tombada pelo IPHAE e em 2000, pelo IPHAN, juntamente com a Praça da Matriz.

Em 2005 foi elaborada a proposta de restauração da Praça pelo Projeto Monumenta, prevendo a supressão de várias descaracterizações, especialmente o sanitário público e a vegetação excessiva. Foi então recuperado o traçado original dos passeios, restaurada a pavimentação em pedra portuguesa, as luminárias antigas, além de criado sistema de fixação para a montagem da Feira do Livro, que ocorre na Praça anualmente. As obras concluíram-se em 2013.

1 - Monumentos
2 - Playground
3 - Avenida Sepúlveda
4 - Monumento ao General Osório
5 - Pegada Africana
6 - Santander Cultural
7 - Memorial do Rio Grande do Sul
8 - Museu de Artes (MARGS)
9 - Feira de Artesanato
10 - Cadeiras de Engraxates
11 - Monumento ao Barão do Rio Branco
12- Café e Sanitário

Implantação

0 5 10 20m

IPHAN

Rua Sete de Setembro, 1028

Projeto original: **Theodor Wiederspahn** | 1927
Projeto final: **Hipólito Fabre**, **Fernando Corona** e **Stephan Sobczak** | 1929-1931
Projeto arquitetônico: **Roberto Loeb** | 2001
Projeto de restauração: **Solé Associados** | 2001

O prédio da antiga sede do Banco Nacional do Comércio teve sua construção iniciada pela empresa de Theo Wiederspahn, autor do primeiro projeto. Bastante ambicioso, o projeto previa um restaurante e um hotel nos andares superiores. Em 1929, a fiscalização da obra, atribuída a Hipólito Fabre, entrou em conflito com a firma de Wiederspahn, provocando seu afastamento. A partir de então, o programa sofreu redução e o projeto foi bastante alterado, resultando na versão atual. A questão da autoria deste prédio configura-se, portanto, bastante problemática.

O escultor Fernando Corona foi o responsável pela composição das fachadas, detalhes externos e ornamentos. Para projetar os interiores foi contratado o arquiteto polonês Stephan Sobczak.

A linguagem arquitetônica se define por um tardo-ecletismo, ainda recorrente na cidade no final dos anos 1920. De planta retangular, possui uma base elevada, que abrigava originalmente o cofre do Banco no subsolo. A agência ocupava o salão central, em pé-direito imponente, com mais de 12 metros, iluminado por vitrais decorados no teto, importados da França. As fachadas possuem base de granito rosa e são revestidas por cirex, também em tom rosado, com colunas colossais coríntias.

O projeto de restauração de Loeb transformou o edifício em um centro cultural, convertendo os cofres em café e cinema e destinando o salão principal e mezaninos para exposições e eventos. Sobre a claraboia do vazio central foi adicionado um átrio de vidro em linguagem contemporânea, no qual se instalou uma sala de espetáculos.

O prédio foi tombado pelo Instituto do Patrimônio Histórico e Artístico do Estado (IPHAE) em 1992.

1 - Hall
2 - Saguão Principal
3 - Galeria
4 - Loja
5 - Administração

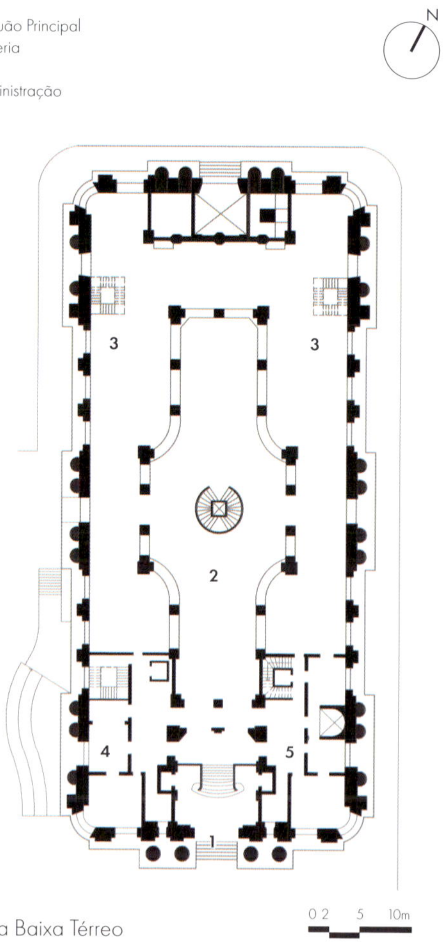

Planta Baixa Térreo

Rua Demétrio Ribeiro, 1085

Domingos Rocco | 1928
Projeto de restauração: **Marcelo Fernandez** e **Telmo Stensmann** | 2004-2014

Na década de 1920 surgiram nada menos do que dez novas salas de cinema em Porto Alegre, estando o cinema consagrado como opção de lazer e entretenimento da população. Projetado e construído pelo engenheiro-arquiteto Domingos Rocco, o antigo Cine Popular, depois batizado Cine Theatro Capitólio, foi inaugurado em 1928. O prédio de arquitetura eclética possuía uma grande sala de projeção, com plateia e dois mezaninos para 1.295 lugares e equipamentos avançados para a época. Além de filmes, o Cine Theatro Capitólio apresentava peças de teatro, bailes e concursos de misses.

Em 1969, a casa é arrendada ao Grupo Serrador de São Paulo e o prédio foi reformado, rebatizado de Premier. Houve alterações externas, como troca de letreiro, da posição da bilheteria, além da pintura das fachadas e interior. A tela aumentou suas dimensões e foram retiradas as galerias laterais da plateia, cujas paredes receberam painéis decorativos.

A casa foi fechada em 1994 como consequência da crise que afetava os chamados "cinemas de rua", devido à multiplicação das salas de projeção nos shopping centers. Em 2002, ante o impasse quanto ao seu destino, a Prefeitura procedeu ao tombamento e desapropriação do prédio e decidiu transformar o Cine Capitólio numa cinemateca municipal.

A partir de 2004, o prédio passou por uma longa obra de restauração, devido às interrupções no repasse dos patrocínios. O novo programa impôs a redução do grande espaço da plateia para viabilizar uma ampla reciclagem que introduziu nova infraestrutura, uso administrativo, reserva técnica, biblioteca, cafeteria, salas de vídeo, multimídia e exposições.

1 - Recepção
2 - Foyer
3 - Banheiro
4 - Bambonière
5 - Sala de Projeção
6 - Palco
7 - Coxia

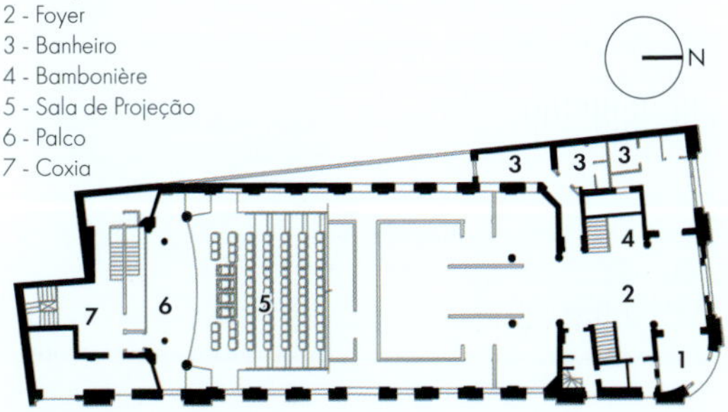

Planta Baixa Térreo

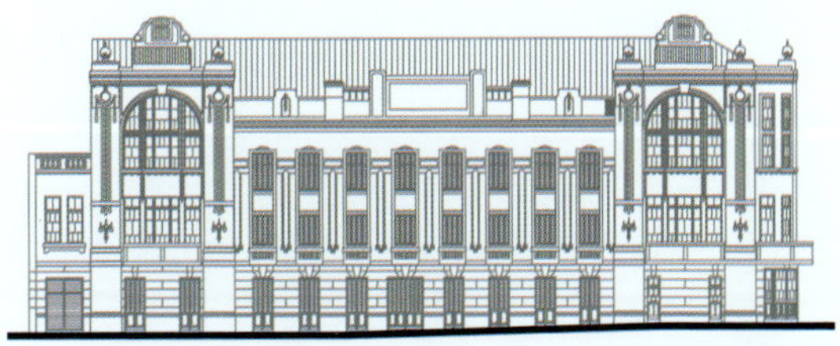

Fachada Av. Borges de Medeiros

0 2 5 10m

Rua Fernando Machado, 464 a 514

Christiano de la Paix Gelbert (Escadaria);
João Knogl e **Theo Backer** (Casario) | 1928

Desde 1883, o Município preocupava-se em urbanizar a quadra entre a Rua Duque de Caxias e a Rua Cel. Fernando Machado, onde a ladeira do Morro da Formiga criava dificuldades intransponíveis. A construção do conjunto da escadaria e das nove residências em 1928 partiu de uma parceria da Intendência com a família Chaves Barcellos, proprietária da área.

Estilisticamente, a escadaria situa-se numa fase de transição entre a linguagem historicista e uma linguagem moderna, que começava a se impor. Assim, apesar do uso do concreto armado e da ausência de ornamentação, o conjunto apresenta composição clássica, com simetria rigorosa. A escadaria se estende por 52 m e se organiza em sete lances. Na parte alta se forma o mirante principal, na época com vista para a Zona Sul. Abaixo, surge o espaço principal do conjunto: um estar alargado, ladeado por duas escadas curvas bifurcadas, ornadas por gradis, de onde a escada se projeta em lances até a Rua Fernando Machado. A escada é solta em relação aos prédios lindeiros, havendo nesse espaço lateral jardins e canteiros que funcionavam como uma moldura verde para o monumento.

No mesmo período é construído o conjunto de casas de aluguel. Os prédios formam um conjunto homogêneo com nove casas de três pavimentos geminadas. As coberturas têm a cumeeira longitudinal, perpendicular à fachada. Os prédios têm as fachadas simétricas, duas a duas, como casas geminadas. No geral, a movimentação nas fachadas é feita pelo desenho das aberturas, pelas sacadas e balcão com floreiras. No coroamento, cinco das casas apresentam pequenas mansardas.

Escadaria Rua João Manoel

EPAHC – SMC/PMPA

Fachada Rua Fernando Machado

Av. Presidente João Goulart, 551

Anton Floderer e **Robert Prentice** | 1928
Restauração:
Equipes da EPAHC e SMIC | 1987-1989
Projeto de revitalização: **3C Arquitetura e Urbanismo** e **Flavio Kiefer** | 2016-2018

O enorme prédio conhecido como Usina do Gasômetro foi na verdade uma usina termoelétrica construída em 1928 pela Companhia de Energia Elétrica Rio-Grandense, subsidiária da empresa norte-americana Electric Bond & Share Co. A confusão advém do fato dela ter sido construída na região conhecida então como "Volta do Gasômetro", devido à existência nas proximidades de uma antiga usina, esta sim de gás, cujas ruínas ainda podem ser vistas defronte à Câmara de Vereadores.

Construída sobre aterro do Guaíba, a Usina teve projeto do engenheiro alemão Floderer e de seu sócio, Prentice. Era alimentada por carvão, trazido por via fluvial e pulverizado para cinco grandes fornos, onde era queimado e cujos gases eram expelidos por duas chaminés baixas, com cerca de 10 metros acima da cobertura do prédio.

Não levou muito tempo para que os moradores do Centro percebessem que teriam de conviver com uma constante nuvem de fuligem que se espalhava pelas casas do entorno. Foram intensos os protestos por parte da comunidade. Em função dessa pressão, a empresa inaugurou uma nova chaminé em 1937, com 117 metros de altura.

A Usina foi fechada em 1974. Anos depois, o prédio passou por algumas tentativas de demolição para o alargamento da Primeira Perimetral, evitadas graças à reação da sociedade civil. Em 1982, foi tombado pelo Município e, em 1983, pelo IPHAE, o que propiciou as intervenções de restauração e reciclagem para centro cultural (1989). A partir de então, várias obras de conservação e curadoria se sucederam, segundo várias propostas conceituais, conforme a sucessão das administrações municipais.

O projeto mais recente previu a remodelação interna, organização dos acessos e circulações, além da instalação de um restaurante no terraço voltado para o Guaíba. A proposta, entretanto, foi bastante alterada durante a execução das obras.

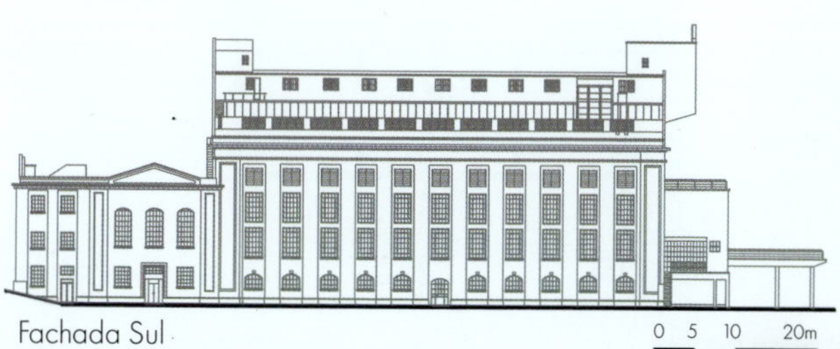

Fachada Sul

Fachada Leste

Rua Santo Inácio, 295

Fernando Corona | 1928-1929
Projeto arquitetônico:
Pedro Gabriel e Bonini Arquitetura | 2012
Projeto de restauração: **Evandro Eifler Jr.** | 2012

Trabalhando como escultor-decorador desde 1914 na firma de seu pai, Jesus Maria Corona, Fernando Corona começou a partir da década de 1920 a se aproximar da arquitetura, vencendo em 1925 o concurso para a construção do Hospital São Francisco da Santa Casa. Em 1926 foi contratado pela firma construtora Azevedo, Moura & Gertum, onde trabalhou por 20 anos.

Em 1928 executou dois importantes projetos para essa empresa, o Edifício Chaves & Almeida, na Avenida Julio de Castilhos, em estilo Art Déco, e a antiga Residência Brasil Cesar, na Rua Santo Inácio, seguindo regras clássicas de composição.

Localizada em amplo terreno no aristocrático bairro Moinhos de Vento, Corona assume o Ecletismo arquitetônico para uma reinterpretação muito particular de uma "villa" renascentista, isolada no lote e cercada por jardins. O projeto se desenvolve com os principais cômodos em torno de um hall central, que abriga uma imponente escadaria, formando um volume cúbico. Esse volume é movimentado através de uma série de adições, como uma bela varanda curva na parte frontal, terraços aos fundos e nas laterais, além de um torreão que marca um dos cantos da edificação.

Ocupado originalmente para uso residencial, após a restauração, a casa abriga um restaurante no térreo e um coworking no segundo pavimento. Aos fundos do lote foi construído um edifício de apartamentos de alto padrão.

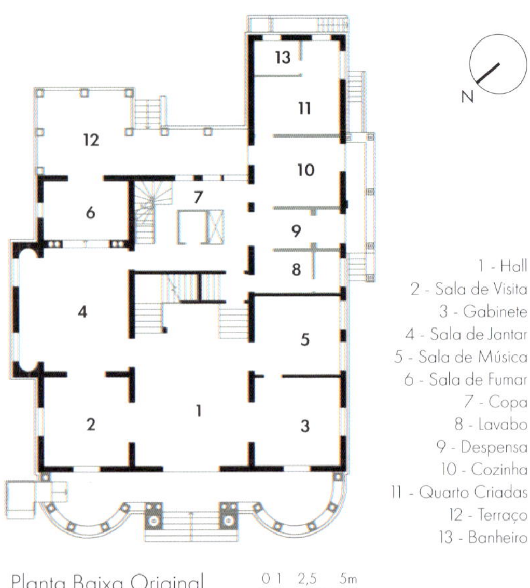

1 - Hall
2 - Sala de Visita
3 - Gabinete
4 - Sala de Jantar
5 - Sala de Música
6 - Sala de Fumar
7 - Copa
8 - Lavabo
9 - Despensa
10 - Cozinha
11 - Quarto Criadas
12 - Terraço
13 - Banheiro

Planta Baixa Original do Térreo

Rua São Carlos 753, 759, 765
esq. Rua Hoffmann, 459, 477

Josef Lutzenberger | 1928-1929
Projeto de requalificação:
Goma Oficina | 2010-2018

Em 1928, Josef Lutzenberger foi contratado pelo doutor Oscar Bastian Pinto para projetar um conjunto residencial para aluguel no bairro Floresta.

Com 2.332 m² de área construída, o conjunto apresenta um Ecletismo simplificado, composto por dois blocos de três pavimentos. Cada bloco possuía originalmente comércio no térreo e pequenos apartamentos nos demais andares, além de sótão iluminado por mansardas dispostas ritmadamente sobre a cobertura cerâmica. A implantação destaca-se pela localização ortogonal dos blocos no alinhamento da via, formando uma esquina e configurando um pátio interno, complementado por um pavilhão térreo aos fundos do lote. O arquiteto tirou partido volumétrico das bay windows localizadas nas extremidades das fachadas, solução recorrente na arquitetura alemã do final do século XIX e do início do século XX.

O conceito do complexo vem sendo desenhado de maneira coletiva e colaborativa desde 2010. É um espaço de cultura, educação e negócios que reúne, atualmente, 32 residentes das mais diversas áreas. A gestão é feita pela Associação Cultural Vila Flores, que promove junto com a comunidade espaços de discussão, eventos e oficinas.

Fachada Rua São Carlos

FSB - MJF/PMPA

Av. Borges de Medeiros
esq. Rua Duque de Caxias

Manoel Itaqui | 1928-1932
Projeto de restauração:
Oscar Carlson (EPAHC - SMC) | 2000-2001
Alan Furlan e Luiz Carlos Campos | 2015-2018

A abertura da Avenida Borges de Medeiros e a construção do viaduto sob a Rua Duque de Caxias inseriram-se no contexto de reformas urbanas levadas a cabo na cidade durante o período da República Velha. O espírito das reformas, marcadas por discurso centrado nos conceitos positivistas de "modernidade" e "progresso", reflete-se no projeto do Viaduto: uma obra de engenharia arrojada, mas com uma linguagem arquitetônica ligada à releitura do Classicismo.

O intendente Otávio Rocha levava em conta as linhas mestras do Plano Geral de Melhoramentos de 1914, de João Moreira Maciel, filiado aos princípios estético-higienistas das reformas de Eugène Haussmann em Paris. Nessa linha, era uma obra de grande alcance viário, ligando o Centro aos bairros da Zona Sul, mas também uma obra de embelezamento e de higiene urbana.

Em 1927 foi lançado o concurso, vencido pelo arquiteto Duílio Bernardes. O projeto não foi do agrado de Otávio Rocha, que então contratou o engenheiro-arquiteto Manuel Itaqui. Nessa proposta, a Avenida Borges de Medeiros foi tratada como um boulevard parisiense, com amplos passeios, arborização, linhas de tramways e três faixas de veículos (para estacionamento, tráfego lento e trânsito rápido). O Viaduto foi executado em concreto armado e revestido com cirex imitando pedra. As quatro rampas laterais de acesso permitem subir comodamente até a Rua Duque de Caxias, com inclinação de 6%. O percurso das rampas não é reto, mas em redent, ou seja, com um desvio em sua porção mediana, ao gosto do Barroco francês. O passeio no nível da Avenida Borges ocorre sob uma colunata de arcos plenos por onde o público transita abrigado. Nas laterais foram dispostos pequenos comércios, instalações sanitárias e, no centro do percurso, escadas diretas para a rampa superior, hoje desativadas.

O Viaduto foi inscrito no Livro Tombo Municipal em 1988. As primeiras obras de restauração ocorreram no ano de 2000 e 2001, estando em andamento desde 2023 novas intervenções de restauração.

Fachada Oeste/Sul – Rua Borges de Medeiros

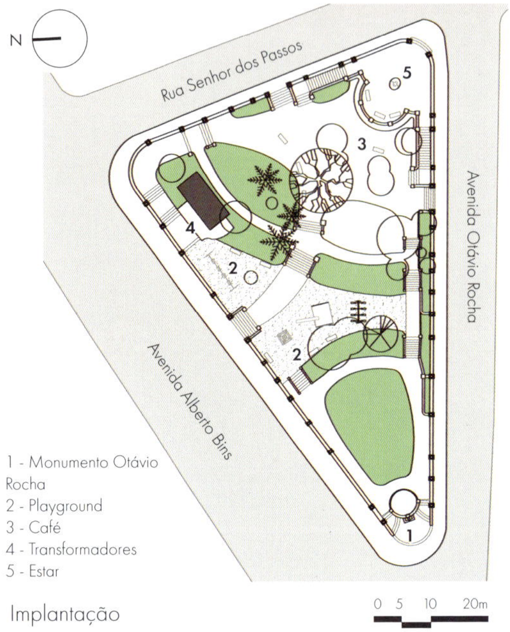

Implantação

Christiano de la Paix Gelbert | 1929-1937
Projeto de restauração:
Renata Rizzotto (SMAM) | 2012-2013

O prefeito Otávio Rocha empenhou-se na reforma urbanística da cidade em sua gestão (1924-1928), incluindo a conexão entre a Av. Cristóvão Colombo com a Praça XV de Novembro através da abertura da Avenida São Rafael (atual Alberto Bins). Como resultado das obras, formou-se um largo de forma triangular no encontro com a Av. Otávio Rocha.

Por se tratar de um terreno em declive, o projeto dividiu a praça em vários terraços que se ligam por escadarias. No nível mais alto, um mirante serve como cobertura para o volume semicircular dos sanitários, tratado à maneira clássica, com colunas jônicas. Cada nível da praça possui acessos próprios que são tratados com canteiros para vegetação arbustiva e pequenos recantos. Na parte mais baixa, a esquina forma um ângulo agudo. Nesse espaço, em 1937, Gelbert projeta uma "herma" (monumento que inclui um busto) em homenagem a Otávio Rocha e cria um novo acesso pela esquina.

A Praça manteve suas características originais em linguagem eclética, mesmo tendo passado por reformas em 1970, quando foi inserido um playground e transformadores. Ao longo dos anos, entretanto, a vegetação de grande porte tomou conta dos canteiros e edifícios altos foram alterando a paisagem original, criando um ambiente escuro e pouco convidativo.

Em 2012, um projeto de restauração paisagística recuperou as alvenarias, passeios e mobiliário, removeu algumas árvores e transformou os sanitários em um pequeno café, o que estimulou a população a frequentar mais intensamente o local.

FSB - MJF/PMPA

Rua dos Andradas, 1051, 1073

Egon Weindorfer e
Agnelo Nilo de Lucca | 1929-1931
Projeto de restauração e reciclagem:
Solé Associados | 2007-2018

Inaugurado em 1931, com capacidade de 1.632 lugares, o Cine Teatro Imperial foi palco de grandes espetáculos até ser transformado em sala de cinema. A edificação passou por duas reformas, em 1960 e 1987, quando então foram implantados os cinemas Guarani e Imperial, separando o mezanino e a plateia originais.

Consagrado como o cinema mais luxuoso à época de sua inauguração, pode ser considerado como um dos exemplares mais sofisticados da arquitetura art déco na cidade, representando um exemplo local de adoção da variante Marajoara. O prédio apresenta notável integração entre arquitetura e desenho de interiores, cujo mobiliário, luminárias e elementos decorativos manifestam coerência com o repertório déco da fachada. É significativa a valorização das áreas de acesso, hall e portaria através do uso de materiais nobres, como granitos, mármores, mosaicos coloridos, cristais bisotados e bronzes.

O edifício também se caracterizou como referência na verticalização da atividade residencial no Centro de Porto Alegre, introduzindo a figura do "arranha-céu" na paisagem urbana. Os apartamentos duplex representaram um pioneirismo enquanto tipologia residencial para a cidade.

O Cine Imperial foi tombado como patrimônio cultural de Porto Alegre em 2004, época em que foi adquirido pelo Município. O projeto de restauro e reciclagem prevê a implantação do Centro Cultural da Caixa Cultural Porto Alegre, com a restituição da espacialidade original mezanino-plateia para abrigar uma sala de espetáculos, além de atividades culturais variadas nos três primeiros pavimentos. Os pavimentos-tipo, local dos antigos apartamentos, são destinados para a sede da Secretaria Municipal da Cultura.

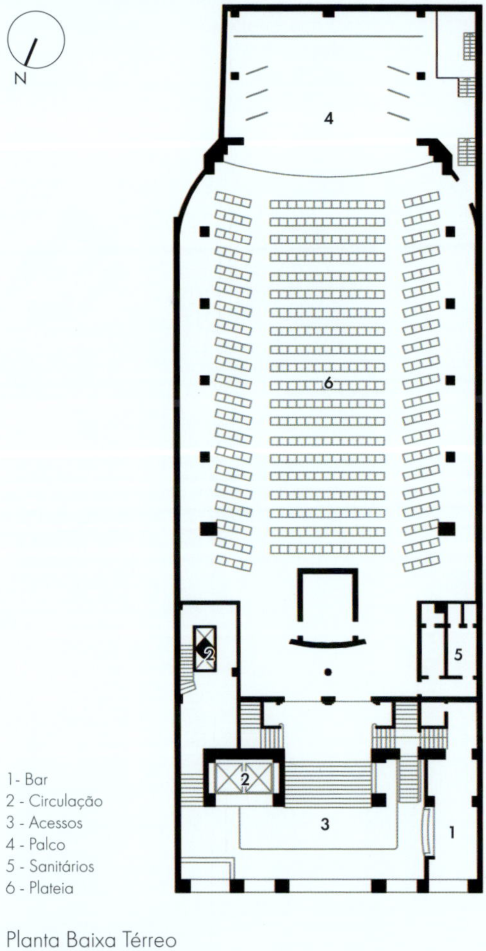

1- Bar
2 - Circulação
3 - Acessos
4 - Palco
5 - Sanitários
6 - Plateia

Planta Baixa Térreo

Alfred Donat Agache | c. 1930

Nos primeiros anos da cidade, o local era conhecido como "várzea do Portão", uma área alagadiça do lado de fora do antigo portão do povoado. Em 1807 o local foi doado pelo governador Paulo José da Silva Gama como logradouro público. Em 1826, Dom Pedro I impediu a área de ser loteada e vendida pela Câmara, já que estava destinada para exercícios militares. A área passou a ser chamada de "Campos de Redenção" no final do século XIX, em homenagem à libertação dos escravos.

A Grande Exposição de 1901 promoveu um primeiro tratamento paisagístico na porção norte do Campo. Em 1914, essa região já se encontrava ocupada por diversas faculdades e institutos superiores.

No início da década de 1930, foi contratado o urbanista Alfred Agache para elaborar anteprojeto de ajardinamento do Campo da Redenção. Agache propôs o eixo central que deu unidade ao conjunto, caracterizado pelo passeio longitudinal retilíneo e o grande lago. A proposta foi implantada, em parte, na Exposição Comemorativa do Centenário da Revolução Farroupilha, em 1935. Através desse evento transitório efetivou-se a urbanização global do espaço, que recebe a partir de então a denominação de Parque Farroupilha.

Dos diversos pavilhões construídos, o Pavilhão Cultural permaneceu, onde hoje funciona o Instituto de Educação General Flores da Cunha. Em 1939 foi iniciada a demolição dos demais pavilhões, implantado o espelho d'água no eixo central e dada continuidade aos ajardinamentos. Os recantos temáticos – Jardim Alpino, Jardim Europeu e Jardim Oriental – foram implantados em 1941, juntamente com um recanto que recebeu um chafariz de ferro fundido retirado da Praça Parobé.

Outro equipamento implantado no Parque em 1964 foi o Auditório Araújo Vianna, que substituiu o antigo auditório existente na Praça da Matriz, demolido para a construção da Assembleia Legislativa Estadual.

Tombado pelo Município desde 1997, o Parque Farroupilha tem atualmente apenas 37,5 hectares dos 69 hectares doados pelo governador Paulo José da Silva Gama.

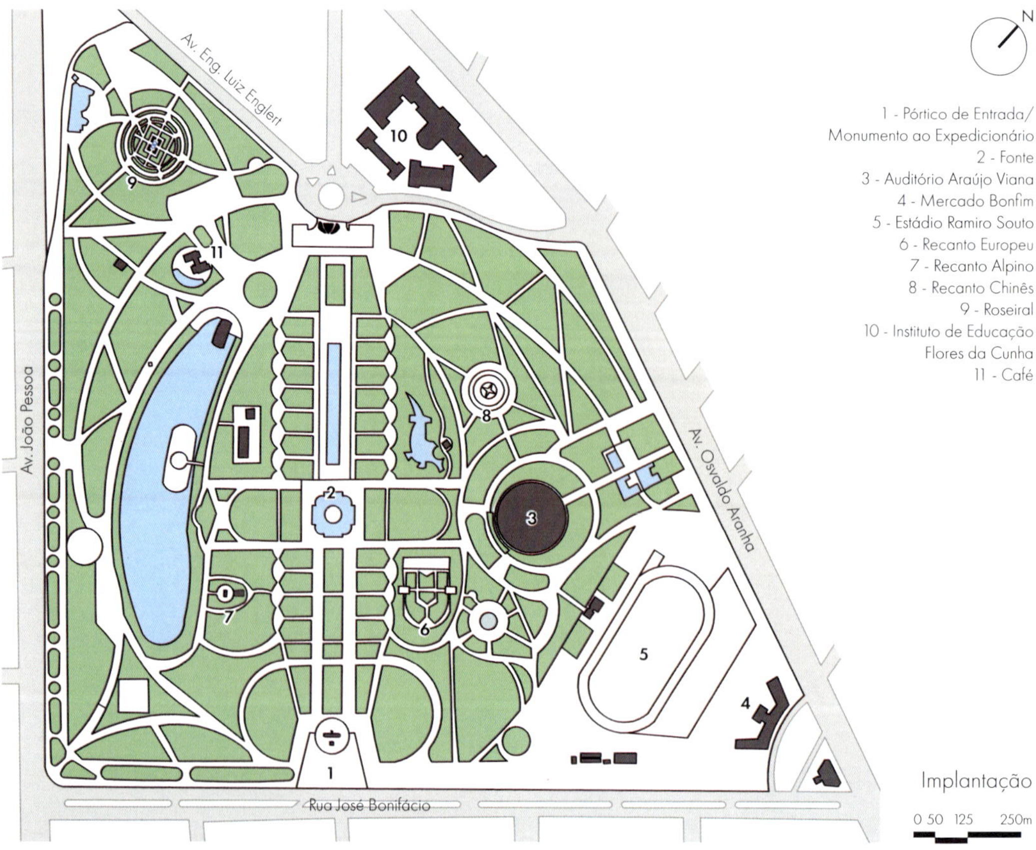

Implantação

FSB - MJF/PMPA

FASE 4

Era Vargas
(1930-1945)

A chegada dos anos 30 foi um período com drásticas alterações no contexto político e econômico brasileiro, trazendo sensíveis repercussões na fisionomia da cidade. A escalada de Vargas ao poder no desdobramento da grande crise econômica mundial de 1929 e, em nível nacional, da crise do café em 1930, rompeu com as oligarquias da chamada política "café com leite" entre paulistas e mineiros, colocando lideranças gaúchas no topo do Governo Federal. Por outro lado, no âmbito econômico, uma nova fase no processo de industrialização se instala com a progressiva hegemonia da indústria paulista em detrimento do processo industrial regionalizado que caracterizara a República Velha.

Além desses fatores, ocorre uma marcante centralização federal do poder político e a redução do papel dos estados. Uma articulação direta da União com os municípios resultará em políticas de urbanização e de planejamento das cidades claramente controladas pelo poder central. A criação de um estado forte, com uma administração pública totalmente reformulada, especialmente a partir de 1937 com a instauração do período ditatorial do Estado Novo, conduzirá à criação de novos ministérios e institutos voltados para a formulação de políticas setoriais abrangendo desde aspectos ambientais, de saneamento, de preservação do patrimônio, até questões da administração municipal, entrelaçada agora diretamente ao poder federal.

Com o novo contexto econômico e político marcado pelo autoritarismo do poder central, cada município passa a ter um prefeito nomeado que passa a exercer as funções legislativas e executivas. Paulatinamente são criados nos estados os departamentos municipais, com funções financeiras, administrativas e também técnicas no campo do urbanismo. Conjuntamente, comissões de planos são incentivadas a discutir as questões da prática urbanística e elaborar as propostas de modernização e crescimento das cidades.

No caso de Porto Alegre, o vice-intendente Alberto Bins termina em 1930 seu mandato de dois anos como substituto de Otávio Rocha, falecido em 1928, sendo reconduzido ao cargo, onde permanece até 1937. Nesse ano, José Loureiro da Silva é nomeado prefeito pelo interventor Daltro Filho, permanecendo à frente da administração pública até 1943.

FSB - MJF/PMPA

Avenida Borges de Medeiros

Mapoteca SPM/PMPA

Plano Gladosch, 1938-1943

Neste período observa-se o processo de criação de um sistema de planejamento urbano na cidade de Porto Alegre. Em 1936, os urbanistas Ubatuba de Farias e Edvaldo Pereira Paiva organizam uma exposição sobre o urbanismo da cidade, que será transformada em 1938 na publicação *Contribuição para o estudo de urbanização de Porto Alegre*. Nesse documento é apresentada uma proposta de plano urbanístico ainda em sintonia com a vertente haussmanniana para a cidade. No mesmo ano é contratado o arquiteto paulista Arnaldo Gladosch, do escritório de Agache no Rio de Janeiro, para a elaboração do plano de urbanização de Porto Alegre. Gladosch permanece na cidade até o final da gestão de Loureiro da Silva, em 1943. O Conselho do Plano Diretor discute e acompanha a elaboração do plano. Em 1942, é criada a Seção do Expediente Urbano com a função de organizar o plano definitivo e, em 1943, a Seção é transformada no Departamento Municipal de Urbanismo. Completa-se assim a institucionalização do planejamento urbano no município.

O Plano Gladosch apresentou propostas de intervenção na estrutura da cidade, com soluções de saneamento e embelezamento, mas enfatizando a organização do sistema viário através da abertura de perimetrais e radiais. Continha alguns projetos específicos, como um extenso parque ao longo da orla do Guaíba, uma proposta para a Cidade Universitária e para a Feira de Amostras, a canalização do Riacho Dilúvio, a abertura das Avenidas Farrapos e Salgado Filho, além do prolongamento da Avenida Borges de Medeiros.

FSB - MJF/PMPA

Avenida Borges de Medeiros

FSB - MJF/PMPA

Edifício Vera Cruz

FSB - MJF/PMPA

Praça da Alfândega, enchente de 1941

FSB - MJF/PMPA

Exposição Centenário Revolução Farroupilha, 1935

A arquitetura praticada na cidade a partir dos anos 1930 é marcada pelo esvaziamento do Ecletismo historicista como linguagem hegemônica. O cenário urbano passa então a apresentar mudanças que manifestam a transição para outros padrões. Na Exposição Comemorativa do Centenário da Revolução Farroupilha (1935) – evento-símbolo da celebração da modernidade e do ingresso de Porto Alegre na nova ordem urbano-industrial – o antigo Campo da Redenção se transforma no Parque Farroupilha, com projeto de ajardinamento realizado por Alfred Agache. A linguagem adotada na arquitetura da Exposição, em grande parte de autoria do arquiteto da Intendência Christiano de la Paix Gelbert, demonstra muito bem o surgimento de repertórios alternativos ao Historicismo, como o Art Déco, e sua variante marajoara, o Neocolonial, ao lado de vertentes das vanguardas cubistas e futuristas.

A Exposição de 1935 já prenunciava a redefinição dos padrões morfológicos que afetariam a imagem da arquitetura da cidade como um todo. Um exemplo disso foi o impacto do projeto de Fernando Corona para o Edifício Guaspari (1936), colocando na cena urbana uma nova linguagem arquitetônica, que apontava para o Movimento Moderno.

O governo totalitário buscava marcar sua presença no urbano através de realizações dentro da corrente que Segre denominou de "monumental moderno":

> *A partir da década de 30 até os anos 50, diversas ditaduras da América Latina [...] constroem edifícios públicos inspirados nos modelos nazi-fascistas europeus ou tomados da administração Roosevelt nos Estados Unidos. [...] funções vinculadas à iniciativa estatal alcançam uma dimensão volumétrica monumental, reduzindo-se à sua mínima expressão os elementos decorativos clássicos, convertidos em simples enunciações [...] (Segre, 1991).*

O arquiteto Arnaldo Gladosch exemplifica bem por meio de sua obra essa corrente. Em paralelo à sua atuação como urbanista, legou à cidade alguns significativos projetos arquitetônicos encomendados pelo poder público e por entidades privadas dentro de uma linguagem que transitava justamente entre o "monumental moderno" descrito por Segre e pelo Déco. Tais realizações muito contribuíram para a qualificação do cenário construído da cidade, como os Edifícios Sulacap, de 1938, e Mesbla, de 1944.

FSB - MJF/PMPA

Praça Piratini

FSB - MJF/PMPA

Av. Farrapos

FSB - MJF/PMPA

Av. Borges de Medeiros

Ainda no período prosseguem as reformas urbanas do prefeito Loureiro da Silva, em obras como a abertura da Avenida Farrapos e a canalização do Riacho Dilúvio, com a construção da Avenida Ipiranga. Em ambas, generalizava-se o emprego de prédios e monumentos integrados ao repertório art déco. No caso da Farrapos, encontramos uma unidade estilística impressionante ao longo de seus cinco quilômetros e meio, uma das maiores concentrações de fachadas déco no Brasil.

No caso da Avenida Ipiranga, destacam-se as três pontes construídas durante a administração: as duas mais antigas (das Avenidas Azenha e Getúlio Vargas) foram concebidas no âmbito do monumentalismo moderno, e a última (da Avenida João Pessoa), já está totalmente integrada ao repertório déco.

Outro fator que contribuiu para o ocaso do Ecletismo historicista nesse contexto foi o ingresso do Brasil na Segunda Guerra Mundial (1942). O antagonismo aos países do Eixo provocou uma intensa perseguição dos nacionalistas locais aos imigrantes alemães e italianos radicados na cidade. Com isso, profissionais estrangeiros de atuação marcante na construção civil durante o período positivista sofreram muitas restrições no exercício de suas atividades.

A cidade no período tem uma expansão significativa da área ocupada. Na Planta da Cidade de 1937, nota-se o novo bairro Petrópolis já arruado, o início da implantação da Vila Assunção e grande densificação do eixo leste.

Mapoteca SPM/PMPA

Porto Alegre, 1937

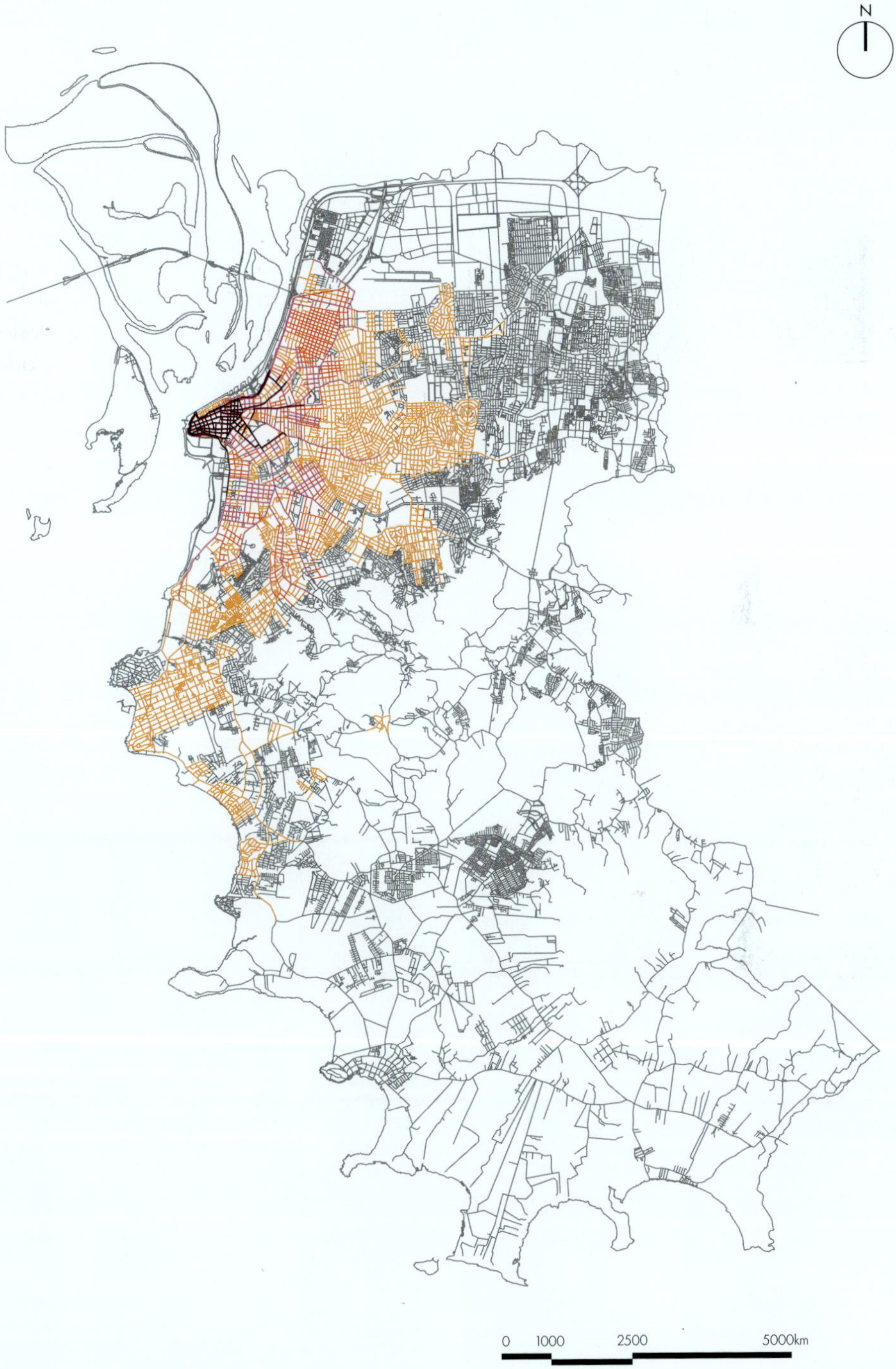

Evolução Urbana Porto Alegre

FASE 01: 1772-1822

FASE 02: 1822-1889

FASE 03: 1889-1930

FASE 04: 1930-1945

Rua Félix da Cunha, 1143 a 1215

Egon Weindorfer | c. 1930

Trata-se de uma série de oito sobrados geminados (números 1143 a 1181) e de uma residência isolada (numero 1215) que compõem um conjunto originalmente residencial.

As residências geminadas foram construídas no início da década de 1930 pela Construtora Azevedo Moura & Gertum, a partir de um projeto concebido por Egon Weindorfer, arquiteto tcheco radicado em Porto Alegre. Pela disposição das casas, percebe-se a influência dos terraces de origem inglesa dos períodos georgiano e vitoriano. As unidades foram edificadas sobre lotes individualizados de 6,90 m x 14 m em média e se desenvolvem em três pavimentos. Possuem telhados contínuos de ponto alto em duas águas paralelas à Rua Félix da Cunha.

O ritmo das aberturas externas é realçado por molduras salientes e lisas. As portas de acesso apresentam marcação mais enfática, encimadas por floreiras metálicas. Trata-se de uma linguagem formal singela, com uma certa economia de adornos e pouca concessão a virtuosismos. Essa postura talvez possa ser atribuída à intenção do arquiteto em buscar contenção de custos devido ao propósito original do empreendimento imobiliário, dirigido à moradia da classe média.

A preocupação em preservar o conjunto arquitetônico partiu da iniciativa pioneira dos próprios usuários. Foram eles que, sabedores do risco da demolição face ao alargamento da via, visando dar continuidade à Segunda Avenida Perimetral, mobilizaram-se para sensibilizar a comunidade. O movimento garantiu o tombamento municipal do conjunto entre 1989 e 1996.

Fachada Leste

Rua Santa Terezinha, 200 e 201

João Antônio Monteiro Neto | 1932

A partir dos anos 1920 começa a popularizar-se em nosso país a arquitetura neocolonial, um movimento de nacionalização do Ecletismo através da revalorização da arquitetura do período colonial. Esse movimento ocorreu em todo o continente americano, no contexto da comemoração dos centenários de independência das várias nações. A casa foi projetada com inspiração na arquitetura colonial espanhola, incluindo particularidades neobarrocas que a caracterizam como Neocolonial hispânico, diferenciando-se do repertório Neocolonial luso-brasileiro.

Na Casa Brixen-Montzel, o pavimento térreo é destinado às áreas sociais e de serviço, apresentando três dormitórios no pavimento superior. A fachada em reboco corrugado é marcada pela varanda com pórticos e a ornamentação característica, incluindo volutas nos frontões, painéis de azulejos decorados e pelas janelas guarnecidas por colunas espiraladas.

O projeto desta casa contrasta com as linhas da residência de Emílio Fernandes das Neves, projetada e construída simultaneamente na mesma Rua Santa Terezinha, número 200, a qual já apresenta desenho completamente integrado ao repertório modernista.

Casa Fernandes das Neves

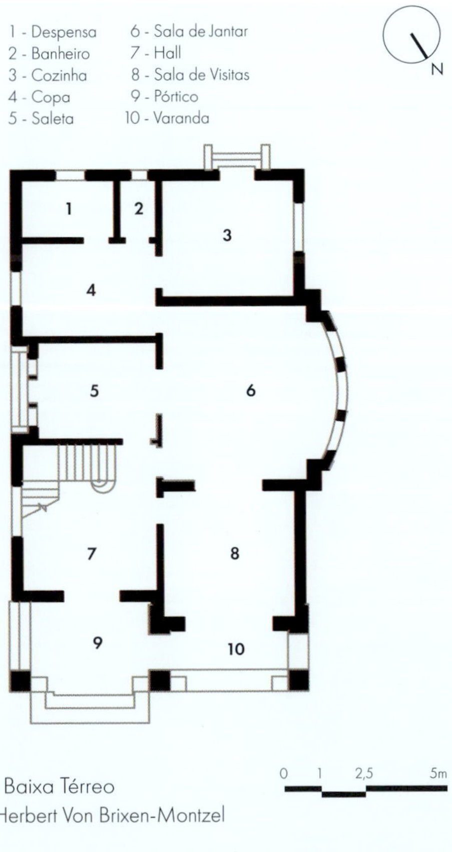

Planta Baixa Térreo
Casa Herbert Von Brixen-Montzel

Casa Herbert Von Brixen-Montzel

Praça XV de Novembro, esq. R. José Montaury

Adolpho Heirich Siegert | 1933
Ampliação: **Christiano de la Paix Gelbert** | 1935
Projeto de restauração:
Maria Lúcia Fuentefria | 1987

O abrigo de bondes foi construído em duas etapas. Em 1933 foi construído um abrigo pela Cia. Carris Porto-Alegrense visando atender ao tráfego de bondes e por ser ponto de convergência de quase todas as linhas da cidade. Já em 1935 houve a necessidade de ampliar o terminal existente, em consequência de uma nova linha de bondes implantada na Av. Borges de Medeiros.

O projeto de Gelbert previu o prolongamento do abrigo numa extensão de 38 metros em dois lados da Praça XV. Sobre o núcleo elipsoidal, Gelbert adicionou um segundo pavimento, demarcando a simetria do projeto. O braço acrescido segue a mesma solução compositiva do edifício preexistente, organizado por pilares ritmados e grandes aberturas com esquadrias quadriculadas.

As formas aerodinâmicas do Abrigo seguiam a vertente streamline do repertório art déco, realçando a presença de uma modernidade arquitetônica emergente na cidade, em contraste com o Ecletismo historicista até então imperante. A proximidade do Abrigo de Bondes com o Edifício Guaspari, construído em mesma linguagem a partir de 1936, amplificou o impacto desta arquitetura no cenário urbano do entorno.

O prédio foi inventariado e integrado ao tombamento municipal da Praça XV de Novembro em 1998. Atualmente é ocupado por bares e por uma unidade da Brigada Militar.

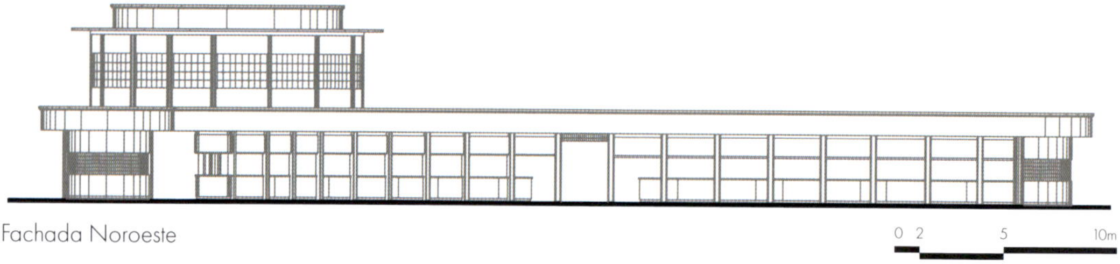

Fachada Noroeste

Av. Osvaldo Aranha, 527

Fernando Corona | 1934
Projeto de restauração:
3C Arquitetura e Urbanismo | 2012-2014

O Instituto de Educação Flores da Cunha foi projetado em 1934 para abrigar a Escola Normal. Sua localização dentro do Parque Farroupilha, em frente à Avenida Osvaldo Aranha, se explica pelo fato de que foi utilizado inicialmente como Pavilhão Cultural da Exposição Comemorativa do Centenário da Revolução Farroupilha, ocorrida no local em 1935.

O Neoclássico tardio adotado no prédio por Corona deve-se a sua paixão pela arquitetura grega da antiguidade. O arquiteto fez aqui um exercício sobre a ordem jônica, inspirado diretamente no Templo de Atenas em Éfeso. A fachada da escola foi dividida em cinco partes, com o vistoso pórtico central de oito colunas jônicas gigantes, duas alas laterais austeras, apenas marcadas por amplas janelas em guilhotina, e os dois corpos salientes das extremidades, onde a ordem jônica também reaparece, neste caso em colunas 3/4. O embasamento baixo, rusticado, e o entablamento superior dão unidade à extensa fachada.

O programa inclui o bloco principal em "L" ligado ao bloco do jardim de infância por um discreto pergolado, havendo ainda um terceiro, o pavilhão de educação física. Os três prédios conformam um pátio semiaberto, com visuais para o Parque Farroupilha aos fundos.

1 - Salas
2 - SSE/SOE
3 - Direção
4 - Cozinha
5 - Sanitários
6 - Saguão
7 - Sala Professores
8 - Berçário
9 - Ginásio
10 - Palco
11 - Auditório
12 - Circulação

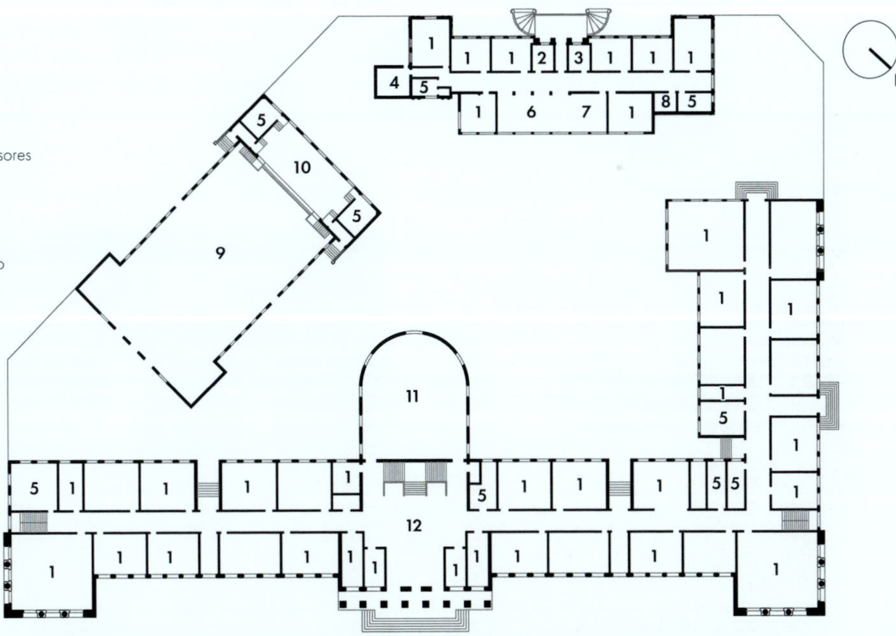

Planta Baixa Térreo

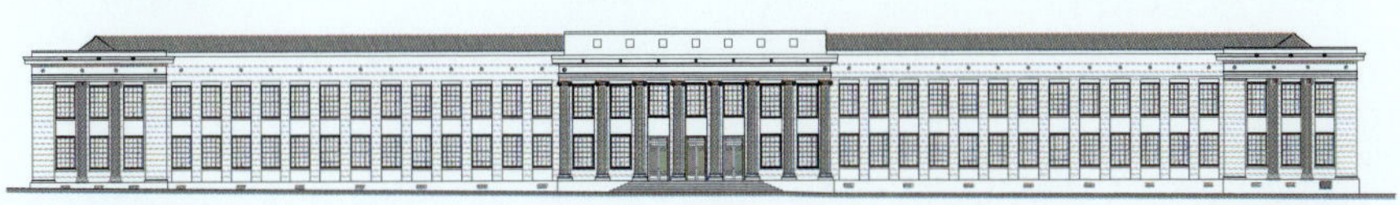

Fachada Principal

0 2 5 10m

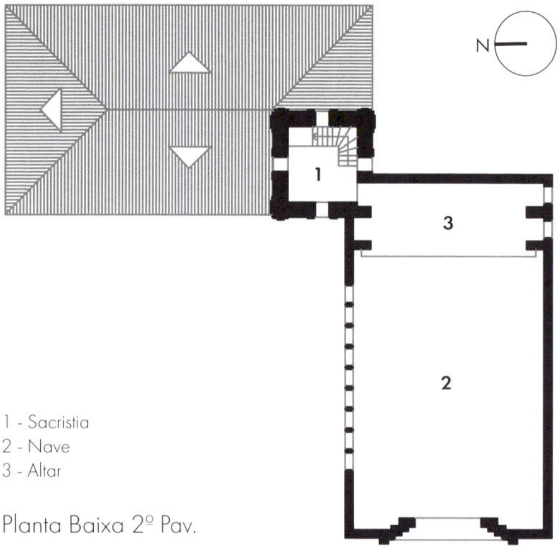

1 - Sacristia
2 - Nave
3 - Altar

Planta Baixa 2º Pav.

Fachada Original

0 1 2,5 5m

Av. Dom Pedro II, 676

Siegfried Berthold Costa | 1934-1936

Em 1934 a Comunidade Evangélica recebeu da empresa loteadora Schilling e Kuss um terreno para edificar uma igreja e uma escola. O arquiteto Costa, recém-formado na Alemanha, aplicou pioneiramente os preceitos do movimento "Nova Objetividade" (Neue Sachlichkeit), vanguarda funcionalista alemã de resistência ao Nazismo. Originalmente o programa se compunha de uma residência para o pastor, bloco implantado em ângulo reto ao corpo principal da igreja, sob o qual havia ainda duas salas de aula. Entre os dois blocos foi erguida a torre sineira, caracterizada como marco vertical do conjunto. O pavimento da nave nivela-se à via através de um pequeno adro. Plasticamente o conjunto é inovador na cidade pelo trato brutalista da alvenaria externa em tijolo aparente, numa composição geométrica purista que se afasta do Historicismo e coloca o projeto na perspectiva de uma arquitetura moderna.

Entre 1983 e 1990, a igreja ficou desocupada e seriamente ameaçada de demolição, primeiro pelo projeto de ampliação da Escola Pastor Dohms e posteriormente pelo projeto viário da Terceira Avenida Perimetral. A torre e a igreja conseguiram resistir graças à intensa movimentação preservacionista da comunidade. Todavia, a ambientação original ficou bastante prejudicada pelas novas construções da escola, geminadas à Igreja, que abriga hoje um espaço cultural destinado a celebrações da escola e da comunidade em geral.

Rua dos Andradas, 769

Josef Lutzenberger I 1935-1937
Projeto de restauração:
Maria Lúcia Fuentefria I 2007-2014

Em 1908 o Colégio La Salle Dores inicia suas atividades em Porto Alegre, quando se instala num imóvel na Rua Riachuelo, onde aos poucos foi sendo edificado o atual complexo de ensino. Em 1935 a escola já contava com mais de 500 alunos, necessitando de ampliações. Nesse ano foi adquirido o terreno vizinho, com frente para a Rua dos Andradas, facilitando o acesso dos alunos aos bondes. Logo após foi construído um pórtico no terreno e encomendado o projeto para um novo prédio ao arquiteto Josef Lutzenberger.

O prédio ocupa os fundos do terreno, gerando um belo pátio de acesso. A fachada principal tem tratamento à moda clássica, marcando claramente o térreo, corpo e coroamento. No térreo, uma larga marquise marca a entrada principal, onde também se destacam as janelas em ferro com divisões geométricas. Nos dois pavimentos superiores, colunas gigantes num dórico simplificado emolduram janelas em verga reta. No quarto pavimento, as janelas são em arco pleno, encimadas por um frontão clássico.

A escola funcionou no prédio até o final da década de 1950, quando passou a receber diversos usos, entrando em processo de degradação progressiva. O projeto de restauração, financiado pelo Projeto Monumenta, prevê a reutilização dos espaços para atividades culturais da escola, com um pequeno café e auditórios.

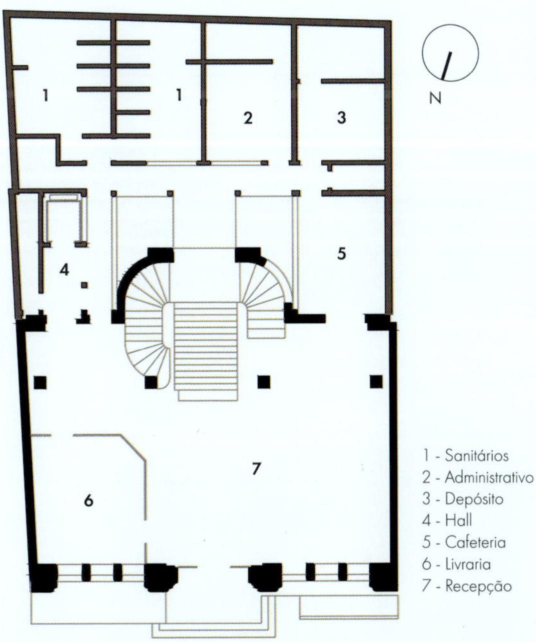

Planta Baixa Térreo

Fachada Principal

0 1 2,5 5m

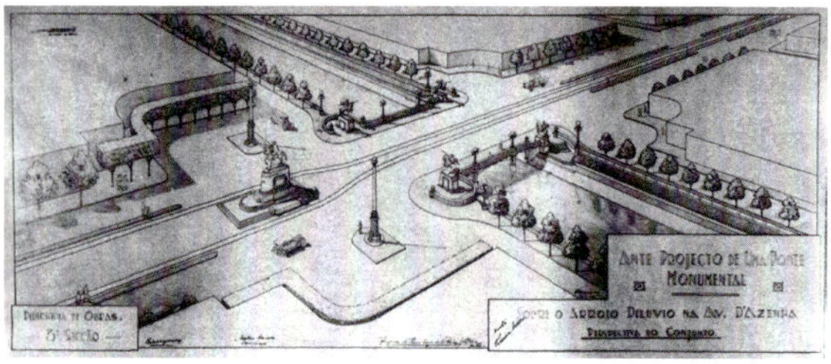

AHMPAMV

AHMPAMV

80a - PONTE DA AV. AZENHA

Christiano de la Paix Gelbert | 1935-1936

Av. Azenha, esq. Av. Ipiranga

A Ponte da Azenha é a mais antiga destas três pontes tombadas pelo Município. Foi construída na gestão de Alberto Bins (1928-1937) como complementação das obras de canalização do Arroio Dilúvio na Av. Ipiranga, trabalho considerado na época como a "obra do século".

O projeto foi elaborado pelo arquiteto da Prefeitura Christiano de La Paix Gelbert no âmbito das comemorações do Centenário da Revolução Farroupilha. Era parte de um grande conjunto urbanístico abrangendo as Avenidas Azenha e João Pessoa, que formariam um tridente voltado para a imponente estátua equestre de Bento Gonçalves, junto à Praça Piratini, e a instalação de um conjunto de quatro lanceiros farroupilhas sobre os parapeitos da Ponte. A obra alinhava-se com o caráter autoritário e monumentalista do Estado Novo.

Restaurada em 2011, a ponte possui um vão triplo e seis pistas. Formalmente, o destaque fica por conta dos parapeitos em alvenaria, onde se percebe a ornamentação sobre os pilares em forma de tochas e guarda-corpo formado por balaústres.

80b - PONTE DA AV. JOÃO PESSOA

Christiano de la Paix Gelbert | 1940

Av. João Pessoa, esq. Av. Ipiranga

A Ponte da Avenida João Pessoa foi concluída durante a gestão de Loureiro da Silva. Percebe-se a mudança estilística de Christiano de la Paix Gelbert entre a administração de Alberto Bins, quando projetava ainda dentro de uma linguagem eclética, e a administração de Loureiro da Silva (1937-1943), quando passa a adotar com maestria o novo estilo Déco.

Dentro da política rodoviarista do período, no encontro das Avenidas João Pessoa e Ipiranga, deveria ser construída uma ponte "de caráter monumental" para desafogar as pontes vizinhas da Azenha e Santana, que até então eram as duas únicas ligações com o bairro Partenon. Nos projetos para esta ponte é possível constatar o grande cuidado com o detalhamento dos elementos que a compõem, desde os guarda-corpos de granito até as luminárias a serem instaladas sobre os elementos verticais junto às extremidades, marcando seus acessos.

Apesar da beleza dos elementos arquitetônicos e da composição geral das formas, a principal força imagética da ponte são os sete palmeiras da Califórnia plantadas em seu canteiro central, que fazem um contraponto ao vão único em arco.

AHMPAMV

80c - PONTE DA AV. GETÚLIO VARGAS

Christiano de la Paix Gelbert | 1941-1942

Av. Getúlio Vargas, esq. Av. Ipiranga

Esta foi última ponte finalizada no eixo da Avenida Ipiranga e tinha um conceito monumental, assim como as duas outras executadas anteriormente.

Sua planta configurava uma composição perfeitamente simétrica. Apresenta grande riqueza de detalhes no desenho de suas colunas, onde se destacam os "pilones" de iluminação, funcionando como "coroamentos luminosos". Restam hoje as estruturas verticais revestidas em granito, sem as luminárias, que nunca foram executadas, pois, mesmo nas fotos da ponte recém-construída publicadas no Plano de Urbanização, não é possível identificá-las. A preocupação com os detalhes das luminárias confirma a importância que a utilização de recursos de iluminação tinha na época. Além desse interessante conjunto de marcos verticais, é peculiar o detalhe das quatro escadarias simetricamente dispostas que deveriam servir como embarcadouro.

AHMPAMV

1 - Saguão
2 - Galeria
3 - Lojas
4 - Sanitários
5 - Circulação

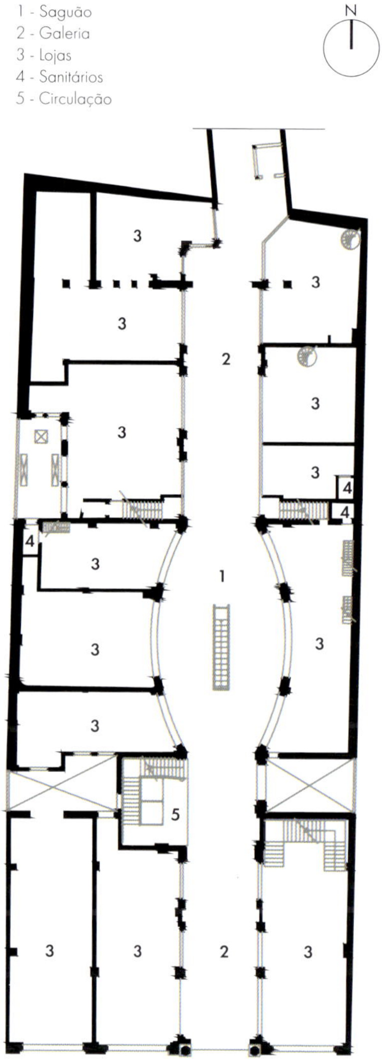

Planta Baixa Térreo

Fachada Sul

Rua dos Andradas, 1432 e 1450

Fernando Corona e
Agnello Nilo de Lucca | 1936
Projeto de restauração: **Fábio de Conto Farinon** e **Clayton Scholl Pinheiro** | 2012

O prédio, com área total de 4.092,21 m², foi projetado em 1936 por Fernando Corona com a colaboração de Nilo de Lucca e execução da firma Azevedo, Moura & Gertum.

A edificação abriga a mais antiga galeria comercial de Porto Alegre, inspirada nas passagens comerciais europeias. Liga as Ruas dos Andradas e José Montaury através de um passeio semipúblico com estabelecimentos comerciais no pavimento térreo e, originalmente, apartamentos residenciais de alto padrão nos andares superiores, hoje transformados em espaços comerciais.

A fachada neorrenascentista foi inspirada nos palácios florentinos, com três planos principais – embasamento, corpo constituído por três pavimentos e um belo coroamento, marcado por uma linha de janelas em arco pleno e cornija. Um amplo portal de entrada, com colunas jônicas em granito rosa, conduz o visitante a um saguão oval com pisos em ladrilhos hidráulicos, lustres de ferro e iluminado por claraboia e vitrais. Esse espaço térreo, ocupado pela galeria comercial, possui dois elevadores de ferro ainda envoltos por uma escada original que conduz aos demais pavimentos. Existem também escadas rolantes e outro elevador introduzidos pela recente intervenção, que retomou o uso comercial no subsolo da galeria, desativado desde a grande enchente de 1941.

A edificação foi tombada pelo Município de Porto Alegre em 1986.

Av. Borges de Medeiros, 262
esq. Rua José Montaury

Fernando Corona | 1935-1936
Projeto de restauração:
Evandro Eiffler Jr. | 2015-2017

O edifício Guaspari foi implantado em um lote estreito e alongado de 8x50 m, em terreno de esquina, com sua fachada principal voltada para a Avenida Borges de Medeiros, uma das vias marcantes na imagem de modernidade que a cidade desejava na década de 1930.

Este edifício é pioneiro na introdução da arquitetura moderna em Porto Alegre. Fernando Corona, artista plástico e escultor espanhol, propõe um volume horizontal com forte influência expressionista, especialmente da obra de Erich Mendelsohn. As janelas em fita, os cantos arredondados, as linhas puras e sem ornamentos remetem ao racionalismo, enquanto a evidente simetria e a forte marcação de acesso central conservam aspectos do Classicismo.

Houve três processos distintos no projeto do edifício. Em um primeiro momento, ainda em 1935, o projeto previa quatro pavimentos, com quatro lojas no térreo e escritórios nos demais andares. No ano seguinte, um novo projeto aparece, inicialmente para a construção de um edifício de 13 andares, com térreo, sobreloja e os dois pavimentos seguintes para a Casa Guaspari e os demais andares para apartamentos. Já o último projeto, aprovado no mesmo ano, apresenta diferenças no número de andares, térreo mais cinco pavimentos, num programa arquitetônico que prevê somente atividades comerciais.

Depois de anos totalmente coberto por uma armadura metálica, foi restaurado, retomando seu uso original, uma loja de departamentos.

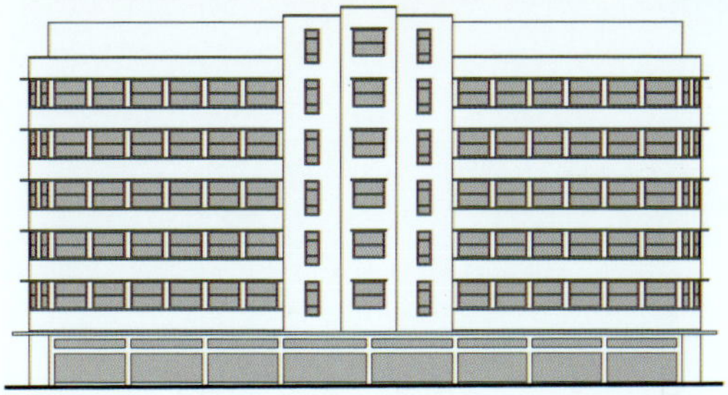

Fachada Principal

1 - Galeria
2 - Vestíbulo
3 - Hall
4 - Estar
5 - Cozinha
6 - Copa
7 - Banho
8 - Dormitório

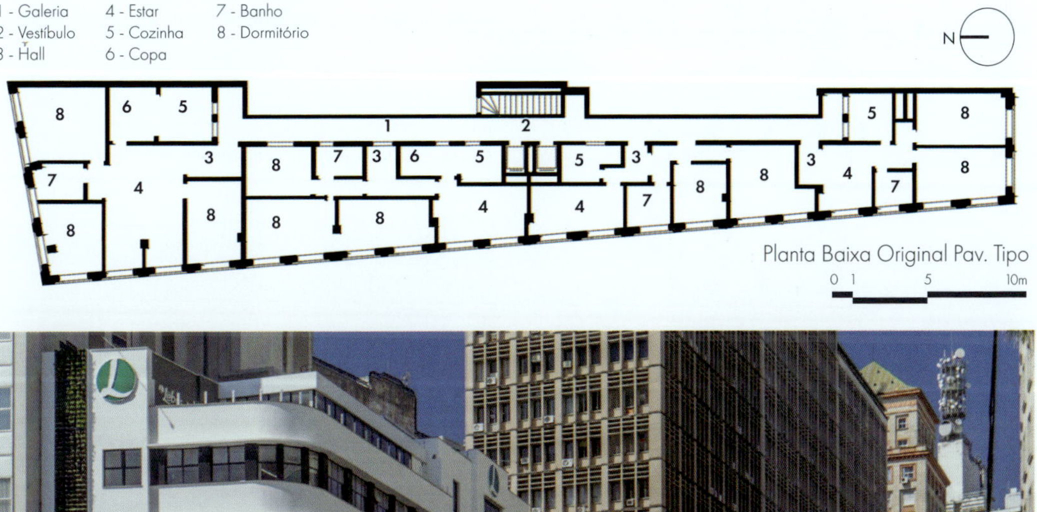

Planta Baixa Original Pav. Tipo

Largo Visconde do Cairu, 17

Josef Lutzenberger | 1936-1940

Outro expoente da arquitetura Art Déco no Centro Histórico da cidade, o edifício foi erguido para sediar a Associação Comercial de Porto Alegre, sendo em 1937 a data do lançamento da pedra fundamental. A inauguração se deu em 1940, com a presença de Getúlio Vargas, então presidente da República.

O arquiteto imigrante alemão Lutzenberger desenhou um bloco monolítico com térreo, mezanino e mais oito andares, apresentando decoração externa de grande austeridade e incorporada à estrutura funcional. O projeto original incluiu quatro elevadores, um luxo para a época, além do primeiro sistema de climatização central instalado no estado.

O porte e a regularidade da volumetria, a ocupação integral do quarteirão e o mesmo tratamento simétrico dado na composição de suas quatro fachadas enfatizam o aspecto monumental da edificação, fator que também reforça a presença do Palácio no entorno urbano. As fachadas apresentam partição tradicional em base (em granito), corpo e coroamento (em pó de mica). Todas as suas quatro faces têm acessos centralizados, sendo o principal no lado sul, onde um pórtico com seis colunas em pedra granítica rusticada sustenta uma marquise que envolve todo o seu perímetro. Um rasgo vertical acentua esses acessos nos pavimentos-tipo, demarcando na fachada a posição das circulações.

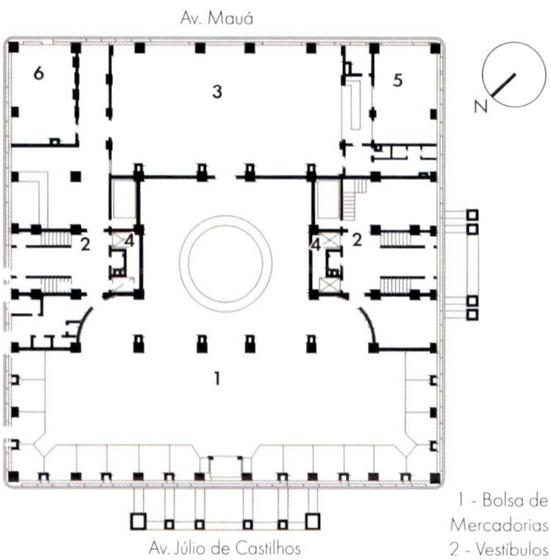

Planta Baixa Térreo

1 - Bolsa de Mercadorias
2 - Vestíbulos
3 - Café
4 - Circulação Vertical
5 - Cozinha
6 - Correio

Fachada Leste

Josef Lutzenberger
(Altötting/Bavária, 1882 – Porto Alegre, 1951)

Joseph Franz Seraph Lutzenberger nasceu em Altötting, Bavária, no ano de 1882. Descendente de uma família ligada às artes gráficas, seu pai era litógrafo, formou-se engenheiro-arquiteto em 1906 na Königliche Technische Hochschule, em Munique. Recém-formado, trabalhou na Prefeitura de Rixdorf (1908), de Dresden (1909) e no ateliê do arquiteto Osvald Polívka, autor de importantes obras no estilo Secessão e Art Nouveau, em Praga (1910). Em Berlin trabalhou no ateliê dos arquitetos Heinrich Reinhardt e Georg Süßenguth, em 1911, e ainda na Prefeitura de Wiesbaden, entre 1912 e 1913. A base de sua linguagem arquitetônica, de cunho clássico, mas com enorme atenção para os detalhes e para a qualidade artesanal da ornamentação, vem com certeza dessas experiências.

Durante a Primeira Guerra Mundial, combateu na Bélgica e na França. No final do conflito, aceitou o convite da empresa construtora Weise, Menning & Cia., para trabalhar em um período de cinco anos em Porto Alegre. Assim, emigrou para a capital gaúcha em 1920 com 38 anos de idade, onde se casou com Emma Kroeff.

Sua primeira grande obra, o Clube Caixeiral, de 1922, já demolida, é seguida em 1923 pelo projeto da Igreja São José no Centro de Porto Alegre. É uma das obras arquitetônicas marcantes em sua carreira, onde pôs em prática o sentido de concepção total da obra, observado nas suas experiências em Praga e na Alemanha, incluindo o projeto externo e interno do edifício, os vitrais, o mobiliário, as pinturas-murais e as esculturas.

Nos anos 1920 se estabelece plenamente na cidade, sempre muito vinculado à comunidade católica alemã. Projeta diversas residências, casas de aluguel, armazéns e fábricas. Destaque para o Cinema Apolo, na Avenida Independência (1923), o Colégio Nossa Senhora das Dores (1927) e suas sucessivas ampliações e para o Colégio Nossa Senhora do Carmo, em Caxias do Sul, no mesmo ano.

Em 1929 projeta uma de suas principais obras na cidade, o Asilo Pão dos Pobres, onde novamente exerceu o controle de todos os elementos internos, incluindo pinturas, marcenaria e mobiliário.

No mesmo ano iniciou uma parceria com a família Bastian Pinto, da qual resultaram diversos projetos, com destaque para os edifícios na esquina das Ruas Hoffmann e São Carlos, construídos com o objetivo de locações para renda e que hoje abrigam a iniciativa Vila Flores, complexo multifuncional que vem revitalizando o bairro em volta. Sua própria casa, na Rua Jacinto Gomes, projetada em 1930, foi restaurada e convertida na empresa Vida, fundada por seu filho, José Lutzenberger, pioneiro ambientalista gaúcho.

Entre suas últimas obras estão as escolas anexas à Igreja São José, uma para meninas, e outra para meninos, de 1931, e o imponente Palácio do Comércio (1935, inaugurado em 1947), já numa linguagem influenciada pelas arquiteturas austeras e monumentais da Segunda Guerra, prédio que introduz diversas inovações e confortos, como, por exemplo, quatro elevadores e sistema de ar-condicionado central.

No ano de 1938 começou a lecionar na Escola de Belas Artes a disciplina Geometria Descritiva e de Perspectivas e Sombras. Foi responsável pela disciplina de Técnica da Construção e Topografia quando a Escola Belas Artes criou o Curso de Arquitetura.

Além de excelente arquiteto, Lutzenberger se destacou pela execução de suas pinturas, normalmente aquarelas, onde contava em formato de crônicas o cotidiano das pessoas, as paisagens com que se deparava, a Porto Alegre antiga, retratos, os Farrapos, a Guerra de 1914, entre outros.

Faleceu no ano de 1951 em Porto Alegre.

Ruy de Viveiros Leiria | 1938

O modelo habitacional decorrente da cidade-jardim inglesa teve grande aceitação na cidade na primeira metade do século XX. Na Zona Norte visou atender ao déficit de moradias para operários, com destaque para a Vila do IAPI, o melhor exemplo de bairro-jardim da cidade. Já a Zona Sul possuía outro caráter e outro público. Era uma região de balneários, muito procurados pelos porto-alegrenses como opção de lazer e veraneio. Assim surgiram diversos bairros-jardim próximos à orla do Guaíba.

A Vila Assunção foi implantada na Ponta do Dionísio, uma das pequenas penínsulas sobre o Lago. A gleba de 120 hectares era parte da chácara Felisbina Assunção, que em 1937 fez acordo com a Incorporadora e Urbanizadora Di Primio Beck para realizar a urbanização. O projeto foi confiado ao engenheiro Leiria, autor de outros loteamentos importantes na Zona Sul e em Guaíba. Voltado para um público de renda elevada, destinava-se originalmente a casas de veraneio. Assim como nas cidades-jardim, a Vila Assunção continha várias edificações de caráter público, religioso e comercial.

Os lotes variavam entre 360 e 480 m², com uma ocupação máxima de 35% da área privada. Quanto ao traçado viário, o memorial descritivo destaca que "nenhuma via está projetada na direção leste-oeste, o que garante aos prédios boa iluminação e aeração". As quadras traçadas, algumas muito longas, foram providas de foot-walks, passagens arborizadas com função de encurtar caminhos para os pedestres. Foram previstos também play-lots, recantos no interior das quadras destinados a formar um ambiente sossegado e sombreado.

As áreas verdes públicas são abundantes e muito bem distribuídas. Somadas, as praças perfazem 13% do total de áreas da Vila. Entretanto se deve considerar também a grande contribuição das áreas livres privadas, já que no projeto original cerca de 65% dos terrenos deveriam ser destinados a jardins e pátios.

O bairro tem sofrido com apropriações indevidas de locais públicos, como a privatização dos foot-walks, sob o argumento da falta de segurança. Outro problema grave é o aumento das taxas de ocupação nos terrenos e as modificações no perfil das habitações, paulatinamente substituídas por conjuntos multirresidenciais. Apesar de consagrada como Área de Interesse Cultural pelo atual Plano Diretor, as características do bairro-jardim estão sucumbindo a um regime de ocupação que induz a uma sensível transformação de sua paisagem tradicional.

1 - Praça Tabira
2 - Igreja Nossa Senhora da Assunção
3 - Praça José Assunção
4 - Praça Caraíbe
5 - Praça Araguaia
6 - Praça Franklin Perez
7 - Praça Dante Barone
8 - Praça João Bergamann
9 - Praça Tupiniquim
10 - Praça Araé
11 - Estação de Tratamento de Água DMAE
12 - Praça Tomocaré – A.S.D.M.A.E.
13 - Clube Veleiros do Sul
14 - Corpo de Bombeiros Estação da Tristeza
15 - Clube Sociedade Amigos da Vila Assunção

■ Edificações originais em 2018

Christiano de la Paix Gelbert | 1938

A antiga Praça São Manoel foi implantada junto ao loteamento do Arraial de São Manoel, aberto em terrenos de Maurícia Cândida da Fontoura e Fernando de Freitas Travassos em 1878. No mesmo ano fora lançada a pedra fundamental da Capela São Manoel, que funcionou ali por muito tempo e chegou a ser sede de um curato (1912). A capela foi demolida em 1917, sendo a paróquia fundida com a de São Pedro, nas proximidades, restando apenas o logradouro da praça.

Em 1938, durante a gestão do Prefeito Alberto Bins (1928-1937), seu nome foi alterado em homenagem ao político Maurício Cardoso, falecido naquele ano. Nesse período, seu entorno já se tornara um centro de residências elegantes. O projeto paisagístico da Praça foi elaborado pelo arquiteto da Prefeitura Christiano de la Paix Gelbert, autor de diversas obras públicas no período, como a Praça Otávio Rocha, a Hidráulica do Moinhos de Vento e o agenciamento do Morro Ricaldone. A praça possui traços pitorescos marcados pelos diversos ambientes remetendo a uma estética rústica, com fontes, lagos, pérgolas e grutas artificiais. Chamam a atenção os bancos e mobiliário em cimento no estilo Marajoara.

Implantação

Av. Borges de Medeiros, 453
esq. Rua Gal. Andrade Neves

João Antônio Monteiro Neto | 1938-1940

A construção do Edifício Vera Cruz, com seus 15 pavimentos em estrutura de concreto armado, causou impacto na época pela verticalidade e racionalidade de suas linhas modernas, geométricas, em contraponto ao Historicismo ainda imperante na capital. Foi implantado na Avenida Borges de Medeiros, a primeira avenida monumental da cidade, com uma caixa viária de 18 metros de largura. Essa via foi recebendo um conjunto significativo de grandes edifícios, todos marcados por uma sobriedade no tratamento do volume edificado, resultando num cenário verticalizado e contínuo, definido pelos alinhamentos.

Considerado como a principal obra do arquiteto Monteiro Neto, o Vera Cruz possui planta baixa em formato de "L", onde o vazio da projeção dos pavimentos-tipo é ocupado na base pelo Cinema Vera Cruz (depois, Vitória), um dos maiores e mais requintados da cidade, comportando mais de 1.000 assentos. O prédio foi concebido para uso misto, com lojas no térreo, escritórios nos primeiros pavimentos e apartamentos residenciais nos andares superiores. A fachada principal do edifício foi composta em simetria e com rígida modulação de vãos, integrando-se ao mesmo tratamento dos edifícios vizinhos erguidos na mesma avenida.

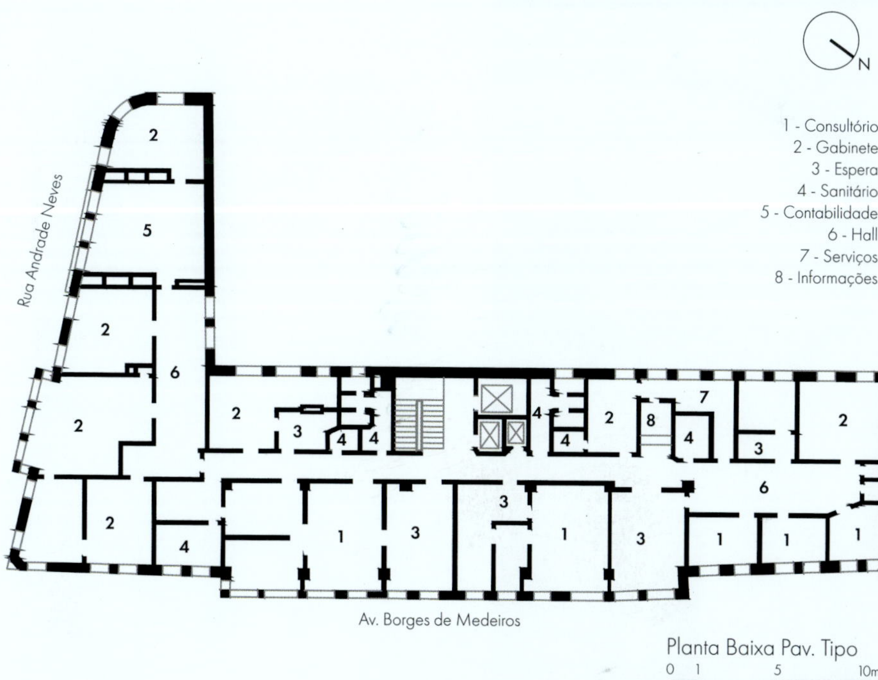

Planta Baixa Pav. Tipo

Rua dos Andradas, 1079 e 1091

Construtora Dahne,
Conceição e Cia | 1938-1939

O Clube do Comércio foi fundado em 1896 por comerciantes, que escolheram construir sua sede na Rua da Praia, local onde a atividade terciária concentrava-se na virada do século. Em 1938 constroem a nova sede no mesmo terreno. Situado defronte à Praça da Alfândega, foi um dos clubes mais tradicionais da sociedade porto-alegrense, ornado internamente em estilo Art Déco. A fachada frontal em 13 pavimentos foi tratada em um tardo-ecletismo, com ordens coríntias, janelas em arco pleno e revestida em pó de pedra rosa.

O Clube ocupa os quatro primeiros pavimentos, enquanto os demais têm uso residencial. Em seu interior destaca-se o vestíbulo, com piso de mármore e lustres art déco, conduzindo às escadas iluminadas por vitrais em pâte-de-verre. O primeiro andar abrigava originalmente as salas de bilhar. O hall deste pavimento ainda possui o piso de parquet original e móveis em couro da década de 1940. O segundo andar era ocupado pela biblioteca e pela sala de leitura, abrindo-se para a Praça da Alfândega. Na parte posterior está localizado o restaurante. No terceiro andar destaca-se o Salão dos Cristais, revestido de espelhos de cristal decorado, piso em parquet, forro em forma de cúpula elipsoidal nervurada, lustres, luminárias embutidas, chapelaria e em anexo o Salão de Chá, com portas envidraçadas e recantos semicirculares.

O edifício foi tombado pela Prefeitura em junho de 1995.

Fachada Principal

Rua Borges de Medeiros, 417
esq. Rua dos Andradas

Arnaldo Gladosch | 1938-1940

O Edifício Sul América foi construído para a Companhia Nacional de Seguros de Vida Sul América, com sede no Rio de Janeiro. Sua inauguração integrou as comemorações do bicentenário da cidade. Forma conjunto com os Edifícios Sulacap e Santos Dumont à sua frente, ambos do mesmo arquiteto, mas também compõe com a volumetria de toda a Avenida Borges de Medeiros, aberta na década de 1930 como marco da modernidade urbanística e arquitetônica de Porto Alegre.

Diferentemente do Sulacap, no Sul América ainda não comparece a solução da galeria porticada, sendo o térreo protegido por uma ampla marquise. Entretanto, percebe-se nas fachadas o uso das janelas muito próximas e moduladas, marca da arquitetura de Gladosch. O corpo mais alto se afasta da esquina da Rua dos Andradas, numa elegante composição assimétrica. A construção do Edifício Sulacap, quase concomitante, evita a simetria com o Sul América através do deslocamento da torre para a esquina. Após o projeto dos Edifícios Sul América e Sulacap em 1938, Gladosch ainda seria o responsável pela proposta de mais duas obras marcantes no Centro de Porto Alegre, os Edifícios Mesbla e União.

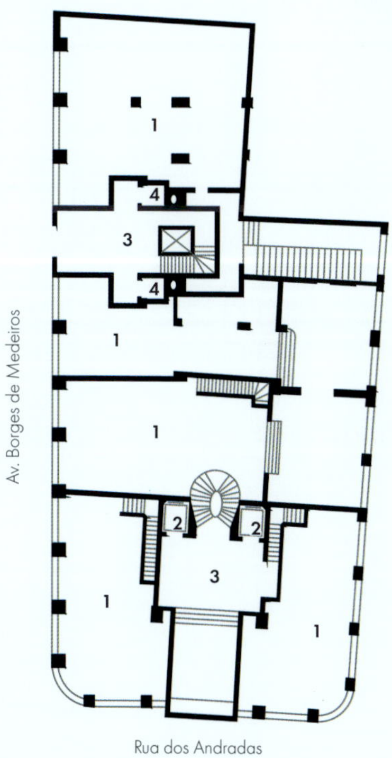

1 - Loja
2 - Circulação Vertical
3 - Hall
4 - Sanitário
5 - Área
6 - Quarto
7 - Sala
8 - Banho
9 - Escritório
10 - Varanda

0 1 2,5 5m

Planta Baixa Térreo

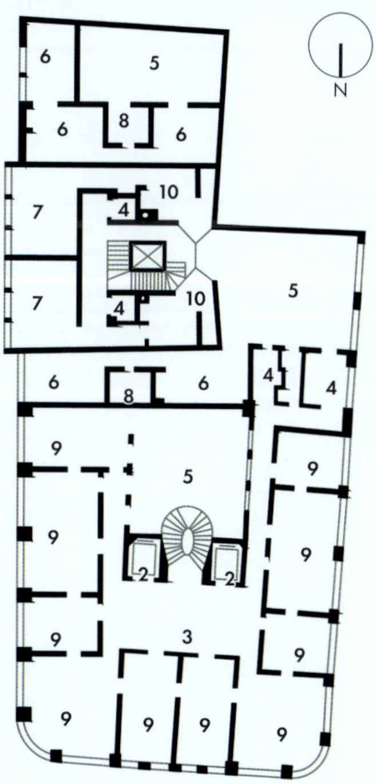

Planta Baixa 1º ao 5º Pav.

Av. Borges de Medeiros, 410
esq. Rua dos Andradas

Arnaldo Gladosch | 1938-1949

Dos arranha-céus construídos em Porto Alegre a partir da década de 1930, o conjunto formado pelos Edifícios Sulacap e Santos Dumont é o mais expressivo e paradigmático do processo de verticalização da cidade. Propriedade da Sul América Capitalização, a obra foi projetada pelo arquiteto paulistano Arnaldo Gladosch, integrante do Escritório Técnico Roberto Capello, do Rio de Janeiro. Neste mesmo ano de 1938, Gladosch foi também o urbanista responsável pela proposta do Plano Diretor de Porto Alegre.

A construção dos edifícios foi iniciada em 1943 através da firma Azevedo Moura & Gertum e concluída em 1949. São dois condomínios independentes: o Sulacap, na esquina com a Rua dos Andradas, abrigando escritórios, e o Santos Dumont, na esquina com a Avenida Salgado Filho, abrigando apartamentos residenciais. Ocupando a face de todo o quarteirão ao longo da Avenida Borges de Medeiros, ambos estão integrados por uma inovação introduzida por Gladosch na cidade: uma galeria porticada sobre o passeio da avenida, estendendo-se por todo o alinhamento do conjunto.

O projeto marca a aplicação de materiais incomuns na arquitetura porto-alegrense até então, como o revestimento em dois tons de arenito, bege para as paredes e rosa para as molduras das janelas. A cúpula piramidal em bronze é uma marca no *skyline* do Centro da cidade.

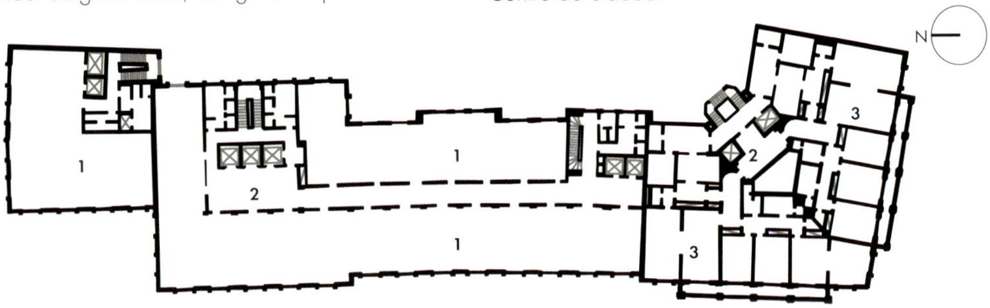

Planta Baixa Pav. Tipo

1 - Sulacap
2 - Circulação
3 - Ed. Santos Dumont

Fachada Av. Borges de Medeiros

Implantação Geral

A Avenida Farrapos, uma das obras principais da administração do Prefeito Loureiro da Silva (1937-1943), já existia em projeto desde o Plano de Embelezamentos do engenheiro Moreira Maciel em 1914, porém com uma função e alcance sensivelmente reduzidos. Naquele Plano, estava projetada com 18 metros de largura, insuficiente ao planejamento de tráfego imperante nas décadas de 1930 e 1940.

Quando Loureiro da Silva assumiu a Prefeitura, encontrou uma via projetada de caráter local, com a função de descongestionar a Rua Voluntários da Pátria. Os estudos tomaram em seguida outra orientação: transformar essa avenida numa ligação de caráter intermunicipal, dar-lhe um gabarito de avenida rápida, diferenciando-se do tráfego de acesso local. O traçado inicialmente proposto, muito próximo da Rua Voluntários da Pátria, onde as inúmeras fábricas elevavam o valor do solo, teve de ser alterado para um ponto equidistante entre esta rua e a Avenida Cristóvão Colombo, onde se verificaram valores mais baixos, sendo que 5.000 imóveis foram avaliados na região.

Em 1938, Ubatuba de Faria e Edvaldo Pereira Paiva, engenheiros da Prefeitura de Porto Alegre, apontavam a abertura da Farrapos como uma das radiais mais necessárias ao tráfego da cidade. Com 5.509 m de extensão e 30 m de largura, foi então projetada como via rápida ligando a Rua da Conceição, na esquina com a Rua Voluntários da Pátria, com a antiga Estrada de Canoas (atual Avenida dos Estados, artéria troncal que liga Porto Alegre aos principais municípios industriais vizinhos). Teve início virtual em 23 de fevereiro de 1939, com o decreto de desapropriação, e foi inaugurada no ano seguinte, em 14 de novembro.

FSB - MJF/PMPA

FSB - MJF/PMPA

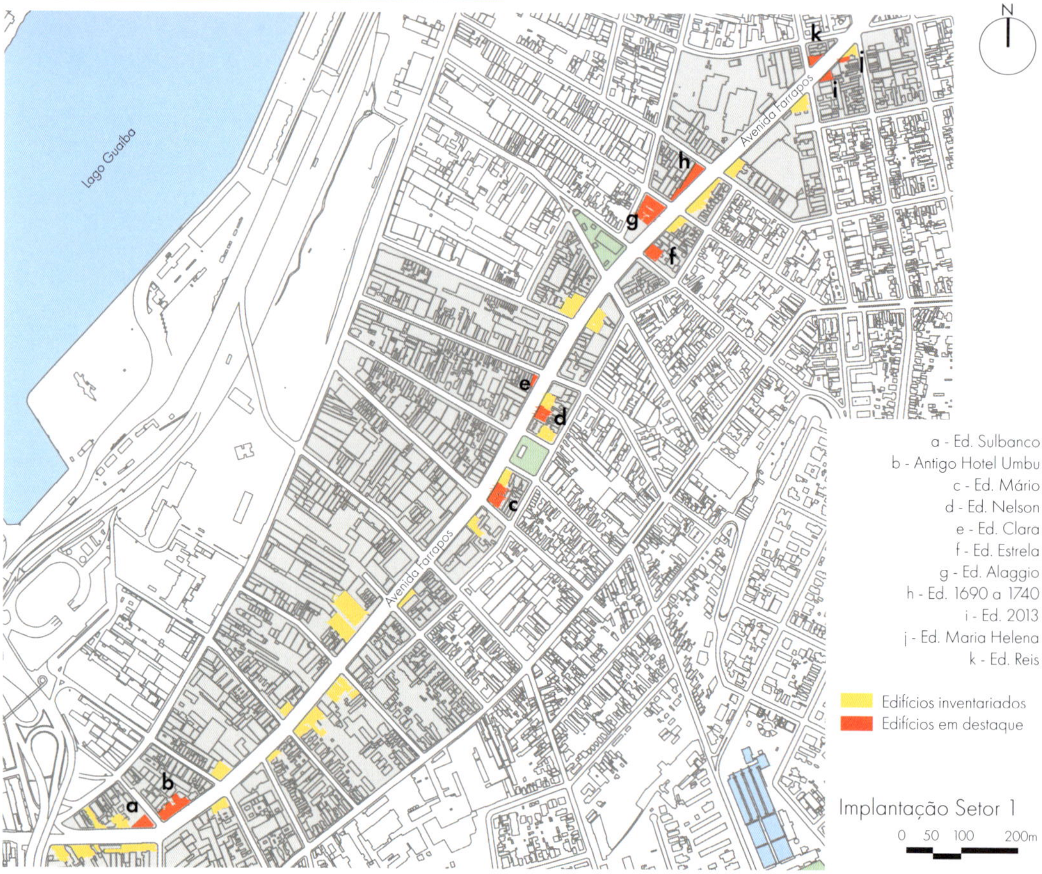

Implantação Setor 1

90-01a - EDIFÍCIO SULBANCO
Construtora Tedesco | 1954
Avenida Farrapos, 146

Na Avenida Farrapos implantou-se uma tipologia edilícia muito homogênea marcada por prédios art déco de quatro a cinco pavimentos, sendo o térreo voltado à atividade comercial e os pavimentos superiores para habitação. No trecho mais próximo ao Centro da cidade, apesar da homogeneidade do conjunto, alguns prédios modernistas destacam-se, mais verticalizados graças ao regime urbanístico das décadas de 1950 e 1960, como é o caso do Edifício Sulbanco (a). Mas no restante da via, as construções formam um corredor horizontal contínuo. Deve-se destacar a homogeneidade em termos de linguagem. Trata-se de um dos maiores acervos de prédios art déco do Brasil. A geometrização dos ornatos, as referências náuticas, a simetria da composição, o uso do cirex e as marcações de esquina são constantes nos prédios ao longo da avenida.

90-01b - ANTIGO HOTEL UMBU

Abraham Elman | 1961
Projeto de reciclagem:
Antônio Zago | 2002-2004
Avenida Farrapos, 282 e 292

O antigo Hotel foi construído em 1961 com projeto de Abraham Elman, o mesmo arquiteto da Casa Dico, revendedora de automóveis também localizada na Farrapos. O volume horizontalizado possui seis pavimentos sobre uma base composta por térreo e sobreloja. A planta se organiza em pente, com três pátios internos para onde se voltavam os apartamentos de fundos. Destaca-se uma refinada composição de fachadas, com a base revestida em granito. Nos pavimentos superiores, um jogo de grelhas demarca as sacadas dos apartamentos de frente e forma uma bela esquina curva. Entre 2002 e 2004, foi reciclado pelo Programa de Arrendamento Residencial – PAR, da Caixa Econômica Federal e da Prefeitura de Porto Alegre, passando a abrigar 123 apartamentos de interesse social, sendo 32 quitinetes, 45 apartamentos de um dormitório e 46 unidades de dois dormitórios. A área média das habitações varia de 34,56 m² a 54,06 m².

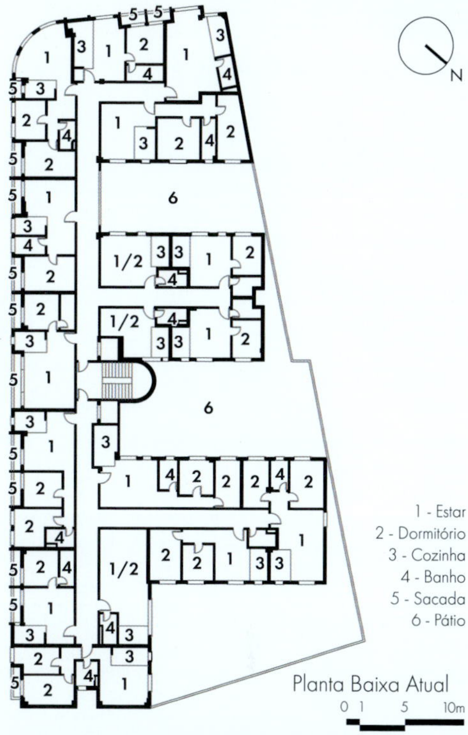

90-02 AV. FARRAPOS SETOR 02 – SÃO GERALDO

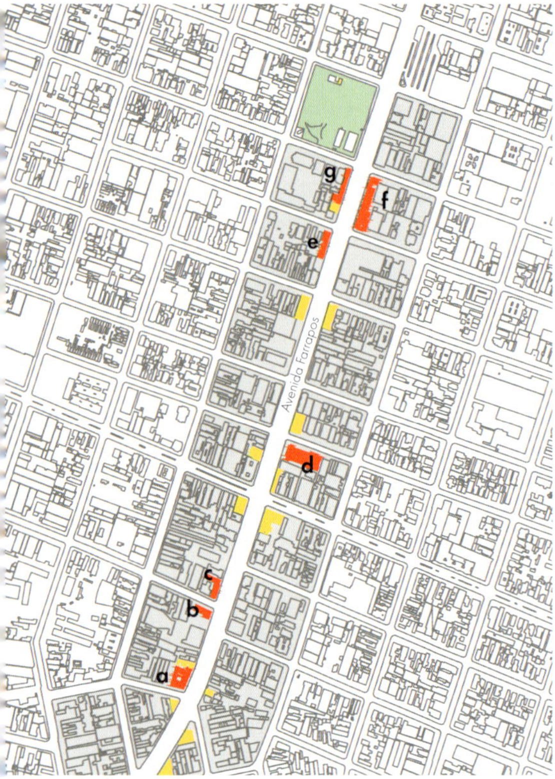

Implantação Setor 2

0 50 100 200m

No trecho médio da Avenida Farrapos, correspondente ao bairro São Geraldo, há uma grande concentração de prédios art déco, lado a lado com prédios já representativos de uma linguagem racionalista.

Entre a Rua Ernesto da Fontoura e a Avenida Pátria encontram-se quarteirões homogêneos bastante representativos. O conjunto de cinco prédios [f] composto pelos Edifícios Samuel Barros, nº 2943, Rio Verde, nº 2955 e Isabel e Angelino, nº 2966, 2973, foram projetados pelo arquiteto italiano Silvio Toigo em 1951. O primeiro é protomodernista e os três seguintes são art déco. Toigo, bastante atuante em Caxias do Sul, após a guerra transferiu-se para Porto Alegre, onde tem obra extensa. Esse conjunto se completa com o prédio nº 2993, de autor desconhecido, que fecha a esquina com a Avenida Pátria.

a - Banco da Província
b - Ed. 2350
c - Ed. 2378
d - Igreja São Geraldo
e - Ed. São Geraldo, Ed. Dias da Silva, Ed. Martini
f - Ed. Samuel e Barros, Ed. Rio Verde, Ed. Izabel e Angelino, Ed. 2993
g - Ed. Wagner e Mager, Ed. de Conto

Edifícios inventariados
Edifícios em destaque

90-02f - EDIFÍCIO SAMUEL BARROS, EDIFÍCIO RIO VERDE, EDIFÍCIO IZABEL E ANGELINO

Silvio Toigo | 1951

Avenida Farrapos, 2943, 2955 e 2965/2973

Plantas Baixas

Fachadas Principais

0 1 5 10m

90-02d - IGREJA SÃO GERALDO

Vitorino Zani | 1940
Projeto de restauração:
Studio 1 Arquitetura | 2015
Avenida Farrapos, 2611

A Paróquia São Geraldo foi fundada em 1924. O primeiro templo foi construído na Avenida São Pedro em 1925. O nome foi motivado pela existência de fábricas de tecelagem e um grande número de alfaiates, profissão da qual São Geraldo é o padroeiro. Em 1940 é desenvolvido outro projeto para uma nova igreja na Avenida Farrapos, pois a sede da São Pedro não comportava mais os fiéis em dias de missa.

O projeto da nova Igreja foi assinado por Vitorino Zani, arquiteto de diversas igrejas e capelas das comunidades de imigração italiana na região serrana do estado. A concepção arquitetônica da nova edificação, em concordância com a modernidade da Avenida Farrapos recém-inaugurada, adotou uma estética baseada no uso de linhas simples e geometrizadas, filiada à arquitetura Déco.

A fachada, revestida em cirex verde e amarelo, foi composta dentro de uma geometrização escalonada, típica do estilo, mas a grande portada traz referências clássicas, com elementos neorromânicos. Lateralmente, uma torre de 36,5 metros destaca a presença da Igreja no cenário da via, contrastando com a horizontalidade dos prédios naquele setor. O interior é austero, marcado por uma nave simples e pelas antigas imagens oriundas do primeiro templo.

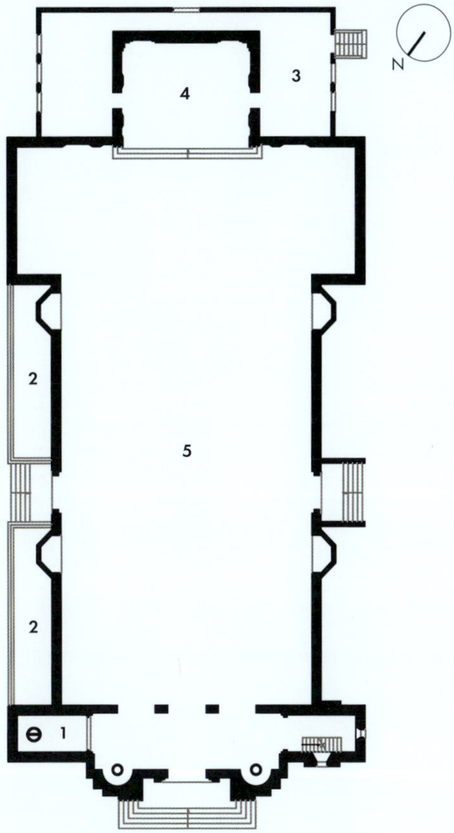

Planta Baixa Térreo

1 - Batistério
2 - Jardim
3 - Sacristia
4 - Capela-Mor
5 - Nave Principal
6 - Coro

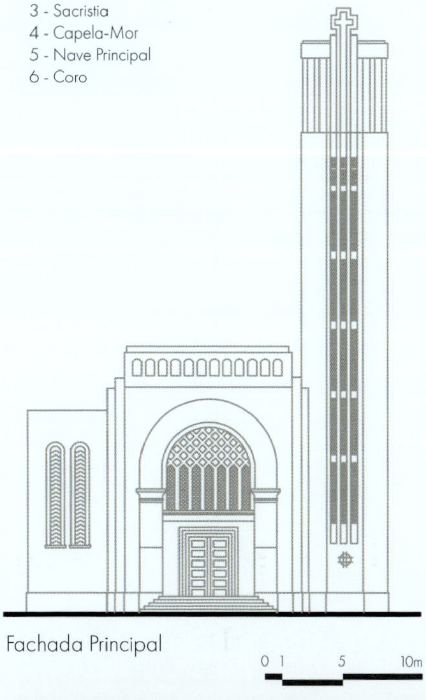

Fachada Principal

Implantação Setor 3

0 50 100 200m

N

Edifícios inventariados

Edifícios em destaque

O trecho final destacado corresponde ao setor da Av. Farrapos que passa pelo bairro Navegantes. A maior concentração de prédios significativos art déco se localiza entre a Av. França e a Rua Dr. João Inácio, onde os prédios conformam um conjunto único. Cinco prédios foram destacados pela sua representatividade. O Edifício nº 3399 (prédio 90-03b), na esquina da Rua Arabutã, tem o corpo central côncavo e balcões igualmente curvados. Do mesmo lado da via, também na esquina com a rua Arabutã, o Edifício Mr. OK, nº 3465 (prédio 90-03c), possui linguagem mais próxima do Protomodernismo. Do outro lado da Av. Farrapos encontra-se o belo exemplar do Hotel De Conto, nº 3452 (prédio 90-03d), com a marcação vertical em forma de proa de navio onde se insere em letras caixa alto-relevo o nome do estabelecimento. Na esquina da Rua Dr. João Inácio, dois edifícios de volumetria e coloração similares formam uma espécie de pórtico de acesso para quem chega à cidade pela Av. Farrapos: o Edifício De Conto, nº 3500 (prédio e) e o edifício nº 3501 (prédio f), ambos com esquinas curvas e forte marcação horizontal. O Setor 03 termina com o prédio modernista da revenda de automóveis Casa Dico (prédio g).

a - Ed. 3377/3383
b - Ed. 3399
c - Ed. Mr. OK
d - Hotel de Conto
e - Ed. 3500
f - Ed. 3501
g - Casa Dico

b - EDIFÍCIO 3399

c - EDIFÍCIO MR. OK

d - HOTEL DE CONTO

e . f - ED. DE CONTO e ED. 3501

90-03g - CASA DICO

Abraham Elman | 1952

Avenida Farrapos, 4000

As revendas de automóvel, com suas demandas específicas, permitiram grande expressividade da arquitetura moderna. A volumetria pavilhonar normalmente adotada em tais programas recebeu aqui tratamento esmerado na estrutura, na composição das fachadas e nos elementos de fechamento.

O projeto original previa três fachadas em destaque, sendo a principal voltada para a Avenida Farrapos, num ponto de inflexão acentuada que permite uma visualização privilegiada do prédio. Com a construção da estação elevada do trem metropolitano (Trensurb) na década de 1990, a fachada norte ficou sem visibilidade.

O edifício é configurado basicamente por um pavilhão principal, com cobertura metálica curvilínea. Os arcos treliçados vencem 45,2 m de vão sobre a área destinada à oficina mecânica. Pilares de concreto em "V" sustentam uma plataforma com acesso veicular pelos fundos. A esse volume principal articulam-se dois outros menores, agregados à fachada da Avenida Farrapos. O bloco menor abrigava a loja de assessórios. O maior, a loja de veículos, um café e a administração. No interior, o café voltava-se para um pequeno jardim. Uma marquise interliga os três principais blocos da fachada principal e demarca o acesso ao conjunto. Sobre a marquise, hoje parcialmente encoberta, um mosaico de Edmundo Colombo realça a presença da edificação no cenário urbano.

1 - Vestiário
2 - Vulcanização
3 - Depósito
4 - Bar
5 - Exposição
6 - Rampa
7 - Lubrificação
8 - Lavagem
9 - Loja
10 - Jardim

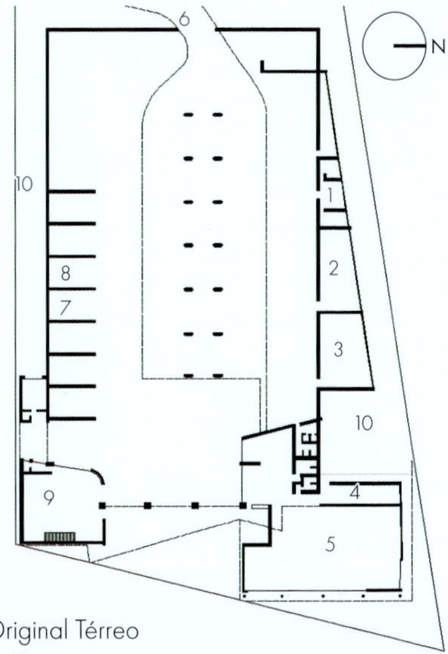

Planta Baixa Original Térreo

0 1 5 10m

Rua Senhor dos Passos, 248

Fernando Corona e
Ernani Dias Côrrea | 1940-1943

Corona foi professor de Escultura e Modelagem do então Instituto de Belas Artes. O curso funcionava em um casarão na Rua Senhor dos Passos, com instalações precárias, tendo sido por esse motivo desanexado da Universidade pelo Governo do Estado, alegando falta de orçamento para sua manutenção. A partir daí inicia-se uma grande mobilização entre os professores e a sociedade para a construção de uma nova sede, a qual é inaugurada em 1943. Neste novo prédio também foi implantado o Curso de Arquitetura em 1945.

Localizado em meio de quadra, em um lote estreito e comprido, o edifício apresenta uma fachada despojada, com um discreto pórtico em pedra ressaltado do corpo principal. Os seis pavimentos acima são compostos por janelas emolduradas em frisos verticais. A partir daí, o último pavimento recua, atendendo à legislação da época. A cobertura é ocupada por um terraço.

O programa incluía o auditório Tasso Corrêa no térreo, secretaria e direção no terceiro pavimento, salas dos cursos de música e de artes plásticas nos demais pavimentos e ateliê de escultura no último, vinculados aos terraços. Em 1948, Corona projeta a ampliação do prédio, que ocupa o terreno ao lado, com as mesmas características arquitetônicas. O projeto vem assinado por Ernani Dias Corrêa pelo fato de Corona não ser diplomado em Arquitetura.

1 - Hall
2 - Vestíbulo
3 - Portaria
4 - Sanitário
5 - Poço
6 - Sl. de Concertos
7 - Palco
8 - Aula Individual
9 - Sl. dos Estudantes
10 - Secretaria
11 - Diretor
12 - Caixa
13 - Espera
14 - Estatuária
15 - Modelagem
16 - Terraço
17 - Formas
18 - Casa de Máquinas
19 - Quarto
20 - Cozinha
21 - Saleta

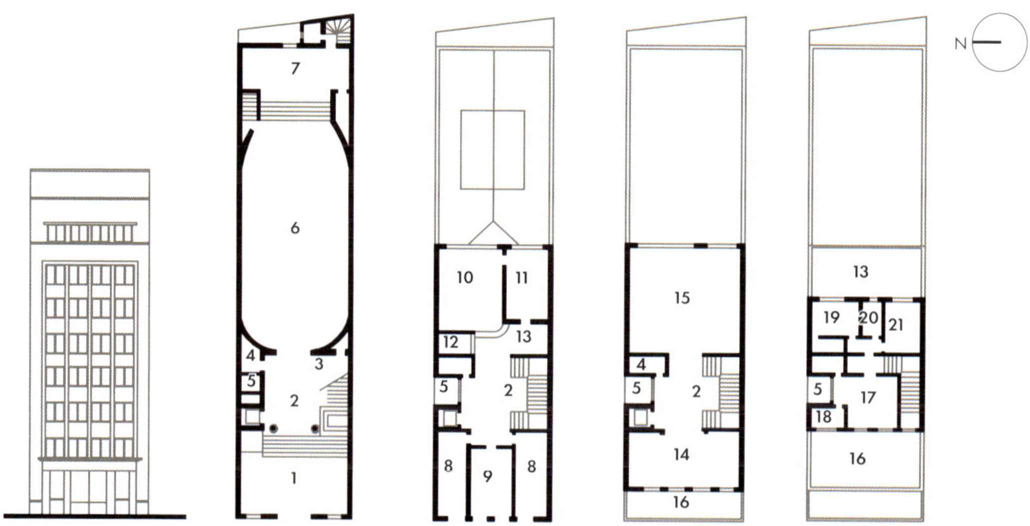

Fachada Principal Planta Baixa Térreo 3º Pav. 8º Pav. 9º Pav.

Christiano de la Paix Gelbert
(Munique, 1899 – Porto Alegre, 1984)

A família de **Christiano de la Paix Gelbert** imigra em 1902 da Alemanha para a colônia de Blumenau, onde chegam pelo vapor Argentina. Christiano tinha então três anos de idade. Seu pai, Friedrich (Fritz) Gelbert, nascido em Munique, era arquiteto e desenhista, formado pela Escola Superior Imperial da Baviera e em Belas Artes pela Academia de Munique. Em 1918 a família já está no Rio Grande do Sul, onde o pai passa a atuar como arquiteto. Não se tem dados sobre a formação de Gelbert. Segundo Weimer (1989), teria estudado arquitetura em Munique e trabalhado na construtora Azevedo, Moura & Gertum, entre 1925 e 1928. Sabe-se que começou a trabalhar na Prefeitura de Porto Alegre como desenhista-projetista da Diretoria de Obras e Viação em 1925. Em 1932 é nomeado Arquiteto Chefe da Seção de Obras, cargo no qual se aposenta em 1953. São atribuídos a Gelbert diversos projetos públicos no município. Porém, da mesma forma que outros chefes e diretores de repartições públicas, como Álvaro Nunes Pereira, Afonso Hebert e Teófilo Borges de Barros, a questão da autoria dos projetos deve ser tratada com ressalvas, pois a assinatura do diretor pode não necessariamente significar sua autoria.

Os primeiros projetos elaborados por Gelbert se dão sob a administração de Otávio Rocha (1924-1928) e Alberto Bins (1928-1937) e têm ainda caráter historicista e linguagem eclética, como o projeto de 1926 para o Matadouro São Geraldo, em Guaíba, então distrito da capital, ou do estudo para o Viaduto da Avenida Borges de Medeiros (1927). É o caso também dos projetos para as escadarias das Ruas João Manuel e Dom Sebastião (1928) e da Praça Otávio Rocha (1929). Há registro nesse período de um projeto particular para a Escola Normal Católica em Hamburgo Velho (1929-1931), hoje Colégio Estadual Senador Alberto Pasqualini.

A partir de 1935, é nomeado arquiteto responsável pelo Plano Geral da Exposição Comemorativa do Centenário Farroupilha. A arquitetura da exposição deveria representar a modernidade e o progresso do Rio Grande do Sul e evento ocorre no Campo da Redenção, onde Gelbert adapta o projeto de ajardinamento de Alfred Agache, elaborado em 1929 e ainda não implantado. Projeta cerca de sete pavilhões, incluindo o Cassino e o Pavilhão das Indústrias do Rio Grande Sul, onde se percebe uma inflexão tanto estilística em direção ao Art Déco, quanto uma abordagem monumental na forma de implantação, em consonância com o período político autoritário do momento. Os projetos subsequentes seguem nessa linha, como é o caso das três pontes projetadas sobre o Arroio Dilúvio, nos cruzamentos da Avenida Ipiranga com as Avenidas Azenha (1934-1935), João Pessoa (1939-1940) e Getúlio Vargas (1941-1942).

Na década de 1940, projeta o Hospital de Pronto-Socorro (1939 e 1942) e o Centro de Saúde Modelo (1940), para os quais reduz a ornamentação ao mínimo, num período em que a arquitetura modernista já começa a ser debatida no município. Entretanto, para um de seus últimos projetos, o Edifício Intendente Montaury, sede da Prefeitura, de 1947, se utiliza de uma vigorosa ornamentação de cunho déco, num marco do Centro de Porto Alegre, com oito pavimentos e 20.000 m² de área construída.

Aposentou-se em 1953, vindo a falecer em 15 de outubro de 1984.

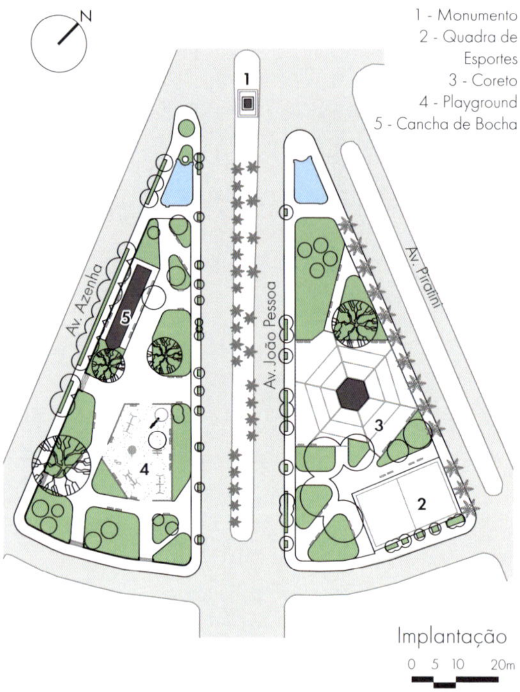

Implantação

Christiano de la Paix Gelbert | 1940

O projeto da Praça Piratini faz parte de uma intervenção urbanística mais ampla, de caráter monumental, comemorativa ao centenário da Revolução Farroupilha. O monumento equestre a Bento Gonçalves, posicionado em alto pedestal, marca o ponto focal de um tridente no encontro de três avenidas. A praça ocupa dois triângulos no vértice desse tridente.

A linguagem pura, com arranjos volumétricos em repertório art déco, caracteriza o monumento e outros elementos originais da praça, como as fontes luminosas que ladeavam a estátua. Os canteiros foram tratados de forma levemente sinuosa, com cantos arredondados, porém obedecendo rigidamente aos alinhamentos e eixos da composição.

A estátua equestre ganhou mais destaque com as palmeiras plantadas posteriormente ao longo do canteiro central da Avenida João Pessoa, que centralizam o monumento. A Praça, entretanto, encontra-se bastante descaracterizada por intervenções e construções posteriores que prejudicam a noção de conjunto de suas duas porções.

Largo Teodoro Herzl, s/nº

Christiano de la Paix Gelbert | 1939-1944

O projeto do Hospital de Pronto-Socorro é atribuído ao arquiteto Gelbert. Sua assinatura consta no selo do projeto, coincidindo com o período em que era chefe da Diretoria de Obras da Prefeitura de Porto Alegre. Localizado na esquina das Avenidas Osvaldo Aranha e Venâncio Aires, a obra apresenta um contraste entre a ornamentação despojada e o arrojo de sua volumetria frontal. A esquina é tratada com uma ampla curva côncava, contraposta por um peristilo de acesso convexo. No tratamento das fachadas do Hospital já é possível perceber uma tendência de superação das convenções da arquitetura Déco em direção a uma linguagem mais racionalista.

Com seis pavimentos estruturados em concreto armado, possuía originalmente uma área de 1.468 m². Hoje o complexo já atingiu aproximadamente 9.500 m², fruto de inúmeras alterações e adaptações que sofreu desde sua fundação, resultando algumas delas em descaracterizações da harmoniosa fachada preexistente.

Contudo, a imagem consagrada do edifício ainda predomina por meio da força expressiva de suas elevações, favorecida pela implantação de esquina. Também através da planta baixa, tendendo à configuração de um panóptico no corpo original, composto pelo bloco frontal encurvado e pelos três blocos radiais convergentes.

FSB - MJF/PMPA

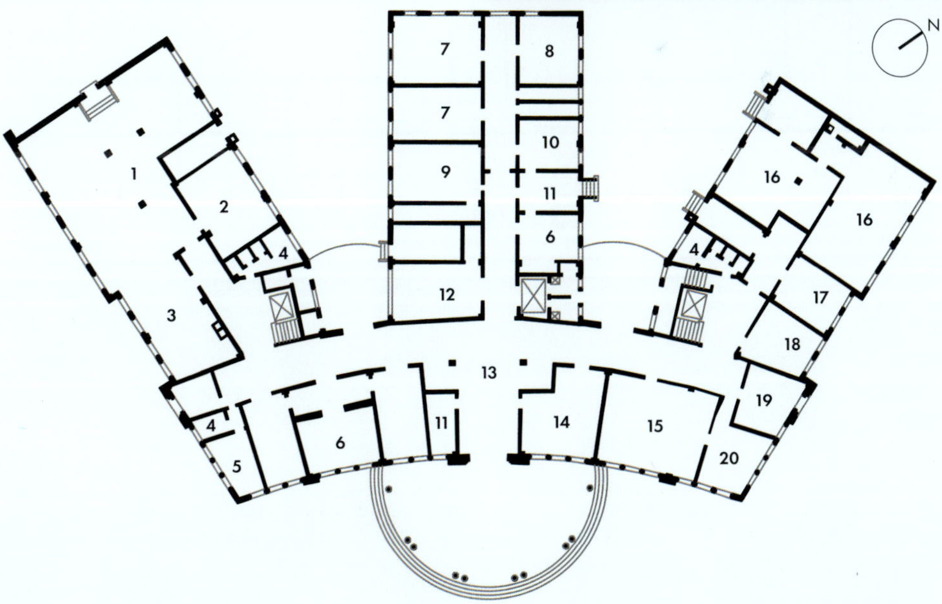

1 - Cozinha
2 - Despensa
3 - Copa
4 - Sanitários
5 - Quarto
6 - Curativos
7 - Repouso
8 - Enfermeiros
9 - Farmácia
10 - Dentista
11 - Espera
12 - Oftalmologia
13 - Hall
14 - Médicos
15 - Administração
16 - Lavanderia
17 - Rouparia
18 - Almoxarifado
19 - Arquivos
20 - Diretoria

Planta Baixa Original Térreo

0 1 5 10m

Av. Jerônimo de Ornelas, 55

Christiano de la Paix Gelbert | 1941

O prefeito Loureiro da Silva assumiu em sua administração (1937-1943) a responsabilidade de projetar e construir um novo Centro de Saúde para a capital. Por se tratar de um terreno longilíneo, com maior testada para a Avenida Jerônimo de Ornellas, o edifício foi implantado como uma barra, contendo o acesso principal na face mais extensa, marcando o eixo de simetria da composição. A fachada para a Avenida João Pessoa tem um pórtico de entrada similar ao da entrada principal, o que desfaz a ideia de prioridade do outro acesso.

Atualmente o edifício se encontra com alterações significativas, especialmente internas, porém a fachada da Avenida Jerônimo de Ornellas mantém sua forma original. A fachada da João Pessoa perdeu sua importância original devido à nova configuração que assumiu o local, com edifícios muito altos e com as árvores que cresceram no recuo do jardim.

A linguagem do prédio segue a tendência adotada pela administração municipal à época, no sentido de modernizar a imagem do poder público pela utilização do repertório art déco em equipamentos de saúde, ensino e lazer construídos na cidade.

1 - Saguão
2 - Vestiários
3 - Raio X
4 - Portaria
5 - Arquivos e Leitura de Filmes
6 - Espera
7 - Farmácia
8 - Sala
9 - Higiene Pré-Natal
10 - Imunização
11 - Garagem
12 - Hall
13 - Médico
14 - Pneumotórax Cirurgia
15 - Repouso
16 - Exame Saúde
17 - Consultório Olhos, Ouvidos, Nariz e Garganta
18 - Higiene Infantil
19 - Antropometria
20 - Pré-Escolar
21 - Laboratório
22 - Preparação do Leite
23 - Distribuição do Leite

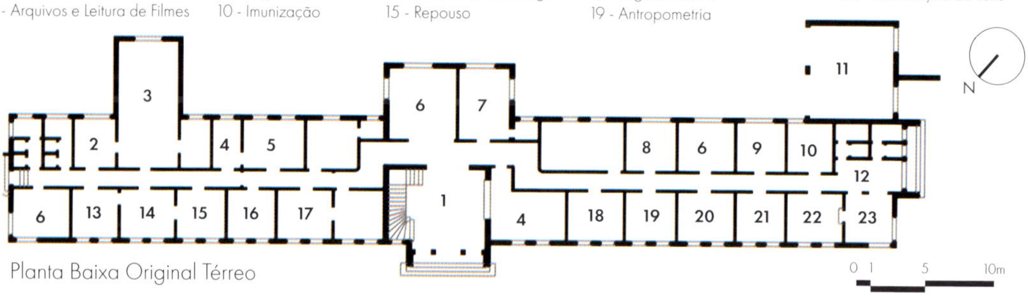

Planta Baixa Original Térreo

Rua Luciana de Abreu, 461

João Antônio Monteiro Neto | 1941

Esta casa pertence ao período de três anos em que o arquiteto Monteiro Neto ocupou o cargo de arquiteto chefe na firma Spolidoro & Cia., quando projetou 17 casas californianas. A casa atualmente ainda mantém características externas próximas ao original, porém hoje abriga uso comercial. Em atendimento ao repertório do "californian style", conta com um torreão na fachada, um recorrente modismo dessa linguagem, reboco salpicado, amplo arco na fachada, com aplicações de pedras ornamentais. O esquema volumétrico, composto por associação de volumes sem preocupação de simetria, é também característico do estilo.

A configuração do segundo pavimento indica que a planta superior pode ter sido prevista para outra economia ou para receber hóspedes, pois os espaços são claramente independentes. O projeto original da casa totaliza mais de 300 m², onde a varanda da fachada principal é sustentada por dois arcos, conduzindo a um corredor lateral externo que dá acesso ao interior da moradia.

1 - Alpendre
2 - Sala de Estar
3 - Sala de Jantar
4 - Lavabo
5 - Quarto do Casal
6 - Sala de Estar
7 - Gabinete
8 - Vestíbulo
9 - Hall de Recepção
10 - Hall de Serviço
11 - Dormitório da Filha
12 - Banheiro
13 - Refeitório Diário
14 - Cozinha
15 - Despensa
16 - Dormitório
17 - Terraço de Serviço

Planta Baixa Pav. Superior

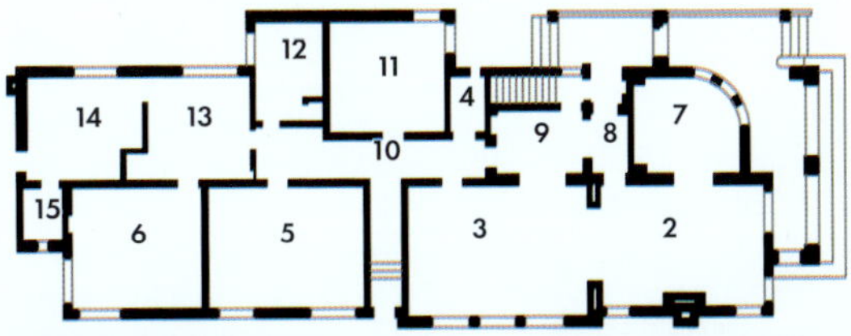

Planta Baixa Térreo

96 CONJUNTO RESIDENCIAL PASSO D'AREIA - VILA DO IAPI

FSB - MJF/PMPA

Projeto urbanístico – primeira proposta: **José Otacílio de Saboya Ribeiro**
Projeto urbanístico: **Marcos Kruter**
Projeto das unidades: **Edmundo Gardolinski**
| 1942-1954

O Conjunto Residencial Passo d'Areia foi implantado pelo Governo Federal entre 1942 e 1954, quando o Instituto de Pensões e Aposentadoria dos Industriários, através da Delegacia Regional do IAPI, sediada em Porto Alegre, resolveu criar um conjunto habitacional que beneficiasse os operários da região. As obras de prospecção iniciaram-se em setembro de 1942 – no primeiro Governo de Getúlio Vargas – e encerram-se em setembro de 1954 – já após o segundo Governo de Vargas. Ocupa uma área de mais de 67 ha, com cerca de 700 prédios construídos em topografia acidentada. O projeto urbanístico foi elaborado em duas etapas. A primeira foi definida no Rio de Janeiro pelo engenheiro e urbanista José Otacílio de Saboya Ribeiro, que participou de um concurso promovido pelo Instituto e posteriormente enviou para Porto Alegre, para ser desenvolvido pela equipe de engenharia local. Foi então chamado o engenheiro Edmundo Gardolinski, que já vinha desenvolvendo trabalhos em construções anteriores para o Instituto para assumir como engenheiro chefe e coordenador das obras, tendo o engenheiro Marcos Kruter como responsável pela elaboração final e execução do projeto urbanístico.

O plano urbanístico do engenheiro Marcos Kruter altera significativamente a proposta inicial de Saboya, revisando a excessiva centralização do traçado, substituído por um sistema viário não concêntrico, não ortogonal e adaptado à topografia. Além disto, ao invés de concentrar todos os equipamentos em volta de uma praça, procurou distribuí-los equilibradamente em toda a gleba. Previu 2.446 moradias, 31 lojas, 11 praças e três escolas, além de posto de saúde, igreja e estação de tratamento de esgoto.

A ênfase no aspecto social e a predefinição das habitações repercutiram na autonomia do conjunto em relação à cidade e no fortalecimento das relações comunitárias locais. Além disto, o traçado viário orgânico e a imersão das edificações no verde apresentam estreita aproximação com a cidade-jardim europeia surgida no final do século XIX, embora Kruter jamais tenha admitido tal influência. O modelo foi amplamente adotado na América Latina pela iniciativa privada até meados do século XX, mas, no lugar de cidades, predominaram bairros-jardim. Porto Alegre segue essa tendência, com empreendimentos privados tais como a Vila Assunção, Vila Conceição, Vila Jardim e Belém Novo, entre outros. Neste sentido, a Vila do IAPI constitui-se numa exceção à regra enquanto obra pública.

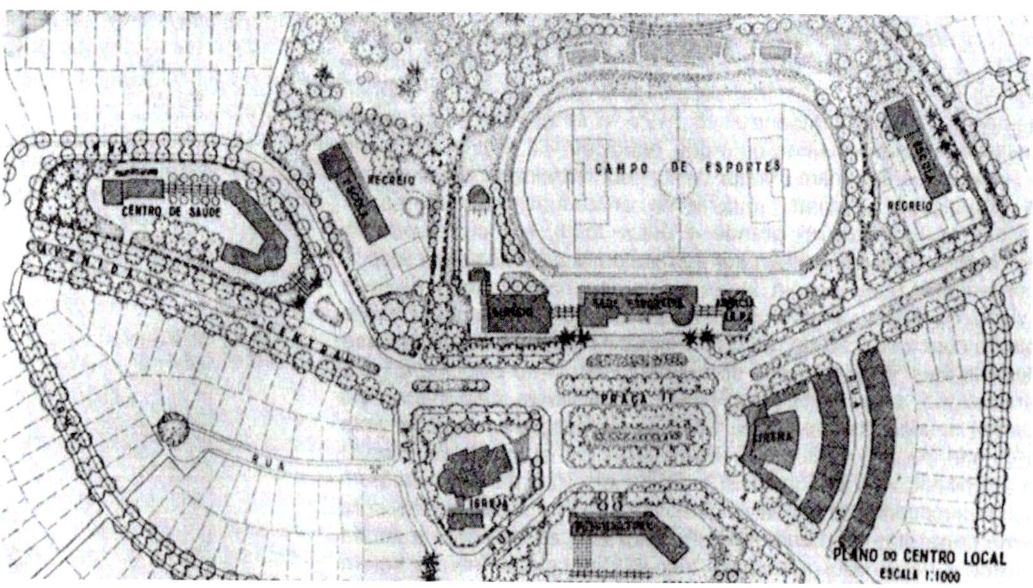

Lapolli, 2006

Projeto urbanístico - Primeira proposta

1 - Estádio Alim Pedro
2 - Praça Chopin
3 - Áreas Verdes
4 - Associação de Moradores
5 - Posto de Polícia
6 - Escolas
7 - Igreja
8 - Posto de Assistência Médica

Residências Unifamiliares
Edifício Multifamiliar de Pequeno Porte
Edifício Multifamiliar em Fita

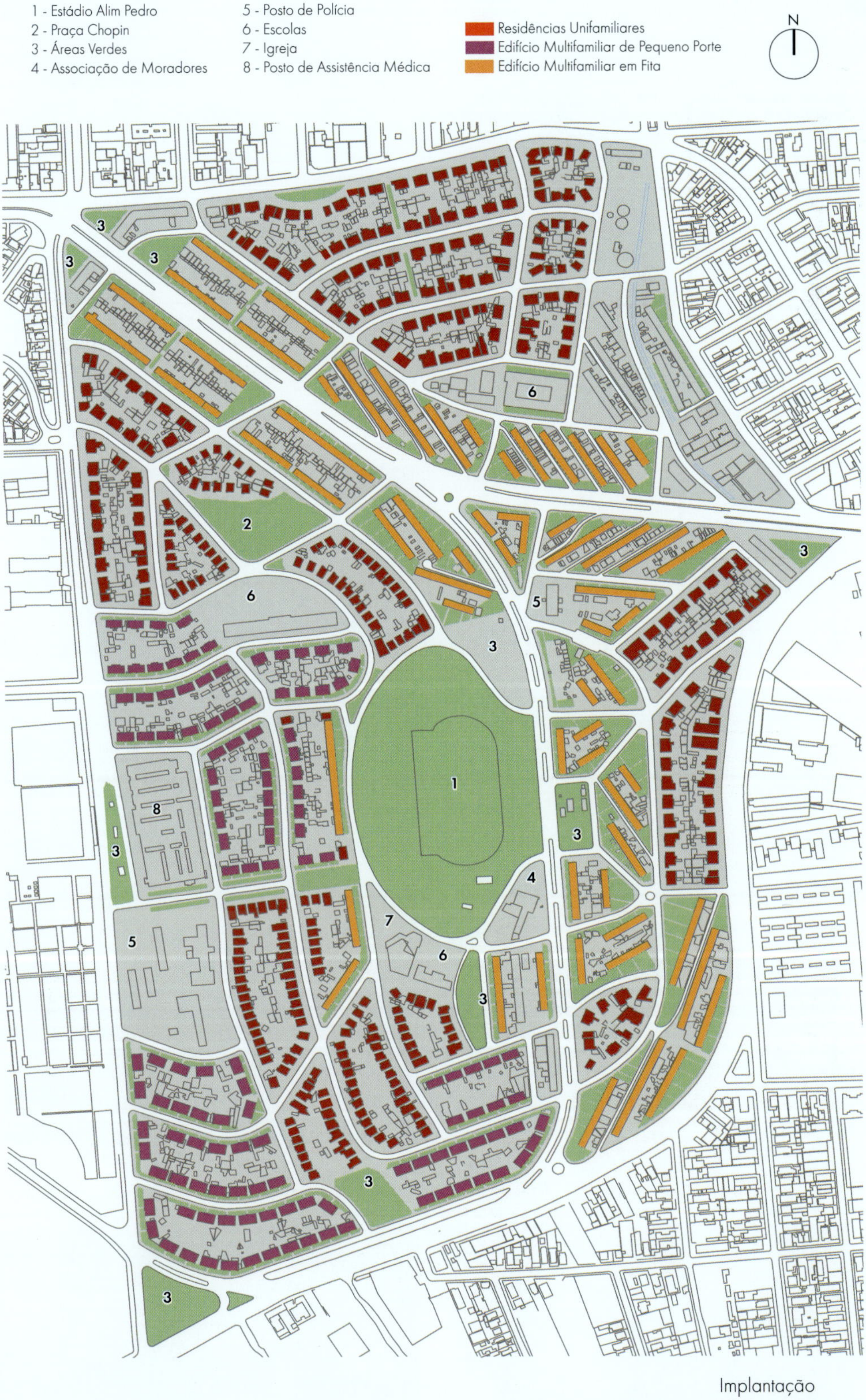

Implantação

a - TIPOLOGIA CASA DE PORÃO ALTO

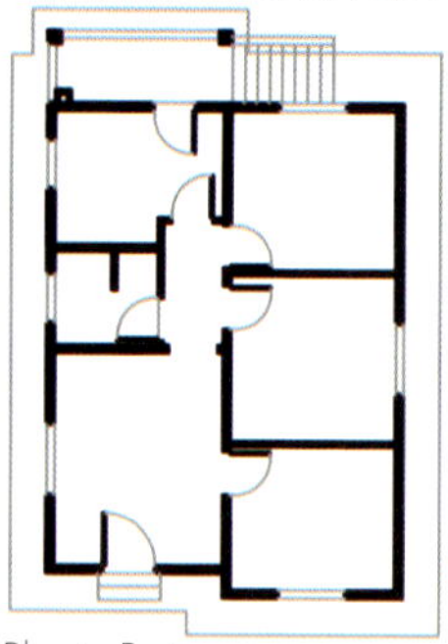

Planta Baixa

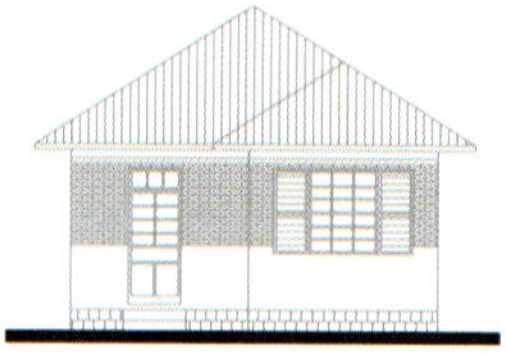

Fachada

b - TIPOLOGIA CASA GEMINADA

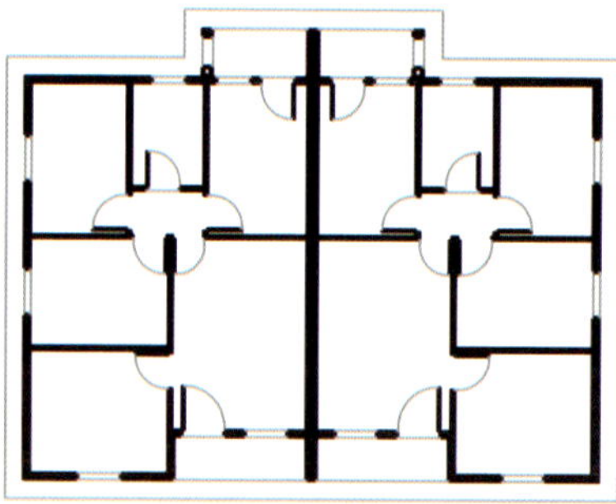

Planta Baixa

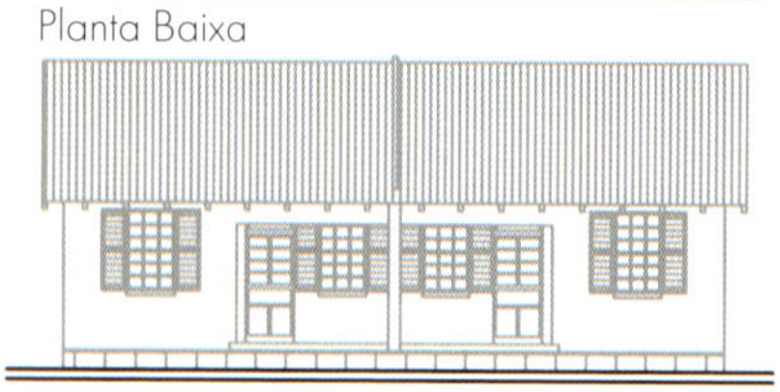

Fachada

c - TIPOLOGIA ED. MULTIFAMILIAR PEQUENO

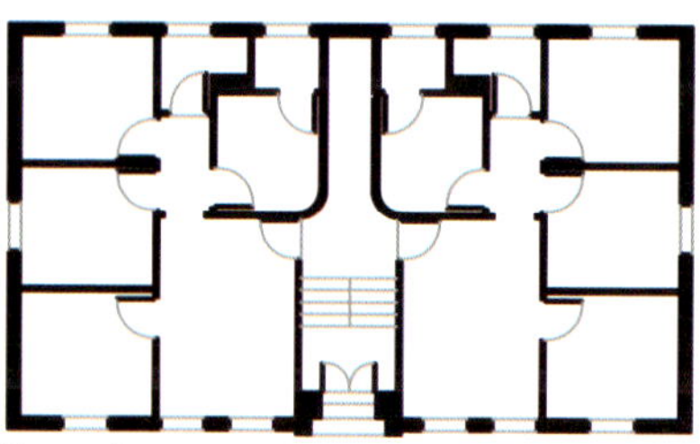

Planta Baixa

Fachada

Em âmbito arquitetônico, Gardolinski concebeu apenas três tipologias residenciais (casas térreas ou geminadas duas a duas; edifícios de dois pavimentos com quatro apartamentos; e grandes edifícios coletivos com dois, três e quatro pavimentos), mas com 27 variações formais, incluindo repertórios relacionados à arquitetura neocolonial, déco e modernista.

A extinção dos IAPI no Brasil deu início a um processo de comercialização das unidades, o que introduziu na Vila interesses imobiliários e resultou na descaracterização de muitas edificações originais. Os pátios foram ocupados por construções precárias, muitos jardins comuns foram gradeados e diversas residências substituídas. Entretanto, a força do projeto original se mantém e o bairro ainda permanece como importante referência do modelo "cidade-jardim" no Brasil.

d - TIPOLOGIA ED. MULTIFAMILIAR EM FITA

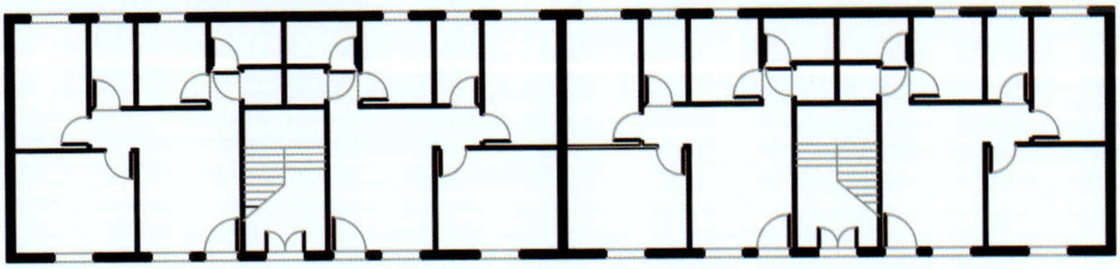

Planta Baixa

Fachada

Rua Ramiro Barcelos, 2350

Projeto original e alterações:
Jorge Machado Moreira | 1942-1952
Complementações: **Oscar Valdetaro** e **Roberto Nadalutti** | 1959-1968
Finalização da obra: **Vera Fabrício** e **equipe** | 1968-1972

Desde 1933 o Governo do Estado vinha planejando a construção de um Hospital de Clínicas para a Faculdade de Medicina de Porto Alegre. Em 1938, é proposto pelo arquiteto Hipólito Gustavo Pujol Júnior um plano dentro dos preceitos compositivos beaux-arts para um Campus Médico a ser localizado na Avenida Protásio Alves. O plano não foi executado, sendo em 1940 contratado o arquiteto Jorge Machado Moreira para desenvolver as propostas para o Hospital de Clínicas e o Centro Médico.

Em 1942, Moreira apresentou sua proposta, marco na arquitetura moderna em Porto Alegre. O conjunto era dominado por uma barra vertical de dez pavimentos acrescida de um coroamento composto por mais dois pavimentos parcialmente fechado com brises. A base do edifício apresentava uma sequência de colunas de 8,6 metros de altura, o corpo era delimitado por uma elegante grelha retangular, sendo que a cobertura trazia o inequívoco tratamento do terraço-jardim corbusiano, também com função recreativa. A novidade foi a inserção de dois blocos elipsoidais destinados às circulações verticais junto às empenas cegas. A esta barra destinada ao Hospital foi contraposta uma placa horizontal de volumetria peculiar, destinada aos ambulatórios. Uma ponte e um auditório trapezoidal articulavam o bloco horizontal com o vertical.

A redução de custos condicionou uma segunda versão, apresentada em 1946, retirando os volumes das circulações verticais laterais, um pavimento do coroamento e o tratamento volumétrico do terraço-jardim. Esse estudo, sem detalhamento, serviu de base para o início das obras em 1947, gerando problemas de execução que levaram a uma terceira proposta em 1952. Alterações de cunho funcional e significativas perdas formais marcaram esta versão, especialmente pela interpenetração do corpo horizontal com o vertical, eliminando a autonomia desses volumes. Tais modificações levaram inclusive à demolição de parte das fundações já executadas. Em decorrência disto, a Reitoria rompeu o contrato com o Ministério da Educação e com o arquiteto, sendo transferida a responsabilidade da construção para a Universidade do Rio Grande do Sul.

Em 1958 foi firmado contrato com a empresa Fomento Industrial S.A. – FOMISA para prosseguir na construção do complexo. Nessa etapa, o corpo horizontal foi bastante modificado e expandido. A fachada nordeste, por sua vez, perdeu a grelha original, substituída por uma demarcação em faixas horizontais.

Inaugurado simbolicamente em 1968, a obra teve ainda uma equipe coordenada pela arquiteta Vera Fabrício, incumbida de finalizá-la efetivamente. O complexo passa a operar parcialmente a partir de 1972, ou seja, 30 anos após o primeiro projeto. Todavia, outra intervenção veio impactar esta grande construção mais recentemente. Fruto de muita polêmica na cidade, um projeto de reconfiguração do conjunto hospitalar passou a ser construído em 2014. Implantados na antiga área arborizada do recuo lateral, no setor noroeste do lote, os novos edifícios provocam a obstrução visual do monobloco pela sua exagerada proximidade e volumetria, aliada a uma carência de integração conceitual ao repertório modernista latente no conjunto.

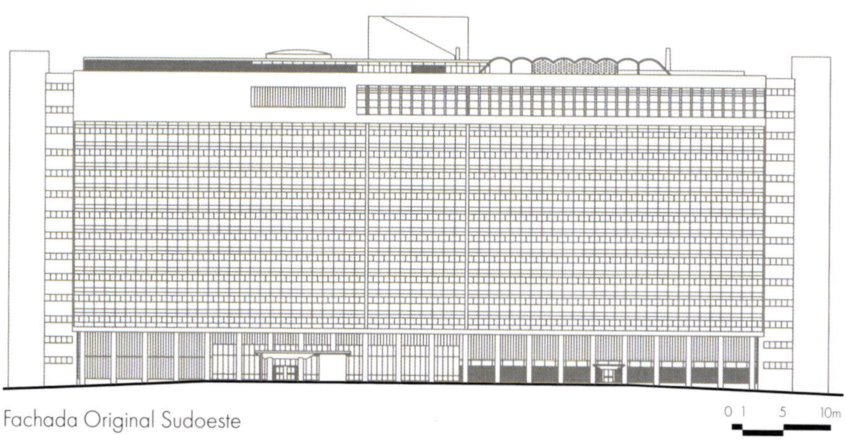

Fachada Original Sudoeste

1 - Hall Público
2 - Hall Doentes
3 - Hall da Clínica
4 - Recepção
5 - Refeitório/Apoio
6 - Tratamento/Exames
7 - Posto da Enfermeira
8 - Isolamento
9 - Enfermaria Homens
10 - Enfermaria Mulher
11 - Laboratório
12 - Hall de Serviço

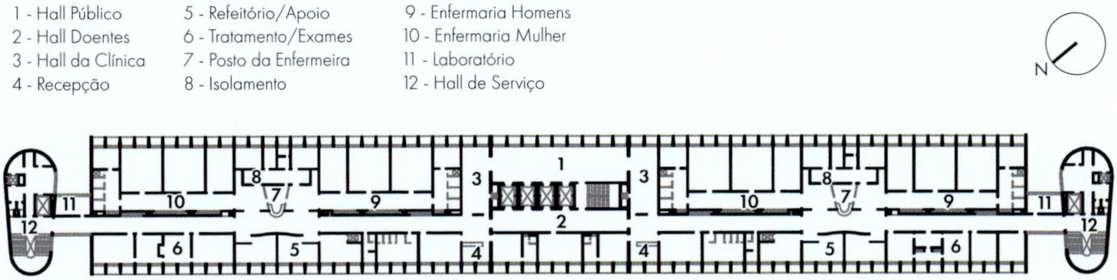

Planta Baixa Original Pav. Tipo

Av. Borges de Medeiros, 261
esq. Rua José Montaury

Arnaldo Gladosch | 1943

O Edifício União forma parte de um conjunto de arranha-céus construídos após a abertura da Avenida Borges de Medeiros, muitos deles com projeto do mesmo arquiteto, Arnaldo Gladosch. De propriedade da Companhia União de Seguros Marítimos e Terrestres, foi construído pela firma Azevedo Moura & Gertum para abrigar lojas no térreo e escritórios da seguradora nos demais pavimentos. Apresenta composição clássica, com planta em "U", onde a fachada frontal se destaca com dez pavimentos alinhados à Avenida Borges de Medeiros. As duas alas laterais, voltadas para a Rua José Montaury e Praça Montevidéu são um pouco mais baixas, apresentando oito pavimentos. O embasamento é bem demarcado, abrigando o térreo e duas sobrelojas.

O acesso principal está localizado no eixo de simetria da fachada defronte à avenida, possuindo hall e ampla escadaria em forma circular entre os quatro elevadores. Os escritórios localizam-se no perímetro externo, voltados para o espaço público, enquanto o perímetro interno abriga sanitários, vestiários, e áreas de serviço.

A robustez do edifício é decorrente de sua função como sede de uma seguradora, sendo marcada pela massa construída e pelo predomínio dos cheios sobre os vazios. O revestimento em pó de mica clara no corpo do prédio atenua seu aspecto maciço. Na base da fachada, a aplicação de granito rosa confere equilíbrio e sustentação ao volume superior.

1 - Hall
2 - Galeria
3 - Elevador
4 - Área de Serviço
5 - Caixa
6 - Casa Forte
7 - Entrada de Serviço
8 - Escritório
9 - Corredor
10 - Vestiário
11 - Sanitários

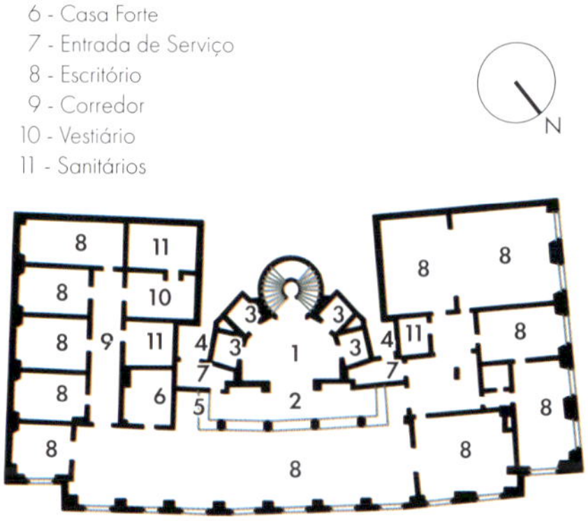

Planta Baixa 3º Pav.

Fachada Principal

Arnaldo Gladosch
(São Paulo, 1903 – Rio de Janeiro, 1954)

Arnaldo Gladosch nasceu em São Paulo no ano de 1903, filho de Hans Walter Gladosch, funcionário da companhia Lupton. Em 1914, com 11 anos, é matriculado em um internato na Suíça, onde completa o ensino médio. Em 1921 ingressa na Technische Hochschule de Dresden, onde recebe o título de engenheiro diplomado na área de Arquitetura em 1926.

Retorna ao Brasil em 1927 para trabalhar na filial do Rio de Janeiro da firma Wayss & Freitag A. G., importante construtora da capital federal, especializada no emprego de concreto armado. Seu primeiro projeto conhecido no Brasil é a casa projetada para seu pai em Niterói em 1926. A partir de 1927 publica uma série de textos sobre arquitetura e urbanismo, teorizando e descrevendo propostas de reformulação para a cidade do Rio de Janeiro em revistas e jornais da capital federal, de onde adquire certa notoriedade. É convidado então a fazer parte da equipe do urbanista francês Alfred Donat Agache, que é contratado para elaborar o plano de remodelação, extensão e embelezamento da cidade do Rio de Janeiro entre 1927 e 1930.

Nos anos 1930, elabora uma série de projetos naquela capital, utilizando-se de uma linguagem próxima ao racionalismo, às vezes com traços art déco, como a proposta de ampliação das lojas Mesbla (1932), o Edifício Itahy (1932), o Cine-Theatro Alhambra (1932), o Edifício Itayá (1937) e o Hotel Ambassador (1937).

Em 1938, o prefeito Loureiro da Silva, de Porto Alegre, convida Gladosch para elaborar o Plano Diretor da cidade, tarefa à qual se dedica entre 1938 e 1943. Elabora diversos estudos, com destaque para o Anteprojeto do Plano Diretor e para uma série de projetos urbanísticos, dos quais alguns serão implantados posteriormente com adaptações e reconfigurações, como a canalização do Arroio Dilúvio, a transferência do Hipódromo para a Zona Sul, a construção do bairro Praia de Belas e a nova Cidade Universitária próxima a Viamão. Outros projetos não foram executados, como o novo Centro Cívico sobre a área da Praça da Matriz e a Feira de Amostras. Em suas propostas, Gladosch se vale das estratégias do urbanismo formal francês, associado a uma arquitetura depurada de ornamentação e de caráter monumental, lembrando as soluções do urbanismo de influência fascista.

Paralelamente à elaboração do Plano Diretor de Porto Alegre, Gladosch fez projetos arquitetônicos de grande importância no Centro da cidade, com destaque para um conjunto de arranha-céus implantados ao longo da Avenida Borges de Medeiros, como os edifícios Sulacap e Sul América, ambos de 1938, marcando simetricamente as duas esquinas da Rua dos Andradas. Também na Avenida Borges de Medeiros estão localizados os edifícios do IAPI e União, ambos de 1943. Seu último projeto na cidade é o belíssimo conjunto de dois prédios em tijolo à vista construídos para a Mesbla em 1944, abrigando respectivamente uma loja de departamentos e uma concessionária de veículos.

Arnaldo Gladosch faleceu em 1954, na cidade do Rio de Janeiro.

Rua Coronel Vicente, 281 esq. Rua Voluntários da Pátria, Rua Comendador Manoel Pereira, 90

Arnaldo Gladosch | 1944-1950

Construído pela Construtora Ernesto Woebcke, trata-se de um conjunto de dois edifícios em quarteirões contíguos, um destinado às lojas de departamento, na esquina da Rua Coronel Vicente com a Rua Voluntários da Pátria, e outro destinado à concessionária de automóveis, situado na Rua Coronel Vicente, esquina com a Rua Comendador Manoel Pereira. Ambos se destacam no panorama arquitetônico da época pelas fachadas em tijolo aparente, pouco usuais na cidade de então. Trata-se também de um importante exemplo de novas tipologias da arquitetura comercial no período: a loja de departamentos e de automóveis. Os edifícios possuem composição marcante, através de blocos compactos que ocupam todo o terreno.

No caso da antiga loja Mesbla, o acesso principal localiza-se na esquina, demarcada por um jogo de superfícies côncavas e convexas. A sobriedade e despojamento têm influência da Escola de Chicago. Exibe uma planta térrea com átrio ao centro, formando um espaço generoso, onde uma ampla escadaria conduz a dois mezaninos sucessivos, sendo todo o ambiente encimado por uma grande claraboia em tijolos de vidro localizada no nível do quarto pavimento. Nos demais andares do edifício, o uso foi destinado a escritórios.

Atualmente abriga uma das sedes do Instituto Federal de Educação do Rio Grande do Sul. A antiga concessionária foi reciclada para a implantação do CIEE.

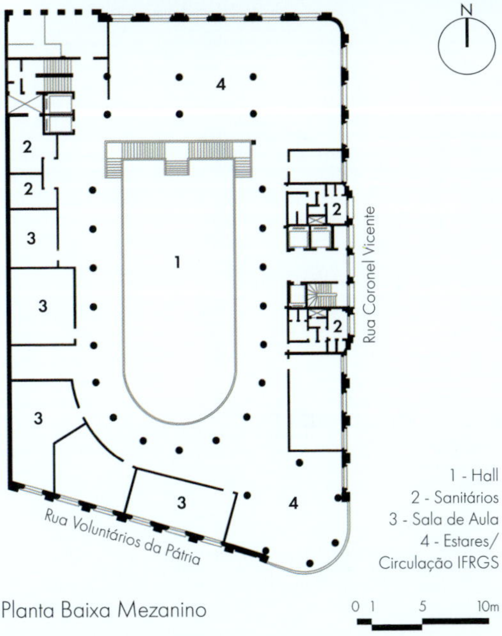

Planta Baixa Mezanino

Rua Siqueira Campos, 1330

Christiano de la Paix Gelbert | 1944-1947

Prédio projetado no último ano da administração de Loureiro da Silva (1937-1943), era previsto originalmente para ocupar o quarteirão do Paço Municipal, que seria demolido, e o quarteirão de trás, num prédio alongado com oito pavimentos. Este edifício não foi executado na administração de Loureiro da Silva, em virtude da Segunda Guerra Mundial. No ano seguinte, já sob a administração de Brochado da Rocha (1943-1945), Gelbert desenvolve um novo estudo, em que o prédio, agora com 10 pavimentos, passa a ocupar apenas a metade do quarteirão.

O prédio definitivo com 15 pavimentos organiza-se através de uma planta quase quadrada, com os ambientes das repartições distribuídos em torno de uma caixa de circulação vertical. A fachada principal volta-se para a Rua Siqueira Campos e o volume imponente se reparte em três níveis principais: embasamento rusticado com pedras graníticas que acomoda dois pavimentos, corpo principal com 10 pavimentos e coroamento marcado pelos três últimos andares, escalonados e fortemente ornamentados com motivos art déco. O uso expressivo de marquises define esses três níveis principais e contrasta com as pilastras ranhuradas que atravessam verticalmente os dez pavimentos do corpo principal.

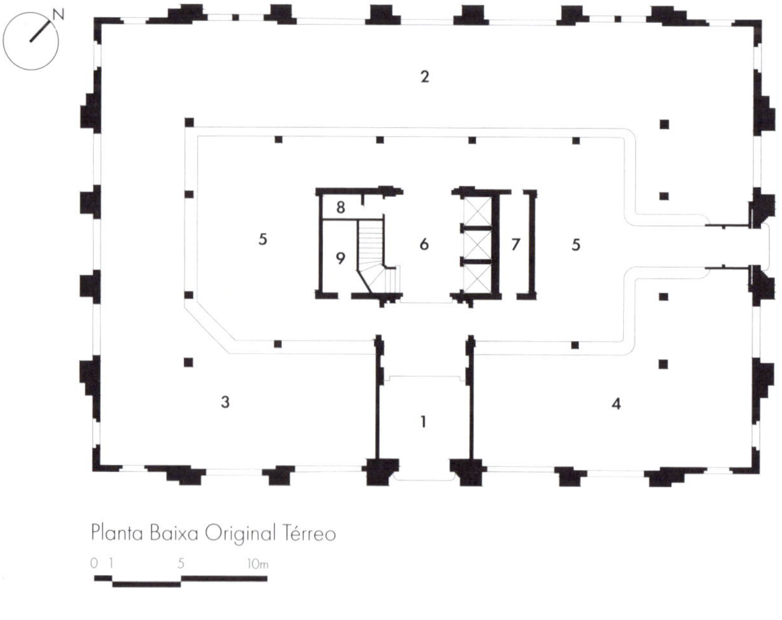

Planta Baixa Original Térreo

1 - Entrada
2 - Dívida Ativa
3 - Tesouraria
4 - Rendas Diversas
5 - Público
6 - Hall
7 - Reservatórios e Poço de Luz
8 - Lixo
9 - Relógios de Luz

Fernando Corona
(Santander, 1895 – Porto Alegre, 1979)

Fernando Corona nasceu em Santander em 1895, filho do escultor e arquiteto Jesus Maria Corona. O pai, maçom e republicano, se envolve em conflitos contra a Monarquia Espanhola, tendo de se exilar na Argentina em 1909, onde encontra o escultor gaúcho João Vicente Friederichs, que o contrata para trabalhar na sua oficina em Porto Alegre.

Em 1912 Fernando Corona, então com 17 anos, emigra para Porto Alegre, onde se vincula também à oficina de Friederichs. Autodidata, começa a sua formação nessa firma e, a partir de 1914, na firma recém-fundada de seu pai, Corona e Guiringuelli, onde passou a trabalhar como escultor-decorador. Participa com Jesus Maria Corona do concurso para a nova catedral de Porto Alegre, vencido por eles, chegando a desenvolver, entre 1917 e 1919, os projetos. A suspensão do concurso e a subsequente contratação de um arquiteto do Vaticano, Giovanni Giovenalle, para desenvolver nova proposta, levou à dissolução da firma.

Após o retorno de seu pai à Espanha, em 1922, reabriu a empresa Corona e Guiringuelli, que persistiu até 1932, apesar da sucessiva redução do emprego de esculturas vinculadas às edificações. Em 1926, ele foi contratado como projetista pela firma construtora Azevedo, Moura & Gertum, onde desenvolveu trabalhos em paralelo a sua obra particular.

As suas realizações arquitetônicas alternaram ao longo das décadas de 1920 e 1930 propostas em linguagem marcadamente eclética, com projetos em diversos estilos (clássico para o Hospital São Francisco, 1925; neorrenascentista, na Casa Brasil Cesar, 1928; jônico na Escola Normal General Flores da Cunha, 1934; neorrenascentista na Galeria Chaves, 1935), com realizações em linguagem moderna (Edifício Guaspari, 1938; Casa Sloper, 1938; Instituto de Artes, 1940; Edifício Santa Helena, 1941-42; e Edifício Jaguaribe, 1951, com o filho, Luís Fernando Corona). Em vários projetos experimentou também a linguagem neocolonial, como, por exemplo, no Edifício Ibañez, de 1948, e na Casa de Guilhermino Cesar, de 1950.

Em 1938, Corona foi convidado por Tasso Corrêa, então diretor do Instituto de Belas Artes, para lecionar as cadeiras de Escultura e Modelagem e em 1944 foi um dos fundadores do Curso Superior de Arquitetura do IBA, onde também lecionou até 1950. Aposentou-se em 1965, falecendo em 1979.

FASE 5

Modernização
(1945-1980)

Após o final da Segunda Guerra Mundial e do Estado Novo, inicia-se um processo de redemocratização da vida nacional. A industrialização, definitivamente implantada no período Vargas, concorreu para acelerar o crescimento das metrópoles brasileiras, que passaram a atrair cada vez mais mão de obra do campo. O país se insere em um processo de dinamização cultural, com forte influência norte-americana e uma ânsia de modernização e de superação de um passado agrário, percebido como sinal de atraso. Os movimentos culturais mais relevantes a partir de então vão estar associados às ideias de moderno e de novo – *arquitetura moderna, bossa-nova, cinema novo* – um momento de intensa renovação artística e com expressiva projeção internacional.

A partir da metade da década de 50, o "desenvolvimentismo" de Juscelino Kubitschek imprimiu um novo ritmo na vida nacional. Através do lema *"50 anos em 5"*, JK promoveu a abertura do país ao capital estrangeiro e à internacionalização da economia, sem deixar de lado o ufanismo nacionalista existente desde a Era Vargas. Dessa maneira, *"capitalismo, nacionalismo e industrialização"* tornaram-se as palavras de ordem que mobilizaram o país, traduzindo os anseios por modernidade e progresso existentes no imaginário social durante a época dos "anos dourados". Entre as propostas do Governo JK, a construção da nova capital, Brasília, se configura a principal meta, símbolo do otimismo do Brasil desenvolvimentista.

Em Porto Alegre observa-se uma profunda reorientação no sistema de planejamento urbano no período, com o descrédito e a desestruturação do Plano Gladosch, que passa a sofrer ataques tanto por parte do setor imobiliário quanto da Câmara de Vereadores. Por outro lado, o engenheiro Edvaldo Pereira Paiva entra num período de ostracismo devido a suas posições ideológicas de esquerda e só retomará papel importante no município após 1955, assumindo a Direção da Divisão de Urbanismo nas gestões dos prefeitos Manoel Vargas e Leonel Brizola. A partir de então, ocorre um processo de valorização da equipe técnica local, tendo Paiva e Ubatuba de Farias em posição de coordenação. Esses técnicos, formados em Montevidéu, introduzem novos princípios urbanísticos de planejamento e de desenho urbano vinculados ao movimento moderno e diretamente inspirados no Plano de Nova York, em substituição aos princípios estado-novistas de Gladosch. Em 1957, Paiva convida os arquitetos Moacyr Moojen Marques e

Mapoteca SPM/PMPA

Plano Paiva – Lei 2.046/1959

Roberto Veronese para reforçar a equipe da Prefeitura, que já contava, além de Ubatuba de Farias, com Carlos Maximiliano Fayet e Francisco Riopardense de Macedo.

Um novo Plano Diretor então se estrutura dentro da administração e finalmente se institucionaliza através da Lei 2.046/1959, alterada pela Lei 2.330/61, tendo o zoneamento como seu instrumento mais evidente, sob a inspiração dos princípios da Carta de Atenas, e introduzindo parâmetros urbanísticos calcados no Plano de Nova York, como o Índice de Aproveitamento e a Taxa de Ocupação. É por muitos considerado o primeiro Plano Diretor brasileiro. A área de abrangência do Plano atingia a atual Terceira Perimetral, instituída no Plano. Nos anos seguintes, diversas extensões desse Plano foram instituídas até atingir a superfície total do município em 1979, com a promulgação do Plano seguinte, o 1° PPDU.

Dentre uma série de projetos especiais previstos no "Plano Paiva", como ficou conhecida a Lei, destaca-se a urbanização do bairro Praia de Belas sobre aterro do Guaíba, projeto não executado, o qual remetia ao conceito de cidade moderna de Le Corbusier e também ao conceito das superquadras de Brasília. Vários blocos eram dispostos ao longo da quadra-parque, com circulação de pedestres independente das vias de tráfego.

Marques, 2012

Projeto para o bairro Praia de Belas

A influência norte-americana também se manifesta na verticalização, incentivada sobretudo na área central, com arranha-céus que ultrapassam os 30 pavimentos. Nesse período, Porto Alegre experimentou o maior crescimento edilício de sua história, com a vigência dos maiores índices construtivos até

FSB - MJF/PMPA

Porto Alegre na década de 1950

então. Grande parte do acervo arquitetônico dos períodos precedentes é destruído, alterando consideravelmente a imagem da cidade e de seu *skyline*.

Em termos de arquitetura, este período coincide com a fase gloriosa da arquitetura moderna brasileira, com grande repercussão internacional. Os anos 1950 são o ápice da expressão da chamada "Escola Carioca", marcada em termos formais pela leveza, sinuosidade, vinculação ao clima pelo uso de *brise-soleil*, da integração das artes e do paisagismo com a arquitetura. Em Porto Alegre, após alguns exercícios pioneiros, como o Edifício Guaspari, de Fernando Corona (1936), e dos concursos públicos vencidos (mas não executados) por Oscar Niemeyer (Sede do IPE, 1943) e por Affonso Eduardo Reidy e Jorge Moreira (Sede da VFRGS, 1944), será apenas com a criação do curso de Arquitetura da Escola de Belas Artes, em 1945, e a formatura da sua primeira turma, em 1949, que a cidade vai dispor de profissionais qualificados e sintonizados com a vanguarda do Modernismo brasileiro, plasmando a nova linguagem no cenário local. Algumas edificações, como o Palácio da Justiça, de Luiz Fernando Corona e Carlos Fayet (1953), e o Edifício Consórcio, de Carlos Alberto de Holanda Mendonça e Jayme Luna dos Santos (1956), entre muitos outros, foram exemplos significativos da emergência do Modernismo em Porto Alegre a partir dos anos 1950.

Com o golpe militar de 1964, a democracia e os resquícios do desenvolvimentismo deram lugar à ditadura e ao "milagre brasileiro". Num clima de ufanismo demagógico, o Estado começa a

FSB - MJF/PMPA

Ponte do Guaíba

promover obras faraônicas em âmbito nacional, como a Estrada Transamazônica e a Usina Hidroelétrica de Itaipu, postura que também acabou repercutindo na construção da cidade. Assim, além do acelerado processo de verticalização das construções, a imagem de Porto Alegre foi sendo modificada pelo surgimento de extensos conjuntos habitacionais do BNH, em paralelo ao crescente processo de favelização, e por massivas intervenções do poder público no sistema viário, com destaque para a construção da Primeira Perimetral, um complexo viário composto por um anel de alta velocidade em torno do Centro, que exigiu a demolição de extensas porções dos bairros adjacentes. Na mesma linha, destaca-se a construção de um sistema de túneis e viadutos, conhecidos como Elevada da Conceição, com impactos severos na paisagem urbana.

Na área central da cidade, o poder público promove intervenções urbanas de grande envergadura, que afetaram a relação da cidade com o Lago Guaíba. Em 1970, o Departamento Nacional

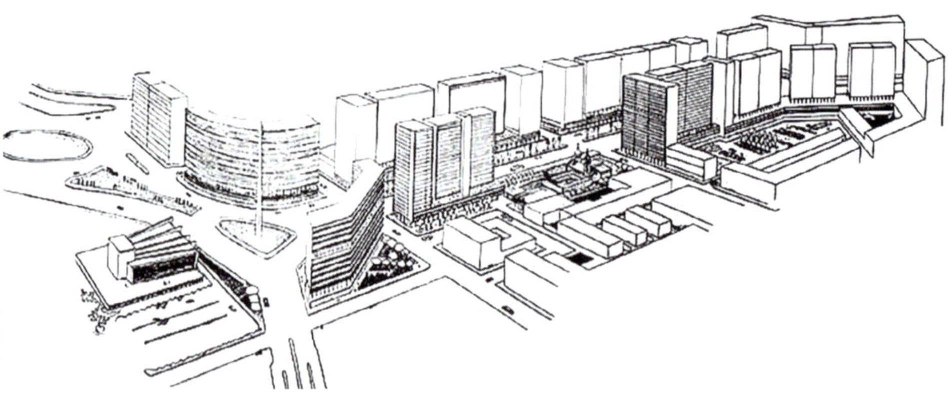

Marques, 2012

Primeira Perimetral, anteprojeto, 1961

de Obras e Saneamento – DNOS constrói entre o porto e a cidade um muro de concreto com três metros de altura e 2,6 km de extensão ao longo da Avenida Mauá, como parte integrante do sistema de proteção contra as cheias de Porto Alegre. Já na face sul da península, uma série de aterros já previstos desde o Plano Paiva começam a se efetivar ao longo da década de 1960, propiciando a construção do Centro Administrativo do Estado, em 1973, e do Parque Marinha do Brasil, inaugurado em 1978.

Em termos arquitetônicos, a partir do anos 1960, novas correntes arquitetônicas, agora irradiadas a partir de São Paulo, começam a se manifestar e deixar marcas na capital gaúcha. Um primeiro grupo, inspirado em uma arquitetura "internacionalizada", lembrando a obra de Mies Van Der Rohe, propõe uma arquitetura padronizada, racional, que se opunha ao subjetivismo da Escola Carioca. O primeiro projeto nessa linha é resultado do concurso para a sede da Assembleia Legislativa do Estado (projeto de Zolko e Schoendon, 1958), marcado pela utilização de uma linguagem corporativa norte-americana, com forte impessoalidade.

O Brutalismo arquitetônico foi também outra influência verificável do Modernismo paulista entre nós. Expressava a ideia da estrutura aparente como definidora da forma e o uso quase exclu-

FSB - MJF/PMPA

Palácio Farroupilha, 1958

Marques, 2012

Croqui Palácio da Justiça

FSB - MJF/PMPA

Vista aérea – Estação Rodoviária

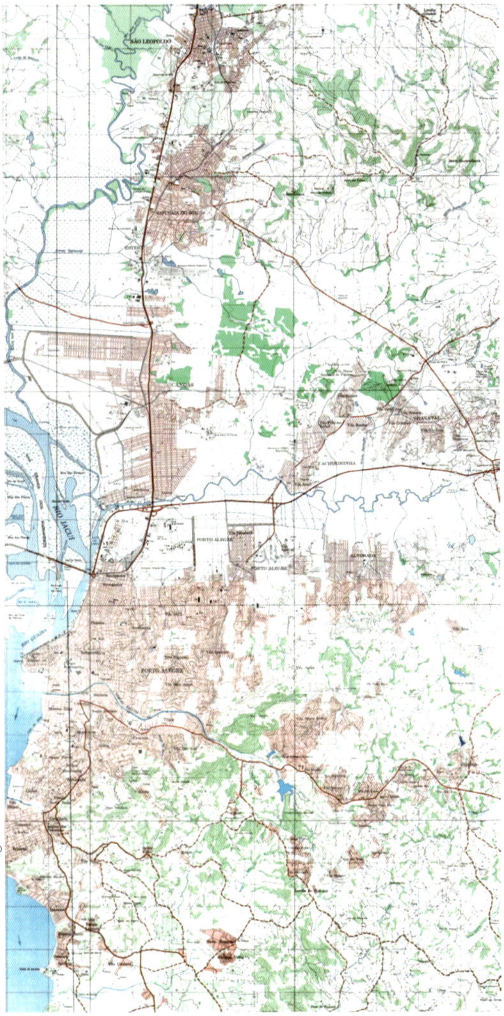

Banco de Dados Geográficos do Exército

Malha urbana, 1975 – Carta do Exército

FSB - MJF/PMPA

Restinga, 1975

sivo do concreto, tijolos e do vidro como elementos construtivos. Outra característica marcante foi a exploração dos esforços estruturais e também a busca pela integração entre elementos externos e espaços internos. Algumas obras ilustram em Porto Alegre essa corrente, como a Ponte do Guaíba, a Estação Rodoviária, várias agências bancárias da Caixa Econômica Federal construídas na época, de diversos autores, e o Planetário da UFRGS (1971), de Fernando Gonzalez e Walter Bered.

Outra obra com proporções monumentais, digna do período de grande crescimento econômico do país, foi a Central de Abastecimento de Porto Alegre (1970), projeto em conjunto de grandes nomes da arquitetura modernista de Porto Alegre, como Carlos Fayet, Cláudio Araújo, Luís Américo Gaudenzi e Carlos Eduardo Dias Comas. Esta obra destacou-se por utilizar a cerâmica armada, tecnologia inédita no Brasil até então.

Em 1979, Porto Alegre ganharia um novo Plano Diretor, o 1° PDDU (Plano Diretor de Desenvolvimento Urbano), desta vez não mais um plano de um autor em específico, mas elaborado por uma equipe multidisciplinar. O 1° PDDU evidenciaria também outra prerrogativa, remetendo a uma maior participação civil em seu acompanhamento, através de Conselhos Municipais.

A ênfase na circulação veicular vai reorientar a distribuição espacial para ocupação urbana e em vetores de crescimento ao longo deste período. A malha urbana ultrapassa os limites municipais ao norte, especialmente ao longo da Avenida dos Estados, conurbando-se com o município de Canoas, e ao longo da Avenida Assis Brasil, em direção a Cachoeirinha. A cidade passa também a formar um *continuum* com os municípios de Alvorada e Viamão a leste, configurando-se como bairros dormitórios da capital. A implantação da BR-290 Porto Alegre–Osório (*Freeway*) facilitou a ligação da capital com o litoral. Isso fez com que algumas indústrias passassem a deslocar-se para esse eixo leste, pela maior facilidade de escoamento da produção, bem como redirecionou o movimento das classes média e alta na direção das praias marítimas, em detrimento dos bairros balneários na Zona Sul da cidade.

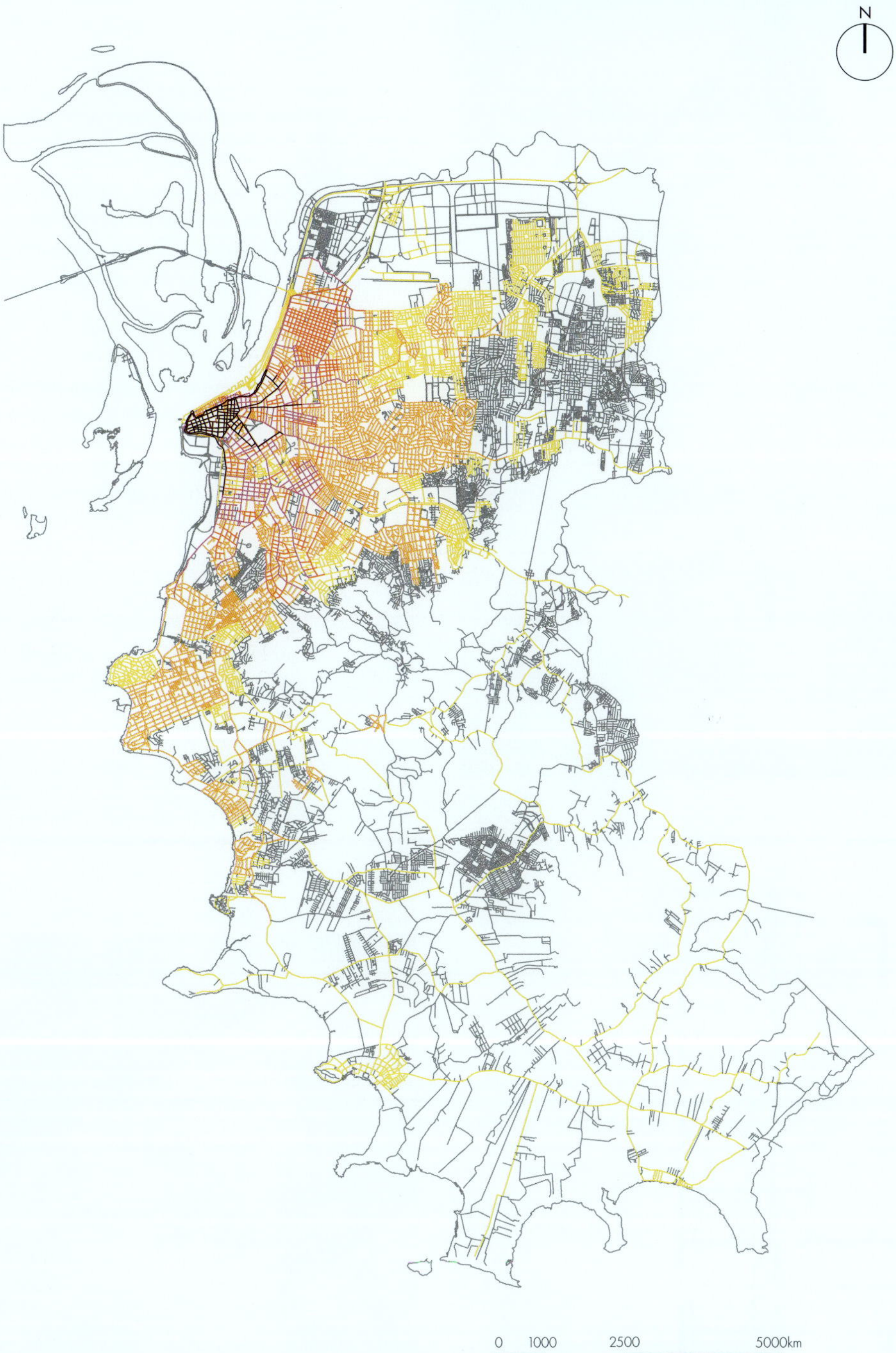

Evolução Urbana Porto Alegre

- FASE 01: 1772-1822
- FASE 02: 1822-1889
- FASE 03: 1889-1930
- FASE 04: 1930-1945
- FASE 05: 1945-1980

Rua Vinte e Quatro de Outubro, 46

Fernando Corona | 1948

Desde a década de 1930, Fernando Corona pratica em Porto Alegre obras em estilo Neocolonial, movimento arquitetônico que toma forma no Brasil desde a década de 1920, exaltando o nacionalismo através do uso de repertório neocolonial luso-brasileiro. As obras iniciais de Corona vinculam-se à vertente espanhola e californiana. Esse estilo convive em sua obra ao longo das décadas de 1930 e 1940 com projetos marcadamente modernos, como o Edifício Guaspari e o Instituto de Belas Artes. Em 1948, após anos envolvido na difusão da arquitetura moderna em Porto Alegre, Corona apresenta esse projeto em que o Neocolonial se mescla de forma consistente com a arquitetura moderna.

Ao modo moderno, o projeto apresenta blocos e volumes superpostos e algumas assimetrias, principalmente na fachada frontal. As vedações em muxarabi (treliças de madeira) são trazidas da arquitetura colonial brasileira e mescladas com o conceito de janela-cortina do movimento moderno. Em outros aspectos o edifício mantém-se fiel ao Neocolonial: os telhados de barro, os arcos em pedra, o revestimento em reboco chapiscado.

É um raro exemplo em Porto Alegre do estilo Neocolonial aplicado a um prédio multifamiliar. Sua planta compreende três pavimentos com dois apartamentos por andar e mais um quarto pavimento com três salas destinadas à guarda de malas. Sofreu acréscimo no último pavimento em 1950.

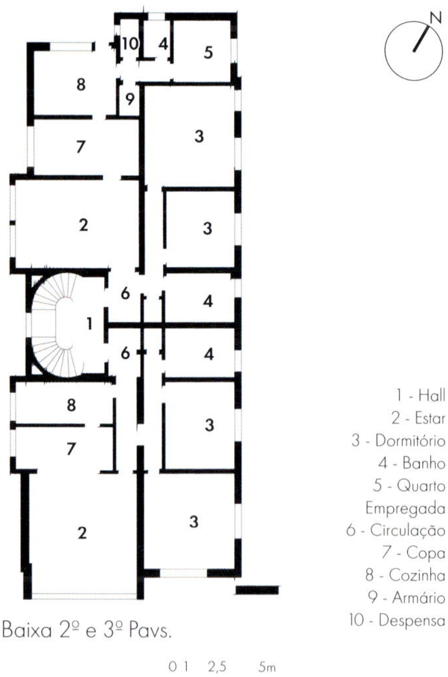

Planta Baixa 2º e 3º Pavs.

Rua Marquês do Herval, 280

Rocha Freitas & Warchawski | 1948-1954

A Associação Leopoldina Juvenil foi fundada em 1941, fruto da fusão de duas entidades esportivas muito mais antigas, a Gesellschaft Leopoldina (fundada em 1863, voltada principalmente para a prática do bolão) e o Clube Recreio Juvenil (fundado em 1903). A Gesellschaft Leopoldina possuía sede própria desde 1906 e, em 1938, incorporou a prática do tênis, esporte que marcaria a história do clube.

Em 1941 houve a fusão com o Clube Recreio Juvenil, que também era uma entidade que promovia atividades sociais, bailes e festas, mas se diferenciava porque tinha somente associados solteiros. Como não possuía sede própria, promovia suas festas nos salões da Gesellschaft Leopoldina, do Turnerbund e da Sociedade Germânia. Em 1942, a ALJ adquiriu o terreno no bairro Moinhos de Vento e sete anos mais tarde foi lançada a pedra fundamental da atual sede. Na inauguração de 1954 foi realizado um grandioso baile de gala.

O projeto filia-se ao repertório neocolonial hispânico, marcado pela releitura de elementos da arquitetura barroca espanhola produzida na América, tais como volutas no coroamento, colunas salomônicas e arcadas em arco pleno. A implantação é imponente, ocupando uma esquina importante do bairro, onde um pórtico serve de embarque e desembarque para o salão principal. O edifício recebeu vários anexos desde então, mas as fachadas externas permanecem com suas características originais até hoje.

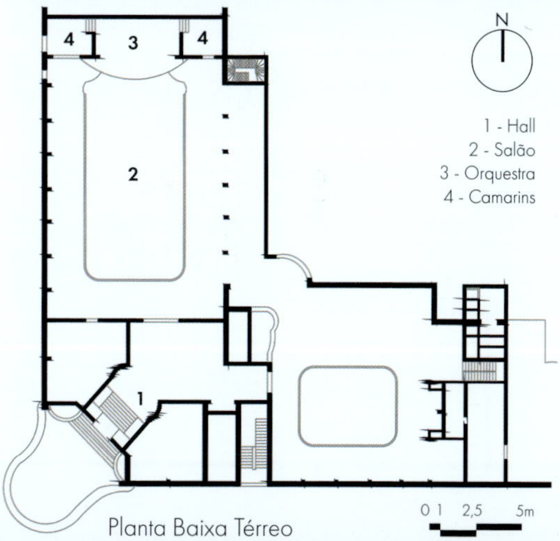

Planta Baixa Térreo

Av. dos Estados, 747

Nelson Souza | 1950-1953
Projeto de ampliação, revitalização e interiores:
Moacyr Moojen Marques, Léo Ferreira da Silva, João José Vallandro | 1969/1971

Na década de 1920, o antigo "campo da várzea do Rio Gravataí" possuía uma pista de pouso de aeronaves e algumas oficinas e hangares, quando em 1923 ali foi construído pela Brigada Militar o Aeródromo de São João. Em 1937-38 teve início o processo de desapropriações para a construção do Aeroporto de Porto Alegre. Em 1942 decide-se pela construção de uma nova pista de pouso com três quilômetros e da estação de passageiros. Devido à Segunda Guerra Mundial, o novo trecho de pista e a estação foram inaugurados apenas em 1953.

O projeto de Nelson Souza foi um dos pioneiros do racionalismo corbusiano em Porto Alegre, manifestado pelo emprego da planta livre e fachadas cortinas, dentro de uma composição simples e clara: uma extensa barra linear ocupada por um saguão no térreo e um mezanino com bar, restaurante e terraço. Na parede com pé-direito duplo entre saguão e mezanino destaca-se a pintura de Aldo Locatelli, representando a evolução da ciência e tecnologia. A extensa barra horizontal do prédio é rompida pelo volume destinado a embarque e desembarque e aos serviços técnicos, localizados num terceiro pavimento, com torre de observação.

Desde sua inauguração o terminal passou por inúmeras transformações com obras de ampliação, recuperação e modernização, todavia com diversas medidas que descaracterizaram a proposta arquitetônica original. Em 2001 foi inaugurado o novo Terminal do Aeroporto Internacional Salgado Filho. Após a concessão do aeroporto, o antigo terminal foi desativado.

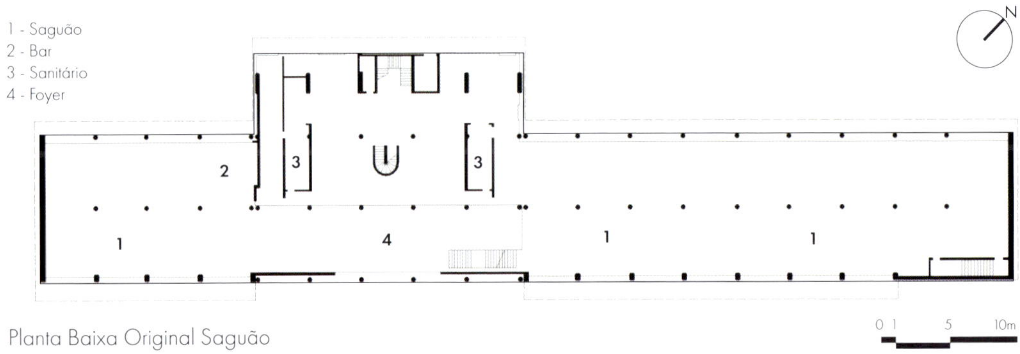

Planta Baixa Original Saguão

Av. Dom Pedro II, 1334
esq. Rua Marquês do Pombal

João Antônio Monteiro Neto | 1951

Segundo os registros da Prefeitura de Porto Alegre, o arquiteto João Antônio Monteiro Neto, além de projetista, foi também o construtor desta obra, uma extensa residência com área totalizando 927 m². A casa está implantada acima do nível da rua e a grande base em pedra da edificação se desenvolve em todo o perímetro do lote. O repertório neocolonial segue a vertente do californiano, arquitetura muito presente nas residências unifamiliares construídas na década de 1950 em Porto Alegre. Os principais elementos característicos dessa tendência consistem na presença do volume cilíndrico que abriga a circulação vertical e seu contraste com a cobertura cerâmica movimentada em vários planos, a texturização dos rebocos externos, as fachadas brancas e as cores escuras das esquadrias de madeira, os painéis de azulejo decorados e as colunas salomônicas e arcos presentes na varanda que protege o acesso principal. Além desses elementos bastante familiares ao Neocolonial californiano, a casa apresenta também o telhado borboleta, em planos invertidos, típica solução adotada nos primórdios da arquitetura modernista brasileira.

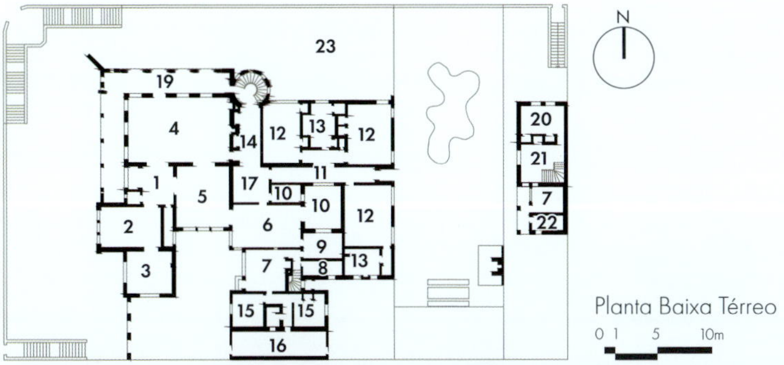

Planta Baixa Térreo

Após a República Velha, quando ocorreu uma intensa fase de implantação de cursos superiores em Porto Alegre, a Universidade passou por uma fase de reduzidos investimentos nessa área durante o Estado Novo. Somente a partir dos anos 1950 se deu a retomada de novas construções. A época foi caracterizada pela elaboração de projetos para os *campi*, como o "Plano Piloto da Cidade Universitária de Porto Alegre". Também fazem parte desse período a instalação da colônia de férias em Tramandaí e o início das obras do Hospital de Clínicas de Porto Alegre.

O papel do reitor Eliseu Paglioli (1952-1964) na reestruturação física, acadêmica e na modernização administrativa da UFRGS foi notável. Em termos arquitetônicos, sua gestão foi marcada pela construção de uma série de novos espaços para a expansão da pesquisa e do ensino. Entre 1951 e 1955, foram construídos já em linguagem modernista o conjunto de prédios da antiga Faculdade de Filosofia e do Instituto das Ciências Naturais, atualmente conhecidos como Anexos I, II e III da Reitoria.

Em 1954, inicia-se a construção contígua do prédio da Reitoria e do Salão de Atos da Universidade, que, concluídos em 1957, passaram a abrigar a administração e centralizaram as atividades sociais acadêmicas, como formaturas, bailes e apresentações culturais.

A Faculdade de Arquitetura teve sua construção iniciada em 1954, sendo inaugurada em 1957, com a presença do então presidente Juscelino Kubitschek. Em 1955 inicia-se a construção do prédio da Engenharia Nova, inaugurado em 1960. Também em 1960, começou a ser erguido pelo Instituto Nacional de Estudos Pedagógicos (INEP) um prédio para a instalação de um centro de pesquisas em educação. Concluído em 1964, passou a abrigar o Colégio de Aplicação e, em 1970, a Faculdade de Educação.

Este conjunto de novos prédios, somados aos prédios construídos no início do século XX, acabaram por conformar um notável acervo arquitetônico que vem sendo paulatinamente recuperado pela Secretaria de Patrimônio Histórico da Universidade e reconhecido como patrimônio cultural pelo IPHAN.

a - Prédio Centenário da Escola de Engenharia
b - Faculdade de Direito
c - Castelinho (atual Núcleo de Inovação das Edificações)
d - Château (atual Secretaria do Desenvolvimento Tecnológico)
e - Observatório Astronômico
f - Antigo Prédio da Faculdade de Medicina (atual Instituto de Ciências Básicas da Saúde – ICBS)
g - Instituto Eletrotécnico
h - Antigo Prédio do Instituto de Química (atual Anexo II – Reitoria)
i - Antigo Instituto Parobé (atual Escola de Engenharia – Departamento de engenharia Mecânica – DEMEC)
j - Rádio da Universidade
k - Museu da UFRGS
l - Faculdade de Ciências Econômicas
m - Faculdade de Educação
n - Reitoria
o - Salão de Atos
p - Escola de Engenharia Nova
q - Escola de Engenharia - Departamento de Engenharia Química – DEQUI
r - Faculdade de Arquitetura
s - Antigo Prédio do Instituto de Ciências Naturais (atual Anexo III – Reitoria)
t - Sala Redenção – Cinema Universitário
u - Antigo Prédio da Faculdade de Filosofia (atual Administrativo)

105n/o - REITORIA E SALÃO DE ATOS

Fernando Petersen Lunardi | 1954-1957
Reforma do Salão de Atos:
DIPHE | 1988 e **SPH** | 2015
Av. Paulo Gama, 110

O atual prédio da Reitoria foi construído entre o ano de 1954 e 1957 durante a administração do reitor Eliseu Paglioli. Até então, a Reitoria funcionava na Faculdade de Direito, em espaços muito reduzidos, visto que pertencia ao Governo do Estado do RS toda a administração da UFRGS. Com a federalização da Universidade, coube a ela organizar seus próprios serviços, tarefa esta iniciada em 1951.

Para resolver o problema de falta de espaço, tornou-se necessária a construção de uma edificação que comportasse as atividades administrativas e um espaço amplo para abrigar as cerimônias de formatura. Além disso, o Salão de Atos deveria permitir a realização dos eventos sociais e culturais da Universidade.

O autor responsável pela obra foi Fernando Petersen Lunardi, professor da do Curso de Arquitetura da UFRGS na época. O projeto arquitetônico foi concebido dentro dos preceitos modernistas e o projeto de interiores foi realizado pelo arquiteto Frederico Michel Muller, outro docente da instituição.

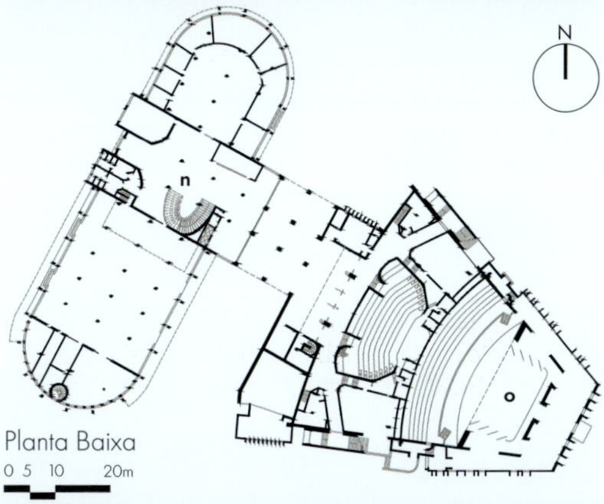

Planta Baixa
0 5 10 20m

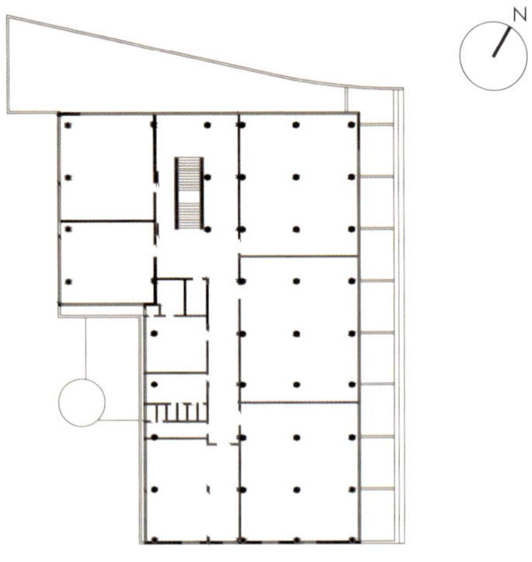

Planta Baixa

105p - ENGENHARIA NOVA
Hélio Nunes Wagner | 1955-1960
Av. Osvaldo Aranha, 99

Projeto da Divisão de Obras da UFRGS, o prédio possui partido que justapõe duas barras paralelas à Avenida Osvaldo Aranha, sendo a frontal côncava, marcando a entrada principal com um pequeno átrio. No espaço entre os dois blocos, um hall e as circulações verticais fazem a articulação entre ambos, bem como auditórios inseridos em cada um dos seis pavimentos. O térreo abrigava um bar aberto para os jardins previstos em torno de todo o prédio. A fachada frontal é organizada através de uma grelha retangular e pilotis no térreo. Na cobertura, apesar de sugerir o tradicional terraço-jardim modernista, abrigava a casa do zelador.

105r - FACULDADE DE ARQUITETURA
Sérgio Ivan Nacinovic (DASP) (atribuído) | 1954-1957
Rua Sarmento Leite, 320

A Faculdade de Arquitetura foi formada em 1952 pela fusão do curso de Arquitetura do Instituto de Belas Artes e o da Escola de Engenharia da UFRGS. Uma comissão de professores foi formada para desenvolver o projeto, coordenada por Demétrio Ribeiro, do Instituto de Belas Artes (1952). Entretanto, o prédio construído teve projeto elaborado pela Divisão de Edificações do Departamento Administrativo do Serviço Público (DASP) do Rio de Janeiro, a pedido do reitor Elyseu Paglioli, que justificou a decisão por motivos de prazo.

O prédio implantado na esquina da Avenida Osvaldo Aranha com a Rua Sarmento Leite apresenta hoje feição modificada do projeto original. Este possuía nove pavimentos sobre uma base destacada, com uma suave curva na fachada frontal, formando um generoso terraço que envolvia o prédio em todo o seu perímetro. No segundo pavimento, o terraço configurava o prolongamento de um amplo salão de exposições e da biblioteca. O térreo possuía área maior que a atual. À direita do acesso principal, um pátio interno vinculava-se à "sala de estar dos alunos". O restante do térreo era ocupado por salas de aula e ateliês. O projeto foi executado parcialmente, apenas com quatro pavimentos e planta reduzida em ambas as alas, o que desfigurou suas proporções. Nos anos 1980 foram executados acréscimos para expandir o bar e instalar transformadores, descaracterizando ainda mais as proporções originalmente projetadas. Apesar das modificações, a edificação integra o acervo do inventário da arquitetura modernista, definido pela Prefeitura Municipal em cooperação com o PROPAR/UFRGS.

105s /t/u - CONJUNTO DE PRÉDIOS DA FACULDADE DE FILOSOFIA

Autor desconhecido | 1951-1955

Av. Paulo Gama, 110

Entre 1951 e 1955 é edificado um conjunto de prédios concebidos em linguagem modernista destinados à Faculdade de Filosofia, ao Instituto de Ciências Naturais, ao prédio do Anfiteatro e ao Diretório Acadêmico.

O prédio da Filosofia abrigou o curso, fundado em 1942 e que funcionava de forma dispersa, e se implanta transversalmente entre a Avenida Paulo da Gama e a Avenida Luiz Englert, com sua fachada principal voltada para o vértice do triângulo que conforma o quarteirão. O prédio se organiza em uma fita, com os cantos flexionados, com entrada principal centralizada e fachadas marcadas por prateleiras horizontais funcionando como brises na fachada leste e pilotis muito delgados e elegantes no térreo. O conjunto, construído em concreto armado, é revestido por cirex areia. O prédio do Instituto de Ciências Naturais se implanta perpendicularmente ao da Filosofia, com sua fachada principal voltada para a Avenida Luiz Englert. As soluções formais e compositivas são similares, formando um conjunto de grande harmonia. Os prédios se integram internamente nos pavimentos superiores.

A este conjunto linear, que junto com o Instituto de Química acabou por definir as bordas do quarteirão do Campus Central, se anexaram o prédio do Anfiteatro, atuais salas Qorpo Santo e Redenção, localizado no eixo central do conjunto, e o pequeno prédio do Diretório Acadêmico, hoje ocupado por um dos bares do Campus.

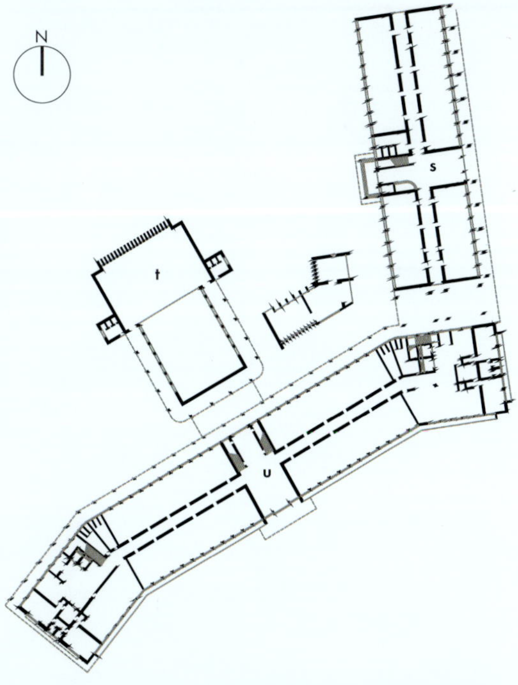

Planta Baixa Original Térreo

0 10 25 50m

Av. Senador Salgado Filho, 135

Fernando Corona e
Luis Fernando Corona | 1951 - 1960

O projeto do Edifício Jaguaribe, apresentado inicialmente em 1951, sofreu uma série de alterações ao longo da década de 1950 até sua formulação final em 1960. Entretanto, desde a primeira concepção, apresentava um programa bem peculiar para a época: garagem no subsolo, cinema com dois mil lugares, confeitaria no segundo pavimento, restaurante envidraçado no nono pavimento e um andar para uso exclusivo dos moradores no terraço superior, compreendendo playground, clube, restaurante, associação e área recreativa. Eram previstos cinco tipos de apartamentos com áreas que variavam de 44 m^2 a 140 m^2, totalizando 84 unidades. Os menores eram destinados aos contribuintes do Instituto de Aposentadoria e Pensões dos Industriários – IAPI. Este programa era claramente inspirado nas Unidades de Habitação de Le Corbusier, construídas em Marselha, Berlim e Firminy.

O projeto foi um dos últimos elaborado por Fernando Corona, responsável principalmente pelas plantas, em parceria com seu filho, Luis Fernando, autor da concepção das fachadas. Este edifício é referência na paisagem, não só por sua grande altura (26 pavimentos), como pelo tratamento volumétrico em três claras partições formadas pela base de sete pavimentos destinada às atividades comerciais e de lazer; pelo corpo de 19 pavimentos residenciais e pela cobertura. Entretanto, o destaque do prédio é o engenhoso uso das cores primárias e do jogo com planos, através de supressões e adições sobre um volume prismático relativamente simples, com um efeito que aproxima o edifício do Movimento Concretista, então em seu auge.

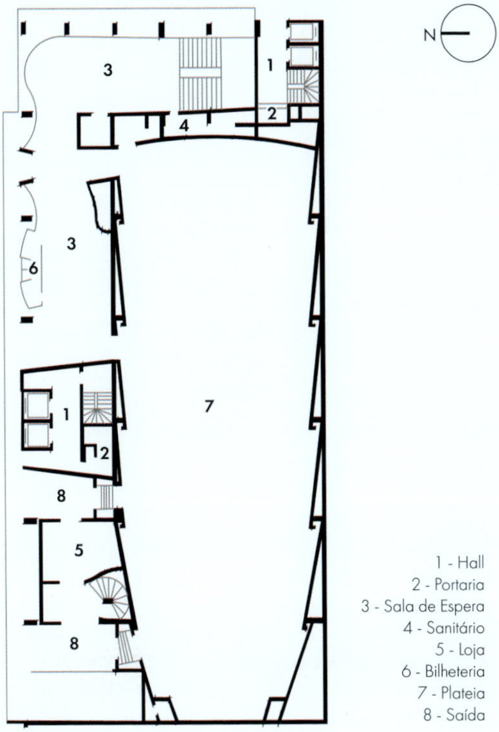

1 - Hall
2 - Portaria
3 - Sala de Espera
4 - Sanitário
5 - Loja
6 - Bilheteria
7 - Plateia
8 - Saída

Planta Baixa Térreo

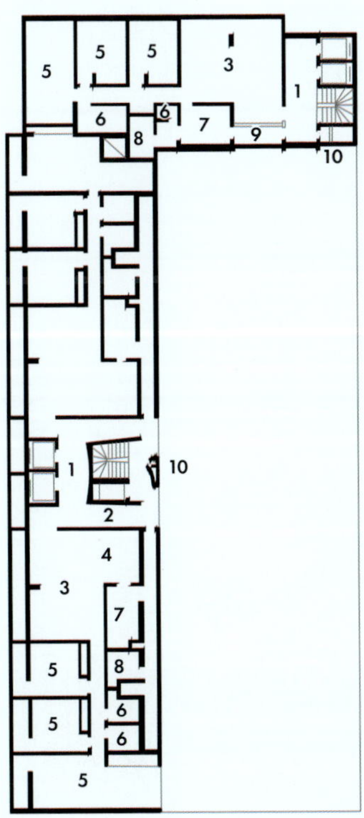

1 - Hall
2 - Vestíbulo
3 - Estar
4 - Jantar
5 - Dormitório
6 - Banho
7 - Cozinha
8 - Quarto Empregada
9 - Área de Serviço
10 - Lixo
11 - Varanda

Planta Baixa Pav. Tipo

0 1 5 10m

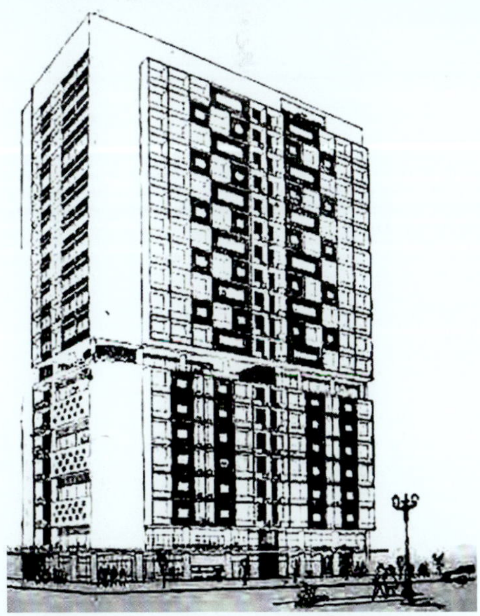

Szekut, 2008

Av. Diário de Notícias, s/n

Román Fresnedo Siri | 1951

Em 1939 foi decidida a transferência do antigo Hipódromo do Moinhos de Vento para novo local no bairro Cristal e em 1950 o Jockey Club do Rio Grande do Sul lança um concurso de anteprojetos. Vencido pela firma Azevedo, Moura & Gertum, o projeto é do arquiteto uruguaio Román Fresnedo Siri, autor de diversas obras de relevância, entre elas o Hipódromo de Maroñas em Montevidéu.

A construção dos três pavilhões apresenta técnica avançada para a época, o sistema Freyssinet, com vigas em concreto protendido apoiadas em uma única linha de pilares. As enormes marquises são atirantadas ao solo. A maior parte das vedações é feita em vidro, complementadas por brises e quebra-sóis. Além dos três pavilhões que dominam o conjunto, o complexo era originalmente composto por prédios auxiliares de apostas, de treino e por uma Vila Hípica, cujas baias foram demolidas e substituídas.

O pavilhão à esquerda da entrada é a Tribuna Popular, a maior de todas, destinada a abrigar o grande público. No projeto original estavam previstos quatro pavilhões como este, ocupando a área central da pista de corrida, dos quais apenas um foi construído. Neste, o destaque fica por conta do enorme restaurante localizado no terceiro pavimento e o "andar belvedere", no quarto, com vista para a pista e para o Guaíba.

O segundo pavilhão é a Tribuna Social, localizada ao centro, destacada por um acesso através de ponte envidraçada que conduz ao terceiro pavimento. À direita, localiza-se a Tribuna do Paddock ou dos Profissionais, destinada a abrigar os jornalistas que cobriam os eventos. Levemente inclinada em relação às demais, fica próxima ao ringue circular.

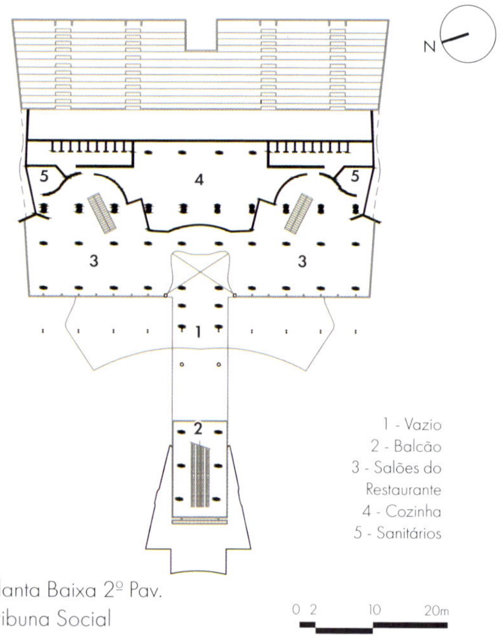

Planta Baixa 2º Pav.
Tribuna Social

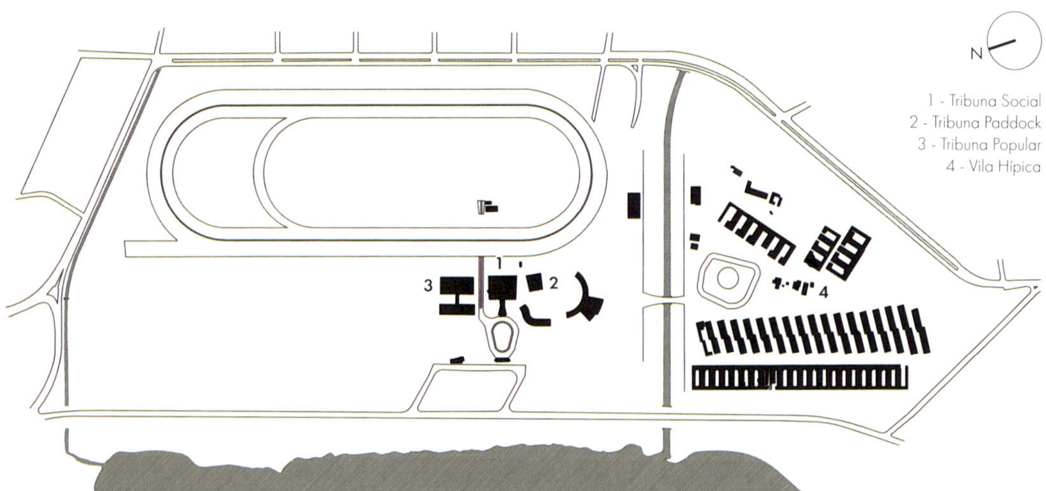

Implantação Original

Av. Independência, 1206, Rua Ramiro Barcelos, 1081 e 1107, Rua André Puente, 475

Román Fresnedo Siri | 1952-1962

O Edifício Esplanada representa um dos principais exemplos da influência da Unidade de Habitação de Le Corbusier em Porto Alegre. Como um empreendimento de grandes proporções, este edifício reúne quatro blocos residenciais independentes, com 126 amplos apartamentos distribuídos nos 15 pavimentos tipo, garagem em subsolo e salões de festas nas coberturas. No térreo, um conjunto de lojas abrigadas por pilotis marca o extenso percurso da barra ao longo do alinhamento predial. O projeto original do arquiteto uruguaio Román Fresnedo Siri teve projeto executivo do desenhista projetista Guido Hélio Trein, sendo construído em etapas pela empresa Azevedo Moura & Gertum, de extensa atuação na cidade. O último bloco do conjunto foi finalizado em 1962. Esses blocos não se distinguem nas fachadas revestidas por pastilhas, sendo o tratamento unitário enfatizado principalmente pela configuração de uma grelha que acomoda as sacadas dos apartamentos, projetando-se num balanço de cerca de 1,80m da estrutura do edifício.

1 - Hall Social
2 - Hall Serviço
3 - Estar
4 - Jantar
5 - Dormitório
6 - Banho
7 - Cozinha
8 - Área de Serviço
9 - Dormitório Empregada
10 - Varanda

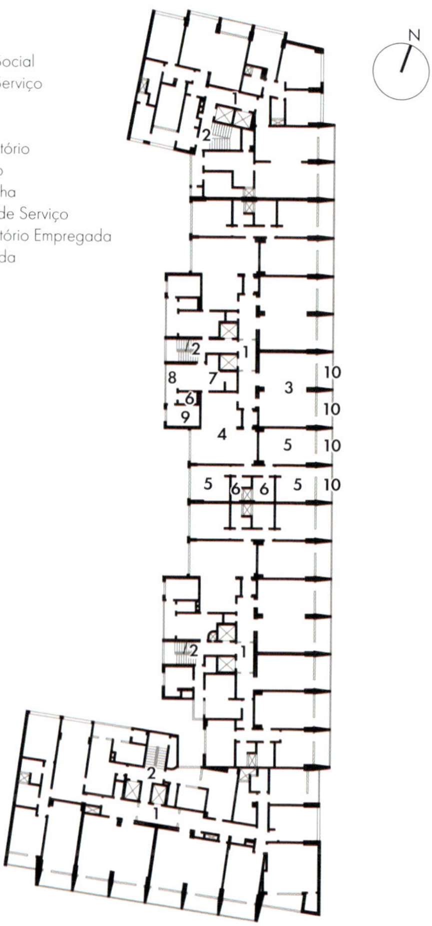

Planta Baixa Pav. Tipo

Trav. Francisco Leonardo Truda, 40

Carlos Alberto de Holanda Mendonça | 1952

A abertura da travessa Francisco Leonardo Truda em terreno pertencente à empresa Predial Formac Ltda. possibilitou o benefício do aumento da altura do Edifício Formac para 26 pavimentos, o maior da cidade até então. A partir de 1952, a Lei 986, de 22 de dezembro de 1952, iniciou a regulação da altura dos edifícios de Porto Alegre, passando a exigir recuos progressivos. O Formac foi um dos últimos isentos dessa normativa.

A organização de todos os prédios da travessa obedece ainda às determinações do Plano Gladosch, com passeios cobertos e porticados, colunas gigantes abrangendo o térreo e as sobrelojas, sendo a totalidade da volumetria predial alinhada ao meio-fio da via.

Destinado inicialmente a uso misto, com escritórios e habitação a partir do 17º pavimento, o edifício previa um restaurante, boate e bar para shows na cobertura. O tratamento das fachadas previa brises na elevação oeste e uma grelha ao norte, voltada para a Avenida Mauá. No projeto executado, os brises foram eliminados e substituídos em parte da fachada oeste por cobogós. Na outra fachada, uma grelha de proporção vertical foi aposta sobre o pano de janelas, descolada da superfície do edifício.

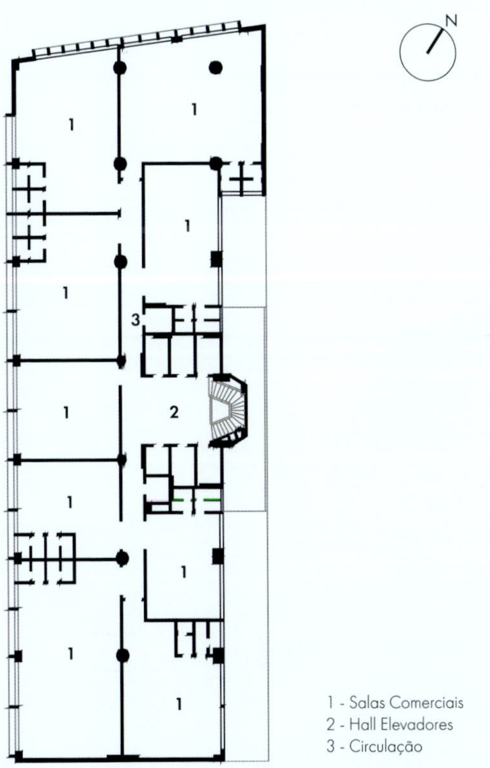

Planta Baixa Original 2º Pav.

AGÊNCIA CENTENÁRIA SANTANDER

Rua Sete de Setembro, 1177
esq. Rua Uruguai, 277

Azevedo, Moura & Gertum | 1952
Restauração: **Filemon Alba Posse** e **Rodrigo Spinelli** | 2010
Construtora: **Azevedo, Moura & Gertum**

Desde 1920, as agências do antigo Banco da Província do Rio Grande do Sul ficaram a cargo da Construtora Azevedo, Moura & Gertum, umas das grandes empresas do estado. Até a década de 1940, suas agências ainda seguiam rigorosamente o Historicismo. Na década de 1950, com a difusão dos preceitos modernistas, percebe-se a influência progressiva do novo ideário nas agências da Instituição. Nesta proposta específica de edifício-sede do banco em Porto Alegre, localizado na esquina da principal rua bancária da cidade, existiu ainda certa hesitação entre os antigos e os novos conceitos.

A volumetria e o tratamento escalonado das superfícies enfatizam ainda a tradicional relação entre base, corpo e coroamento, sendo as elevações definidas por uma grelha que integra as fachadas das duas vias através de uma curva. A portada envidraçada junto à esquina demarca esplendidamente o acesso principal. O granito polido rosado, aplicado em toda a extensão do embasamento, confere um aspecto robusto e monumental ainda com acento déco.

O espaço interno da agência é generoso, onde o amplo pé-direito permitiu a inserção de mezanino e subsolo, interligados por escadas rolantes dispostas no grande salão térreo, próximas aos antigos cofres dos clientes, que foram destacados na restauração. A nobreza dos materiais e o elegante desenho dos elementos internos originais – com destaque para o forro com a iluminação integrada à climatização – agregam fluidez ao ambiente, apesar das incômodas medidas de segurança inerentes ao programa atual.

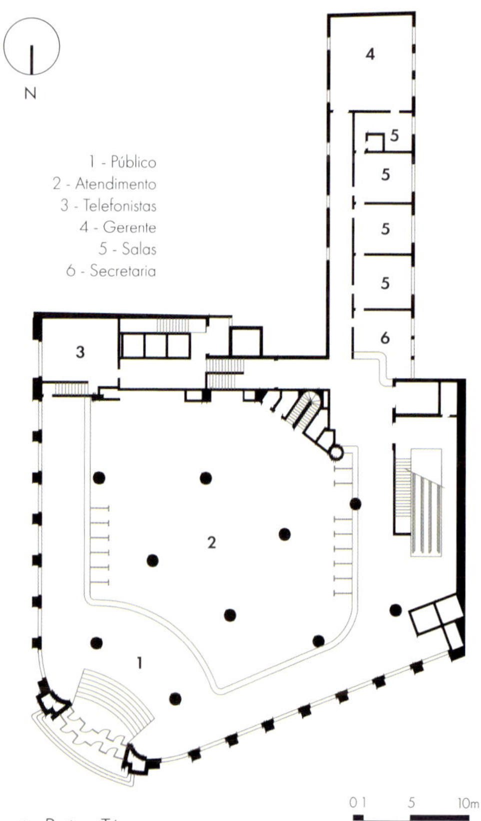

Planta Baixa Térreo

Carlos Maximiliano Fayet
(Domingos Martins/ES, 1930 – Porto Alegre, 2007)

Nascido no distrito de Paraju, município de Domingos Martins, Espírito Santo, **Carlos Maximiliano Fayet** era neto por parte de mãe do imigrante austríaco Maximiliano Salloker, que se instalou no interior do Espírito Santo em 1891. Seus pais, Gisela Salloker Fayet e Nambycahy Carajatee Fayet, um comerciante gaúcho, casaram-se em 1928 em Paraju e se transferem para Porto Alegre em 1932, onde Fayet faz sua formação primária e ginasial. Entrou para o científico em 1944 no Colégio Júlio de Castilhos, frequentando ao mesmo tempo o Curso de Artes, onde se graduou em Pintura em 1948. Nesse mesmo ano ingressa no Curso de Arquitetura do Instituto de Belas Artes, onde se formou em 1953.

Alterna ao longo de sua vida atuação na carreira privada, na administração pública, na Universidade Federal e nos órgãos de representação de classe.

Em 1952, ainda estudante, venceu junto com Luís Fernando Corona o concurso nacional de anteprojetos para a construção do Palácio da Justiça em Porto Alegre, um marco do movimento moderno no Rio Grande do Sul. Em 1955 incorpora-se à equipe da Prefeitura, coordenada então por Edvaldo Pereira Paiva, onde, entre 1958-59, exerce o cargo de diretor da Divisão de Urbanismo. Permaneceu vinculado ao município até 1963. A partir de 1958 inicia a lecionar na UFRGS, onde foi professor das cadeiras de "Urbanismo", "Grandes Composições" e "Teoria e Prática dos Planos de Cidades" do curso de Urbanismo. Em 1969, foi afastado compulsoriamente das atividades docentes na UFRGS, com base no Ato Institucional nº 5, sendo anistiado apenas em 1980.

Entre seus projetos privados, destacam-se nos anos 1960 os projetos para o Centro Evangélico de Porto Alegre (1959), em colaboração com sua esposa, Suzy Fayet, o Auditório Araújo Vianna (1960), em colaboração com Moacyr Moojen Marques, e o projeto da Refinaria Alberto Pasqualini (1961), em Canoas, realizado juntamente com Cláudio Luiz Araújo, Moacyr Moojen Marques e Miguel Alves Pereira. Nos anos 1970, afastado da Universidade, dedicou-se a projetos de grande porte em todo o Brasil, como o Terminal Rodo-Aquaviário de Vitória (1978), e a Central de Abastecimento – Ceasa, em Porto Alegre, projetado entre os anos de 1970 a 1974, em equipe que contou com o engenheiro uruguaio Eladio Dieste.

Nessa década, Fayet atuou na área de planejamento urbano em diversas cidades gaúchas como Taquara e Caxias do Sul, em 1970, Esteio, em 1971, São Gabriel, em 1972 e Criciúma, em Santa Catarina, também em 1972. Seu escritório, ao longo das décadas de 1980 e 1990, foi responsável por expressiva produção arquitetônica industrial no Rio Grande do Sul, idealizando projetos para a Companhia Petroquímica do Sul (Copesul), em Triunfo, em sociedade com Claudio L. G. Araújo, a Tramontina Ferramentas Agrícolas e Forjasul Materiais Elétricos, em Carlos Barbosa, e a Tramontina Materiais de Pesca, no distrito industrial de Gravataí. Entre 1991 e 1994, projeta a revitalização da área da Estação Ferroviária de Carlos Barbosa, em conjunto com o arquiteto Sérgio M. Marques.

Em 2002, Fayet foi contratado pelo Tribunal de Justiça de Porto Alegre para assumir o projeto e a fiscalização da reforma do Palácio de Justiça de Porto Alegre, num retorno ao seu primeiro projeto. A finalização das obras ocorreu em 2005, com a colocação da escultura de Themis, de autoria de Fayet, na fachada principal do prédio. Carlos Maximiliano Fayet faleceu em 19 de março de 2007.

PALÁCIO DA JUSTIÇA DE PORTO ALEGRE

Praça Marechal Deodoro, 55

Luis Fernando Corona e
Carlos Maximiliano Fayet | 1952-1968
Projeto de restauração e reciclagem:
Carlos Maximiliano Fayet | 2002-2006

Construído na Praça da Matriz entre 1953 e 1968, o projeto do Palácio da Justiça decorre de um concurso organizado em 1952 pela Sociedade de Estado dos Negócios das Obras Públicas. Foi uma das primeiras obras públicas modernistas na capital e pode ser considerada uma das mais importantes obras da arquitetura moderna realizada no estado.

Sua composição reflete influência corbusiana, através da aplicação dos cinco pontos da nova arquitetura: fachada cortina, terraço-jardim, estrutura independente, fachada livre e planta livre. O volume cúbico principal é composto por paredes cegas a norte e a sul e planos envidraçados a leste e oeste. O bloco em linhas puras assenta-se sobre uma base bastante movimentada, em que se destacam o volume em granito negro sinuoso, o pórtico monumental de pilotis de mármore e os trechos envidraçados.

Em 2002, o arquiteto Fayet foi contratado pelo Tribunal de Justiça do Estado para recuperar e ajustar o prédio às necessidades atuais. O prédio foi adequado também à legislação de incêndio e teve restaurados os ambientes internos, como a galeria térrea de acesso, os terraços e o pergolado do sétimo andar. Nessa proposta, alguns elementos previstos no projeto original, porém não executados, foram finalmente introduzidos, como os brises verticais na fachada oeste e as obras de arte integradas à arquitetura do edifício. Com desenho do próprio arquiteto, foi concebida a estátua da deusa Têmis, disposta na fachada voltada para a Praça, e os painéis em baixo-relevo nas fachadas laterais, eternizando cenas e personagens marcantes da cultura gaúcha.

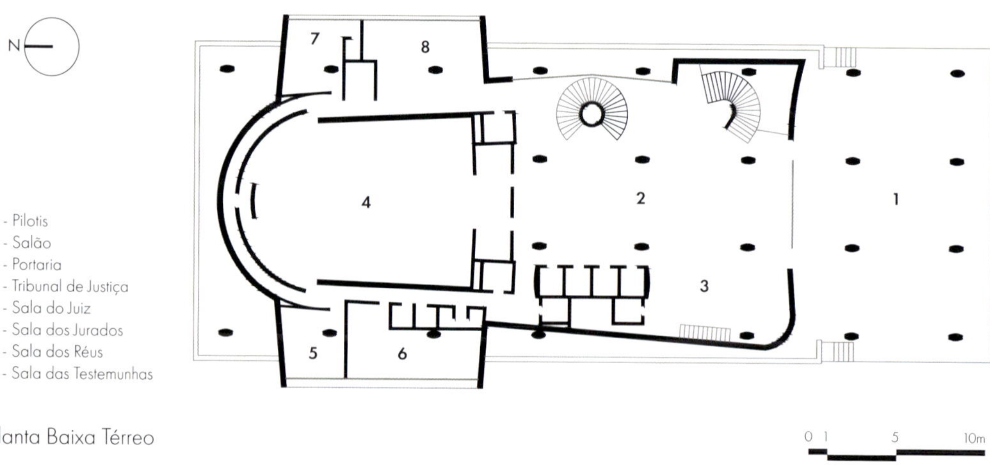

1 - Pilotis
2 - Salão
3 - Portaria
4 - Tribunal de Justiça
5 - Sala do Juiz
6 - Sala dos Jurados
7 - Sala dos Réus
8 - Sala das Testemunhas

Planta Baixa Térreo

Rua da República, 21

Emil Bered e **Salomão Kruchin** | 1954-1957

Ocupando integralmente a área de um lote de esquina, o edifício de nove pavimentos volta sua fachada norte ao Parque Farroupilha. A planta desenvolve-se em bloco compacto em forma de "L", com uma área interna aberta nos pavimentos tipo. O térreo é elevado cerca de um metro e meio em relação ao passeio público, auxiliando assim na ventilação das garagens em subsolo. Além disto, a sobrelevação da área dos pilotis auxilia os usuários na visualização do parque e agrega intimidade em relação aos passantes. Além dessa generosa área semiaberta, a planta térrea inclui uma loja, que estabelece a transição com o lote lindeiro de um lado, e a rampa do estacionamento de outro, separada do estar condominial por uma parede de cobogós. Também no pavimento térreo se encontra o apartamento do zelador, conectado com a portaria, seguido pelo hall social e elevadores. Sobre a base de pilotis, o corpo do edifício apresenta a organização interna de forma evidente, composta de três apartamentos por andar. As fachadas são estruturadas por grelhas quadrangulares, com janelas em vidro e persiana, que correspondem aos dormitórios e salas de estar. Os setores de serviço dos apartamentos são voltados para as áreas internas.

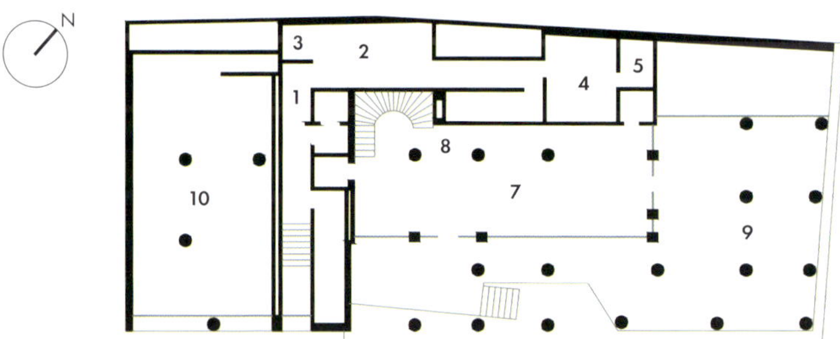

1 - Vestíbulo
2 - Estar/Jantar
3 - Cozinha
4 - Dormitório
5 - Banheiro
6 - W.C.
7 - Hall
8 - Portaria
9 - Área Coberta
10 - Lojas
11 - Medidores

Planta Baixa Térreo

1 - Vestíbulo
2 - Estar/Jantar
3 - Cozinha
4 - Dormitório
5 - Banheiro
6 - W.C.
7 - Área de Serviço
8 - Despensa

Planta Baixa Pav. Tipo

0 1 5 10m

Praça Piratini, nº 76, esquina Rua Laurindo

Demétrio Ribeiro e **Enilda Ribeiro** | 1954

O antigo Instituto Ginasial Júlio de Castilhos foi fundado em 1900 pela Escola de Engenharia com o objetivo de oferecer um curso elementar direcionado aos exames para ingresso no curso superior. Chamou-se primeiramente Ginásio do Rio Grande do Sul até 1908, quando recebeu o nome de Júlio de Castilhos. O prédio foi construído em 1909 com projeto de Manoel Barbosa Itaqui. Com a Reforma do Ensino em 1942, foi convertido no Colégio Júlio de Castilhos. Sua sede localizava-se na Av. João Pessoa, ao lado da Faculdade de Direito, tendo sofrido um incêndio em 1951. Sobre seus escombros foi construída entre 1952 e 1954 a atual Faculdade de Ciências Econômicas.

No ano seguinte ao incêndio, a Secretaria de Obras Públicas de Porto Alegre, juntamente com o IAB, promoveu um concurso público de arquitetura para a nova sede do Colégio. O terreno escolhido localizava-se junto à Praça Piratini, um espaço monumental em forma de tridente construído em comemoração ao centenário da Revolução Farroupilha. Foi premiado em primeiro lugar o projeto denominado "Julinho", de autoria dos arquitetos Demétrio Ribeiro e Enilda Ribeiro.

O partido é organizado por meio de duas barras paralelas com quatro pavimentos alinhadas com a Praça Piratini, destinadas às salas de aula. Um terceiro bloco aos fundos acomoda o auditório. Os três blocos são articulados por um eixo de circulação transversal, centralizado, que confere ao conjunto uma filiação a matrizes clássicas, seja pelo uso da simetria, seja pela ênfase na monumentalidade do acesso.

A barra principal tem sua fachada organizada em uma grelha que acomoda um elegante jogo de planos vazados e fechados. A porção central desse volume, levemente avançada, recebe uma marquise no térreo, que acentua o acesso principal da escola.

O Colégio Estadual Júlio de Castilhos foi tombado pelo município em 2024 a pedido do IAB/RS, em comemoração aos 70 anos da obra e em homenagem póstuma ao legado de seus projetistas, que também exerceram a presidência da entidade.

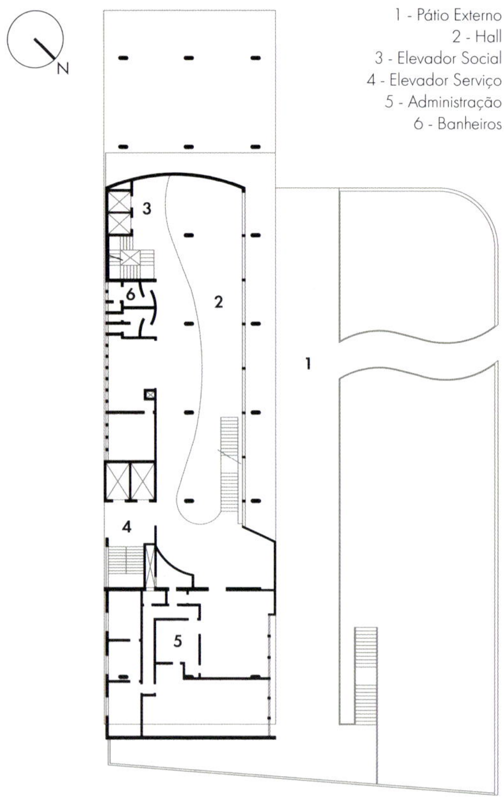

Rua Mostardeiro, 17

Irineu Breitman | 1955

O Hospital Fêmina foi idealizado para prestar serviços especializados de ginecologia e obstetrícia, com uma capacidade inicial de 150 leitos. Está implantado em um terreno de meio de quadra, onde dois blocos paralelos abrigam o programa. O partido se organiza em uma barra de dez pavimentos, ocupando a porção frontal, enquanto o prédio menor, aos fundos, foi dedicado aos ambulatórios e centro cirúrgico. Apenas a barra frontal foi edificada, tendo sido aproveitado o grande desnível do terreno para a implantação de um pavimento semienterrado para os serviços gerais.

O prédio apresenta as características essenciais da cartilha do Movimento Moderno, como andar térreo envidraçado em pilotis, sobre o qual se dispõe uma barra modulada em planta livre, com fachada em grelha retangular. A cobertura foi destinada a alojamentos e enfermarias. Todos esses elementos foram habilmente articulados entre si, tornando o edifício um dos mais elegantes exemplos do surgimento da arquitetura moderna na cidade.

Planta Baixa Original Térreo

0 5 10 20m

Largo Visconde do Cairu, 12

Carlos Alberto de Holanda Mendonça
e **Jayme Luna dos Santos** | 1956

O Edifício Consórcio localiza-se em um setor do Centro de Porto Alegre que, na época do projeto, obedecia a gabaritos específicos, ou seja, onde havia exigência de altura homogênea para todos os prédios a serem construídos. Isto explica a volumetria uniforme de 15 pavimentos de todos os prédios que conformam a face do quarteirão voltada para a Praça XV de Novembro.

Destinado a abrigar escritórios do Consórcio Brasileiro de Investimentos, o empreendimento previa uma segunda fase, não realizada, que ocuparia toda a cabeça de quarteirão entre a Avenida Mauá, o Largo Visconde de Cairu e a Avenida Julio de Castilhos. A proposta traz forte influência da escola carioca presente na obra de Holanda Mendonça, com destaque para a grelha de modulação variada, aplicada sobre a fachada norte. Na fachada oeste, brises horizontais mais contidos contrastam e realçam a fachada voltada para a Avenida Mauá.

1 - Sala Comercial
2 - Hall
3 - Depósito/Área Técnica
4 - Banheiro

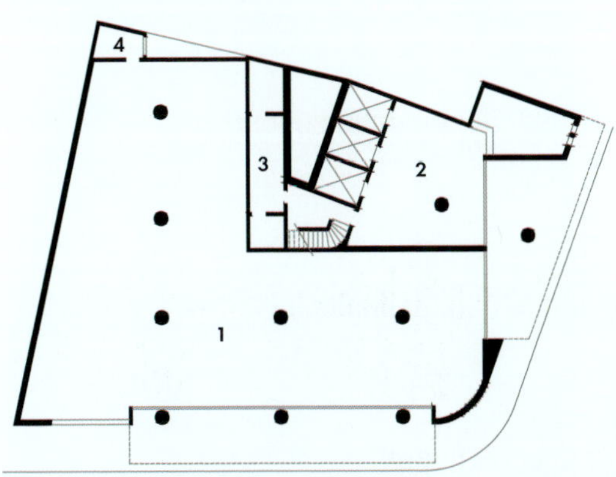

Planta Baixa Atual Térreo

1 - Hall Elevadores
2 - Sala Comercial
3 - Banheiros

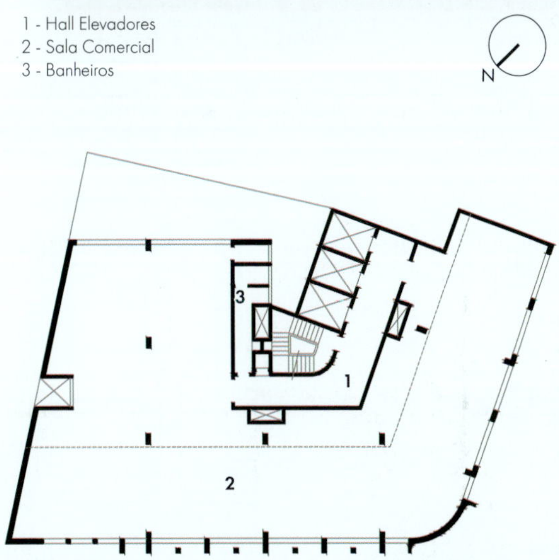

Planta Baixa Atual 2º Pav.

Rua dos Andradas, 1234 e
Rua Sete de Setembro, 1069

Projeto original: **Carlos Alberto de Holanda Mendonça** e **Jayme Luna dos Santos** | 1956
Projeto executado: **Jayme Luna dos Santos** e **Cyrillo Crestani** | 1956-1965

O Edifício Santa Cruz é fruto de um concurso fechado de anteprojetos promovido pelo Banco Agrícola e Mercantil, vencido pelo arquiteto Holanda Mendonça, com 107 metros de altura e 30 pavimentos. O terreno atravessa o quarteirão entre as Ruas dos Andradas e Sete de Setembro, com testadas de dimensões diferentes em cada lado. Numa primeira proposta, as fachadas eram tratadas em grelhas, marca registrada do arquiteto. Diferentes em cada testada de acordo com a incidência solar, o desenho das grelhas incluía ainda duas imensas cruzes em sua configuração. O prédio possuía já o escalonamento que é sua principal marca volumétrica, fruto da legislação urbanística da época, inspirada nas normativas urbanísticas de Nova York.

Com a morte do arquiteto em 1956, seu sócio, Jayme Luna dos Santos, se associa a Cyrillo Crestani e dá continuidade ao projeto. As alterações são significativas em termos da imagem do prédio. Nessa fase, percebe-se uma inflexão estilística em direção ao estilo internacional de Mies van der Rohe, em oposição às influências da escola carioca predominantes na obra de Mendonça. Uma das mudanças mais significativas é a substituição do tratamento das fachadas em grelha por uma retícula de montantes metálicos que serve de base para uma composição que alterna faixas envidraçadas e faixas de panos cegos coloridos em tom de azul.

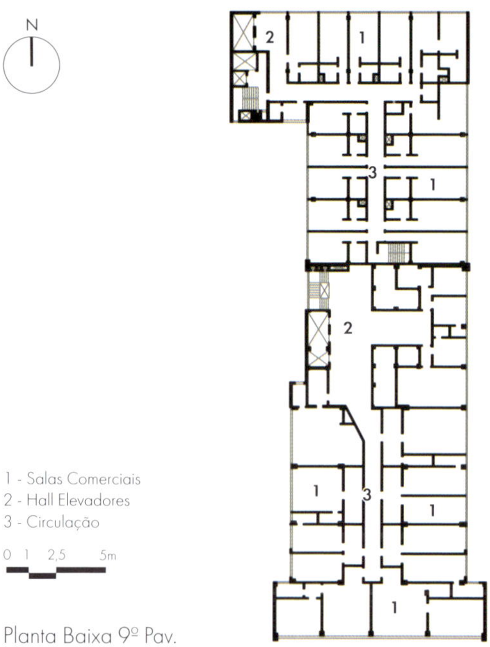

Planta Baixa 9º Pav.

Praça Marechal Deodoro, 101

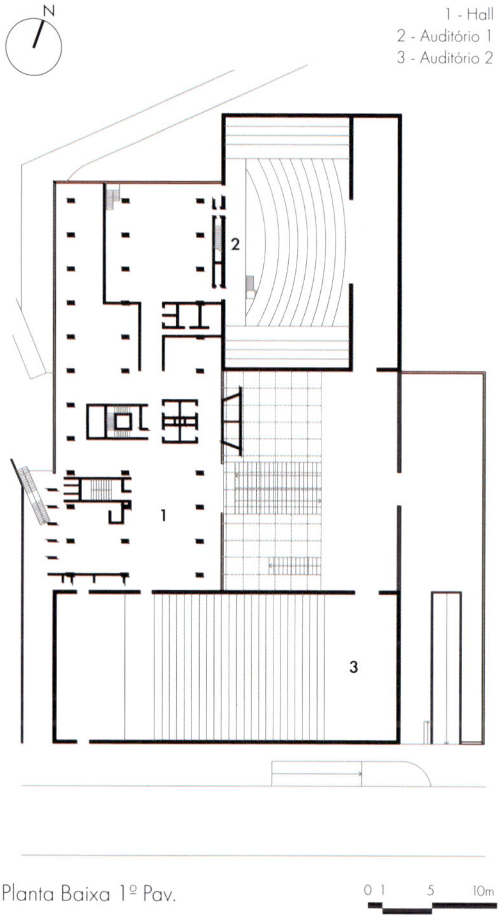

Planta Baixa 1º Pav.

Gregório Zolko e
Wolfgang Schoedon | 1958-1967

O projeto dos arquitetos paulistas para o Palácio Farroupilha, sede da Assembleia Legislativa do Estado, foi vencedor unânime do concurso nacional. Trata-se de um dos primeiros projetos com influência da arquitetura de Mies van der Rohe em Porto Alegre, após um período de claro predomínio corbusiano.

Localiza-se numa das laterais da Praça da Matriz, onde originalmente situava-se o Auditório Araújo Vianna, depois transferido para o Parque Farroupilha. O terreno exíguo condicionou uma solução compacta, onde uma base horizontal se articula com uma barra vertical. A entrada principal se dá através de uma plataforma com acesso direto pela Rua Duque de Caxias, propiciando vista privilegiada da Praça. Esta plataforma dá acesso ao Hall de Exposições, ao Teatro Dante Barone e ao Plenário, perfeitamente identificados na fachada frontal do prédio pelas paredes cegas revestidas por uma rica estereotomia de basalto cinza. A plataforma elevada também serve de cobertura a um acesso secundário para veículos e público, configurando um pavimento semi-aflorado. Um jardim interno permite a iluminação natural da parte central da base. O bloco vertical recuado, de 13 pavimentos, abriga os gabinetes dos deputados e as funções administrativas, sendo revestido por paredes-cortina com painéis em chapa esmaltada de aço e persianas de alumínio nas fachadas expostas à insolação. A fachada voltada para a Rua Duque de Caxias é ornamentada pelo painel "Epopeia Farroupilha", do escultor gaúcho Vasco Prado.

Luís Fernando Corona
(Porto Alegre, 1924 – 1977)

Luís Fernando Corona, filho de Fernando Corona Cabello e neto de Jesus Maria Corona, ambos escultores e arquitetos espanhóis emigrados para Porto Alegre no início do século XX, participou da segunda turma do curso de Arquitetura do Instituto de Belas Artes, ingressado em 1946. Até se formar em 1950, mantém intensa atividade acadêmica, tanto no Centro Acadêmico Tasso Corrêa, na Associação Araújo Porto Alegre e na fundação da revista *Espaço, Revista de Arquitetura Urbanismo e Arte*. Em 1949 participou da Exposição Coletiva de Pintura, Escultura, Arquitetura e Gravura, com Carlos Maximiliano Fayet e Enilda Ribeiro.

Em 1951, participa a convite de seu pai do projeto para o Edifício Jaguaribe, um edifício residencial para a classe média alta de Porto Alegre, conjugado a um cinema. As fachadas do Jaguaribe expõem um jogo cromático das sacadas sobre um plano de base, introduzindo uma estratégia plástica que o arquiteto passou a explorar em seus projetos das décadas de 1960 e 1970. Indicado por Josef Lutzenberguer, professor catedrático da cadeira de Sombras-Perspectiva-Estereotomia do curso de Arquitetura do IBA, Corona foi admitido como professor assistente voluntário, em 1951. Em 1953, venceu o concurso de anteprojetos para o Palácio da Justiça com Carlos Maximiliano Fayet.

Em sua composição, comparecem os cinco pontos da nova arquitetura de Le Corbusier: planta livre, fachada livre, estrutura independente, terraço-jardim e janelas longitudinais. A notável modernidade do edifício introduziu uma nova escala e um novo estilo na Praça da Matriz, até então marcada por edifícios institucionais neoclássicos ou ecléticos e de baixa altura. Após a vitória, montou um escritório no Edifício Sulacap, em sociedade com Fayet. Desenvolveram diversos projetos, como a Santa Casa de Caridade para Bagé (1954), o concurso público para um conjunto residencial para funcionários do IPASE (4º lugar, 1956), o Pré-Plano para Panambi (2º lugar) e diversas encomendas privadas, como as residências de Cândido Norberto, Samuel Madureira Coelho e Manoel Quintanilha.

Nas décadas de 1960 e 70, projetou diversas residências e edifícios, entre eles a sede da Companhia Riograndense de Telecomunicações (CRT), com Emil Bered e Roberto Felix Veronese. O projeto para a CRT não apresenta mais a estrutura corbusiana de pilotis e lajes com balanços que sustentam o corpo.

Manteve escritório com o arquiteto Battistino Anele e atuou em parceria com Bered e Veronese em alguns projetos. Após o golpe militar de 1964, Corona foi chamado pela Comissão Especial de Inquérito Suário, CEIS, e exonerado da Universidade. A partir daí, sua atividade concentrou-se na prática profissional, deixando de lecionar. Faleceu em 9 de fevereiro de 1977.

Av. Osvaldo Aranha, 685

Moacyr Moojen Marques e
Carlos Maximiliano Fayet | 1958-1964
Projeto da primeira cobertura: **Moacyr Moojen Marques** e **Carlos Maximiliano Fayet** | 1994
Projeto de restauração e revitalização:
Moojen & Marques Arquitetos Associados | 2005

Esta obra substituiu o antigo auditório de mesmo nome, de autoria de Armando Boni, localizado junto à Praça da Matriz e demolido nos anos 1950 para a construção da Assembleia Legislativa do Estado. Em 1958, a Prefeitura encarregou os arquitetos Moojen e Fayet, então funcionários da Secretaria de Obras, para a elaboração do projeto arquitetônico do novo auditório a ser implantado em meio ao Parque Farroupilha. Finalizado em 1964, acomodava 4.500 pessoas dentro de um espaço circular construído sobre uma elevação artificial no terreno, que permitiu a criação do desnível necessário para a visibilidade da plateia.

O prédio é organizado por um eixo de acesso que conduz o visitante desde o passeio da Av. Osvaldo Aranha, em aclive suave, através de uma extensa plataforma de acesso. Após passar por estares com bancos, espelhos d'água e um pórtico, chega-se até a cota mais alta, onde se localiza a entrada principal. O eixo converge para o centro do palco, envolvido por uma expressiva concha acústica moldada em concreto armado, infelizmente pouco notada desde que recebeu acabamento em tinta escura. A intervenção de 1994 transformou o Araújo Vianna em auditório fechado com a inserção de uma cobertura tensionada. Internamente, a ambiência da plateia passou a conviver com o pórtico treliçado metálico que sustenta a cobertura. Externamente, a volumetria resultante dessa intervenção alterou significativamente as proporções do projeto original.

A obra foi integrada ao tombamento municipal do Parque Farroupilha em 1997.

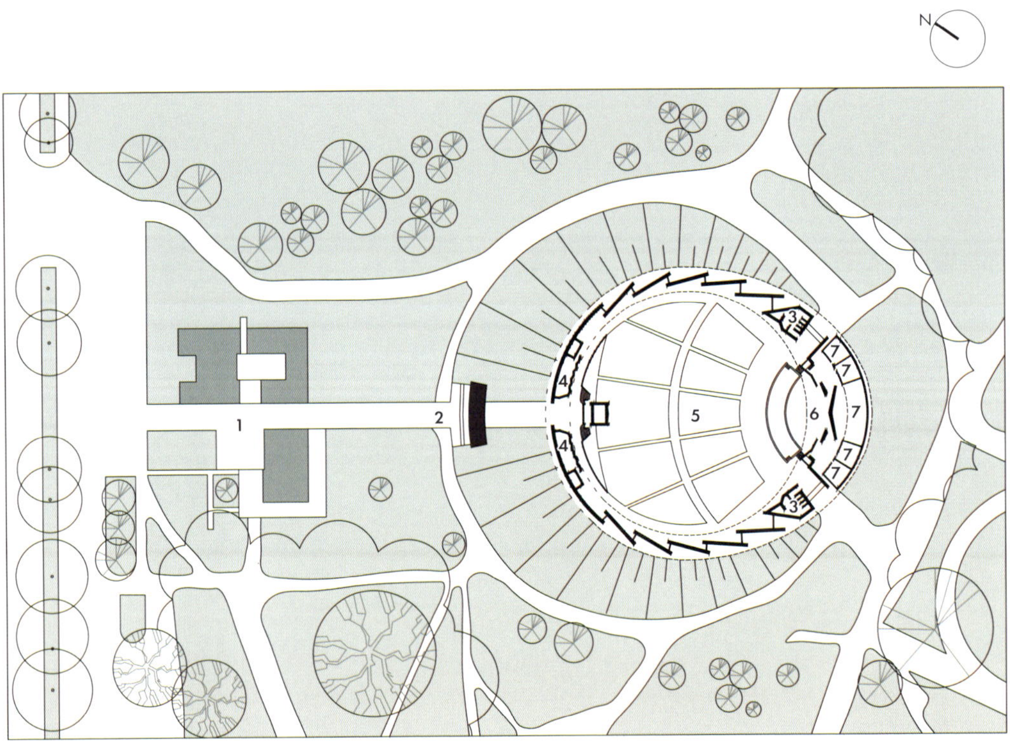

1 - Esplanada de Acesso
2 - Pórtico
3 - Banheiros
4 - Bares
5 - Plateia
6 - Palco
7 - Camarins

Implantação

FAM/PROPAR

CENTRO EVANGÉLICO DE PORTO ALEGRE

Rua Senhor dos Passos, 202

Carlos Maximiliano Fayet e
Suzy Brücker Fayet | 1959-1966

O complexo do atual Centro Evangélico de Porto Alegre foi construído em substituição à antiga igreja luterana neogótica construída em 1865 pelo arquiteto imigrante alemão Johan Grünewald. Essa obra foi demolida na década de 1960 para a construção da sede administrativa da Igreja Evangélica, juntamente com um novo templo: a Igreja da Reconciliação.

O projeto dos Fayet foi vencedor de um concurso nacional, atendendo a um amplo programa que incluía desde a igreja até espaços para festas, teatro, estacionamento, praça, administração e apartamentos para pastores. Tirando partido do desnível do terreno em relação à rua, foi inserido um estacionamento em subsolo, sobre o qual se definiu um platô elevado onde estão dispostos dois blocos principais em L, que delimitam uma praça interna. Paralelo à rua e aos fundos do lote, o bloco mais alto abriga os apartamentos, os setores administrativos e a Escola Dominical, enquanto que no bloco transversal está o templo, acessado de forma lateral através da praça. O conjunto é pioneiro na introdução do Modernismo brutalista em Porto Alegre, pelo emprego da estrutura em concreto armado aparente e paredes em tijolos sem revestimento. O bloco dos apartamentos tem sua fachada inteiramente revestida por cobogós de cimento desenhados por Fayet. A fachada principal é um extenso pano cego de concreto onde deveria ser executado um baixo-relevo com os quatro evangelistas, depois substituído por uma simples cruz metálica.

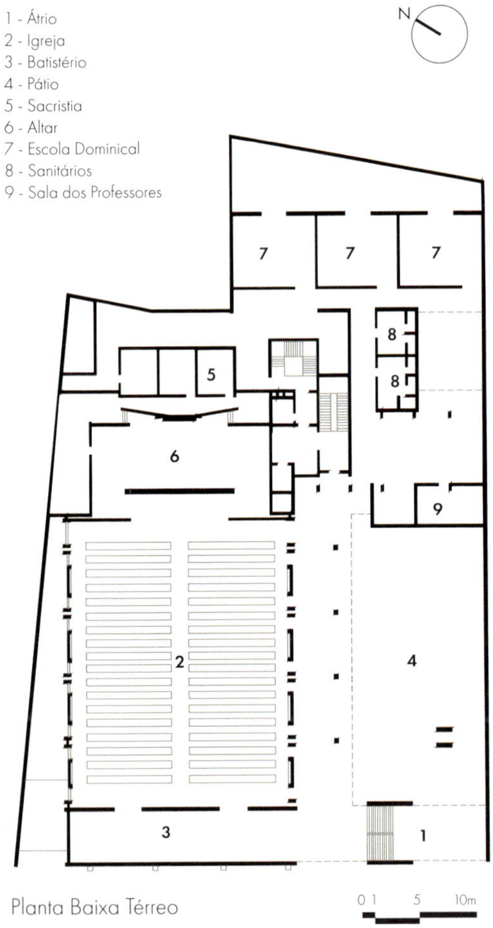

Planta Baixa Térreo

Av. Senador Salgado Filho, 49

Emil Bered, Roberto Félix Veronese
e **Luis Fernando Corona** | 1964

O projeto para este edifício foi resultado de concurso público. Seu terreno apresenta formato retangular e ocupa inteiramente uma face de quarteirão. Projetado em dois blocos, a conformação do edifício, elevando-se em 17 pavimentos, decorre da aplicação dos parâmetros do Plano Diretor de 1959. O prédio possui uma marquise, obrigatória pelo Plano, que se projeta da laje do terceiro pavimento e estende-se por toda a extensão das fachadas. O corpo do edifício é organizado em planta livre e as circulações verticais são independentes do volume retangular, ligeiramente mais altas e recuadas em relação ao mesmo. A fachada do corpo principal destaca-se no entorno pela sua inusitada composição, que alterna o tratamento dos pavimentos em barras horizontais contrastantes, tanto em termos de fenestração como pelas cores dos materiais utilizados (branco e preto). Nos pavimentos destinados a abrigar equipamentos técnicos mais sensíveis predomina o cheio da alvenaria, revestida em pastilhas brancas sobre pequenos rasgos verticais ritmados. Nos pavimentos de uso administrativo a relação se inverte, predominando vidraças escuras, recuadas do plano da fachada e protegidas pela projeção das lajes e brises. A localização privilegiada e a peculiaridade de suas elevações caracterizam o edifício como um elemento de grande destaque e referência no cenário construído do Centro de Porto Alegre.

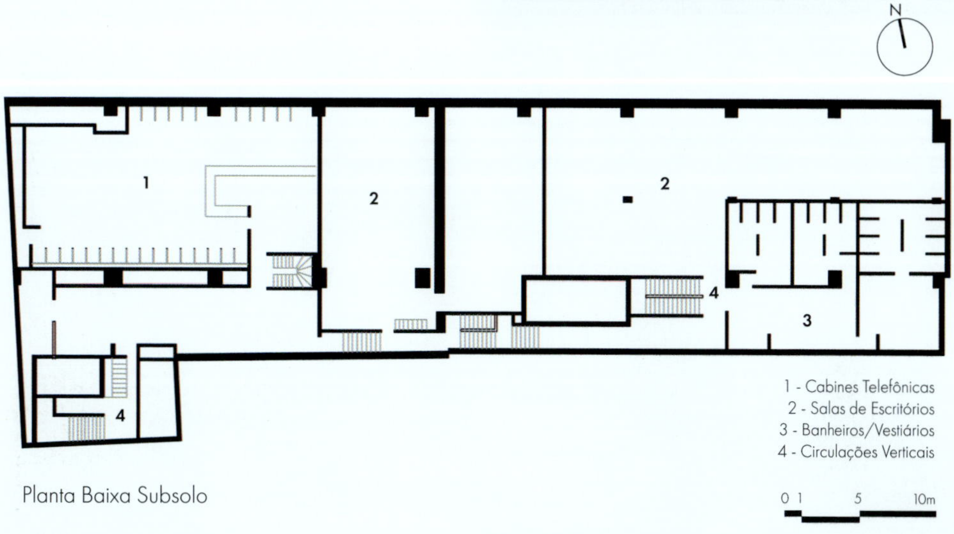

Planta Baixa Subsolo

Av. Borges de Medeiros, 2244

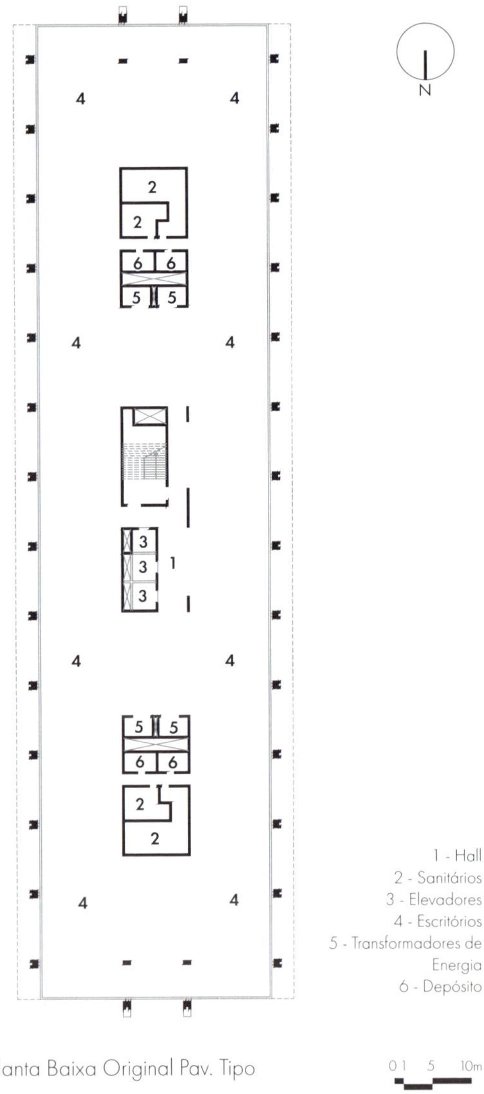

Planta Baixa Original Pav. Tipo

Moacyr Moojen Marques, João José Vallandro e Léo Ferreira da Silva | 1966

O surgimento do edifício-sede das então Secretarias de Obras e Viação (SMOV) e do Planejamento Municipal (SPM) decorre do expressivo incremento das atividades de planejamento e obras urbanas nas décadas de 1950 e 1960, levando o corpo técnico municipal a solicitar a construção de uma sede específica para o adequado suporte dessas funções ao titular da gestão de 1965-69, prefeito Célio Marques Fernandes. A iniciativa coube aos três funcionários públicos autores do projeto, que sugeriram inclusive o terreno para a implantação da obra.

No projeto destaca-se a estrutura autônoma, com pilares de concreto aparente externos aos panos de fachada, permitindo uma ocupação flexível dos pavimentos-tipo, com áreas molhadas fixadas no setor central. O volume do grande bloco é suavizado pelo recuo das paredes externas no térreo e na cobertura em relação aos demais andares. Desta forma, a imagem da configuração em pilotis, planta e fachada livres, aberturas horizontais contínuas e coroamento em terraço remete aos cinco pontos da arquitetura corbusiana como uma das referências conceituais. De outra parte, a intencional racionalidade demonstrada pela rígida modulação de 1,25 x 1,25 m e o cuidadoso detalhamento facilitaram a aplicação de elementos em série (painéis de fachada, luminárias de forro, paredes divisórias e mobiliário), o que também revela a tradução das posturas de Mies van der Rohe pelos arquitetos locais.

No âmbito do Modernismo porto-alegrense, o Edifício Sede da SMOV é reconhecido, entre outros poucos prédios, como um dos precursores do brutalismo arquitetônico, tais como o Centro Evangélico e o Edifício FAM.

Rua Dr. Vicente de Paula Dutra, 225

Carlos Maximiliano Fayet, Cláudio Luiz Araújo e Moacyr Moojen Marques | 1967

O prédio abrigava a residência dos três autores, de onde a sigla FAM, que representa as iniciais de seus sobrenomes. Representa um dos melhores exemplos da influência modernista da escola carioca na arquitetura da cidade, através da simplicidade da solução, do emprego dos pressupostos básicos do Modernismo internacional – pilotis, fachada cortina, planta livre – associados às soluções de vedação e materiais locais, como as venezianas e treliçados em madeira.

O prédio se organiza sobre uma base ocupada pelas áreas comuns, garagens, lavanderia e salão de festas e acesso aos três apartamentos. Sobre essa base repousa o bloco com os três pavimentos, recuado das laterais. A fachada possui uma interessante modulação, dividida em três panos verticais, sendo o central maior que os dois laterais. Totalmente recoberta por venezianas que se movimentam verticalmente, a fachada remete à solução dos muxarabis, tradicionais elementos vazados de madeira encontrados nas aberturas das casas coloniais brasileiras. Trata-se de uma máscara distante dois metros da superfície envidraçada externa dos apartamentos.

A planta baixa prima pela racionalidade, onde a circulação vertical se localiza rigorosamente no centro do bloco. Os setores sociais, de serviço e íntimo se distribuem de forma clara em volta desta circulação: toda a porção frontal é ocupada pelas salas e varandas; aos fundos estão os três dormitórios e nas laterais situa-se a cozinha, de um lado, e o gabinete, de outro.

1 - Vestíbulo
2 - Gabinete
3 - Banheiro
4 - Dormitório
5 - Vestir
6 - Área de Serviço
7 - Copa/Cozinha
8 - Quarto Empregada
9 - Estar/Jantar
10 - Terraço

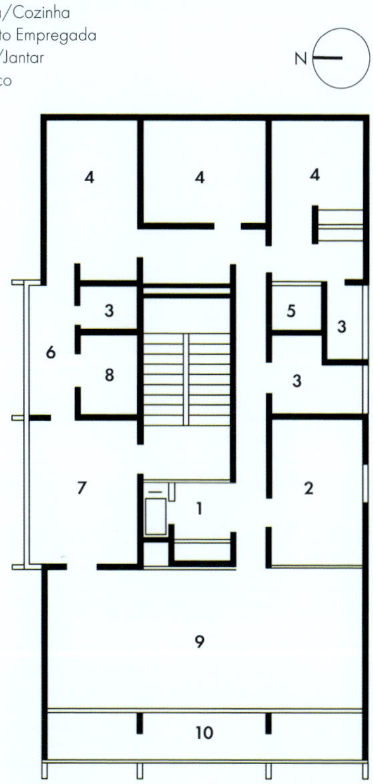

Planta Baixa Pav. Tipo

Av. Fernando Ferrari, 1001

Cláudio Luiz Araújo, Carlos Maximiliano Fayet, Carlos Eduardo Dias Comas, Eladio Dieste e **Luís Américo Gaudenzi** | 1969-1970

O conjunto arquitetônico da Central de Abastecimento do Estado do Rio Grande do Sul conta com uma área de aproximadamente 420.000 m², sendo 73.000 m² de área construída. Foi o primeiro dos projetos para centrais de abastecimento no Brasil, visando incentivar e organizar a distribuição de produtos agrícolas nos grandes centros urbanos, reunindo produtores, atacadistas e varejistas. Os arquitetos Araújo e Fayet venceram o concurso de anteprojetos em 1969, sendo o projeto definitivo concluído em 1970. A proposta teve a participação de vários outros arquitetos e a assessoria técnica de Eladio Dieste, engenheiro uruguaio que desenvolveu o sistema em abóbadas em tijolo armado para cobrir os vários tipos de blocos do conjunto. Essas coberturas abobadadas possuem soluções formais diferenciadas para cada tipo de pavilhão. No maior deles, o Pavilhão dos Produtores, as abóbadas de tijolo armado são em dupla curvatura, formando sheds para iluminação zenital. Nos dez pavilhões dos Atacadistas, onde existem três naves com 30 m de largura por 100 m de comprimento, são utilizadas abóbadas autoportantes, com secção em catenária. Abóbadas de canhão ou de berço também são utilizadas no Pórtico de Acesso e no edifício da Metrologia. O Quarteirão de Utilidades Públicas e Administração foi projetado pelo arquiteto Carlos Eduardo Dias Comas e o Frigorífico foi desenvolvido por Luís Américo Gaudenzi.

1 - Pórtico
2 - Subestação Transformadora
3 - Administração
4 - Porto de Abastecimento
5 - Pavilhão de Comerciantes
6 - Praça de Estacionamento Veículos Leves
7 - Quarteirão de Utilidades
8 - Praça de Estacionamento de Caminhões
9 - Metrologia
10 - Pavilhão do Produtor
11 - Frigorífico

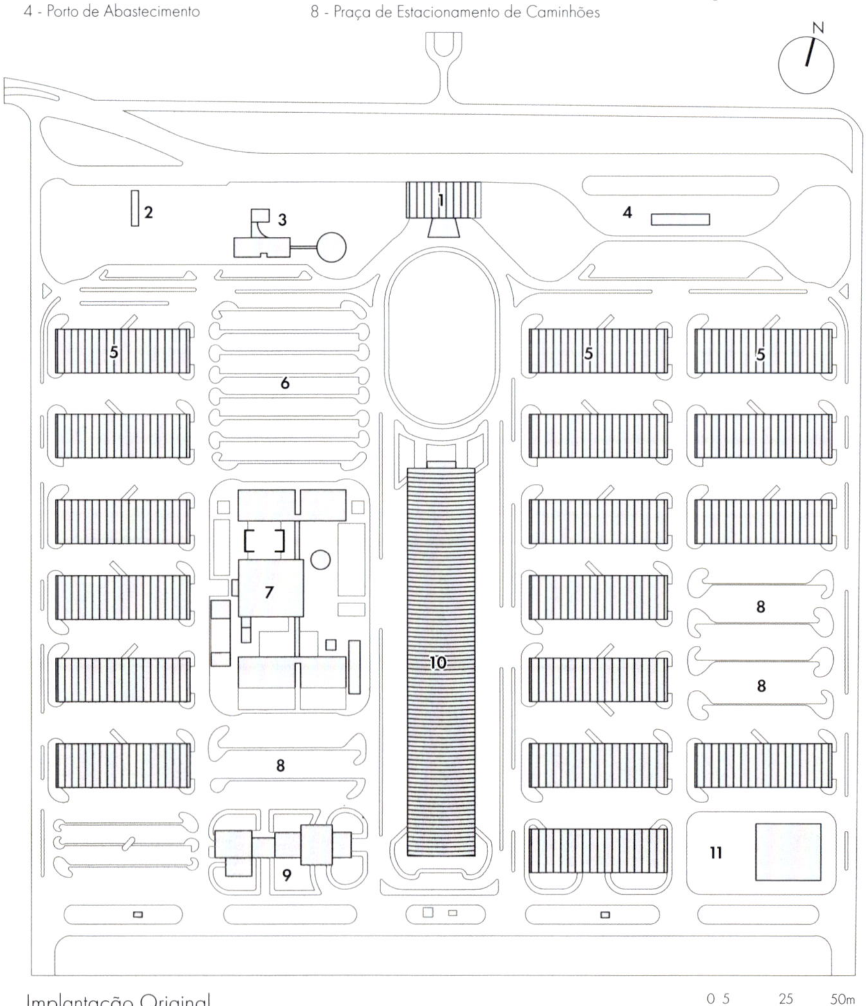

Implantação Original

Acervo FAM/PROPAR

PLANETÁRIO PROF. JOSÉ BAPTISTA PEREIRA – UFRGS

Av. Ipiranga, 2000

Fernando Gonzales e Walter Bered
| 1969-1972

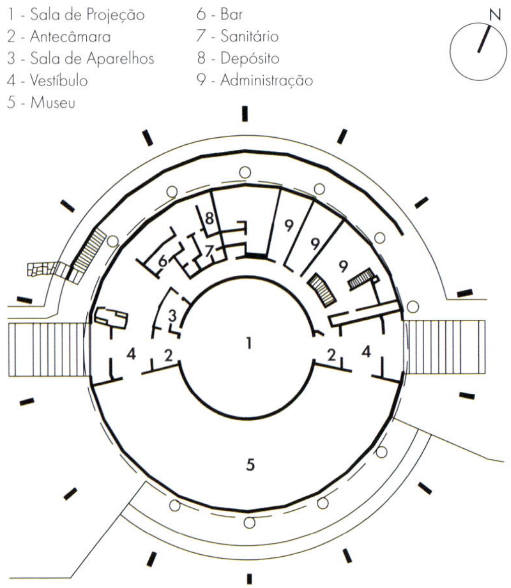

Planta Baixa Térreo

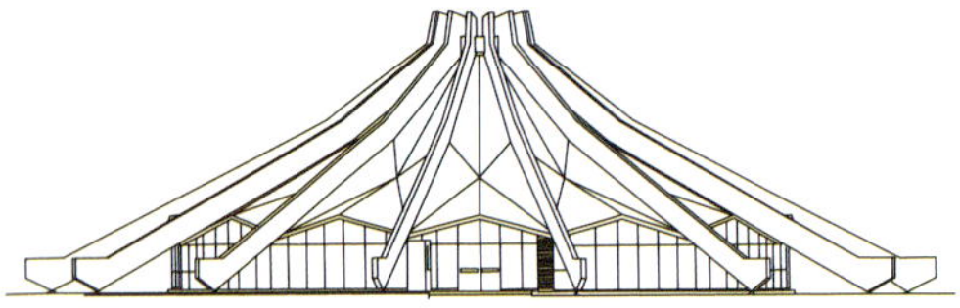

Fachada

0 1 5 10m

O Planetário de Porto Alegre resultou de uma iniciativa conjunta entre a Universidade Federal do Rio Grande do Sul e a Prefeitura de Porto Alegre. O projeto foi elaborado na Divisão de Obras da UFRGS, que também se encarregou da manutenção do principal equipamento do edifício, um projetor Spacemaster marca Zeiss, fabricado na antiga Alemanha Oriental. A construção do prédio coube à Prefeitura, numa área próxima ao Campus Médico da Universidade, criando um ponto descentralizado de interesse científico e turístico em Porto Alegre.

A inauguração da obra se deu em 1972, no encerramento da Semana de Porto Alegre. O prédio apresenta um expressivo volume cônico, composto por uma estrutura em concreto armado formada por 14 vigas em disposição radial sobre uma cobertura modulada em planos geométricos com suaves variações de inclinação. As linhas radiais e concêntricas da planta baixa prosseguem no tratamento paisagístico, através de uma esplanada com jardins e espelho d'água.

Ao centro da planta localiza-se a sala de projeção em forma semiesférica, executada em estrutura metálica. Os ambientes complementares de serviço, infraestrutura e acesso do público desenvolvem-se até a extremidade envidraçada sob a casca de concreto, transmitindo a sensação de fluidez, continuidade e leveza na relação entre espaço aberto e fechado.

Av. Borges de Medeiros, 1501

Charles René Hugaud, Ivânio Fontoura,
Leopoldo Constanzo e Luis Carlos Macchi
| 1972-1987

A ideia de centralizar os órgãos de administração estadual já havia sido proposta desde o Plano Gladosch (1943-44) e também no estudo do arquiteto Jorge Machado Moreira (1956), para a nova Praça da Matriz. Em 1962 fica definida sua localização no aterro próximo à Av. Borges de Medeiros. O projeto do CAFF, desenvolvido na Secretaria de Obras do Estado durante a administração do governador Euclides Triches, previa um conjunto ambicioso. Na proposta original, a torre dupla com empenas curvas possuía 32 pavimentos, visando abrigar 28 mil funcionários. À torre principal se associava um edifício-plataforma de três pavimentos, que serviria de acesso e atendimento ao público. Sua laje superior era destinada a uma praça cívica, não executada. Um Palácio de Despachos do Governador também compunha o programa, tudo em concreto aparente, sintonizado com o brutalismo imperante na arquitetura modernista da época.

As obras arrastaram-se por mais de uma década, quando diversas modificações e simplificações se impuseram. As torres construídas têm somente 22 pavimentos, abrigando hoje cerca de cinco mil funcionários. A obra deveria estar situada no meio de um lago artificial, não implantado. O edifício-plataforma receberia em seu contorno várias placas curvas de concreto aparente, hoje parcialmente instaladas. Embora não seguindo as esbeltas proporções definidas no projeto original, a expressiva silhueta das torres é marcante na paisagem da cidade. Entretanto, todo o contexto de implantação do CAFF, incluindo paisagismo, acessos, estacionamentos, ficou bastante prejudicado pela escassez de recursos e precariedade da execução.

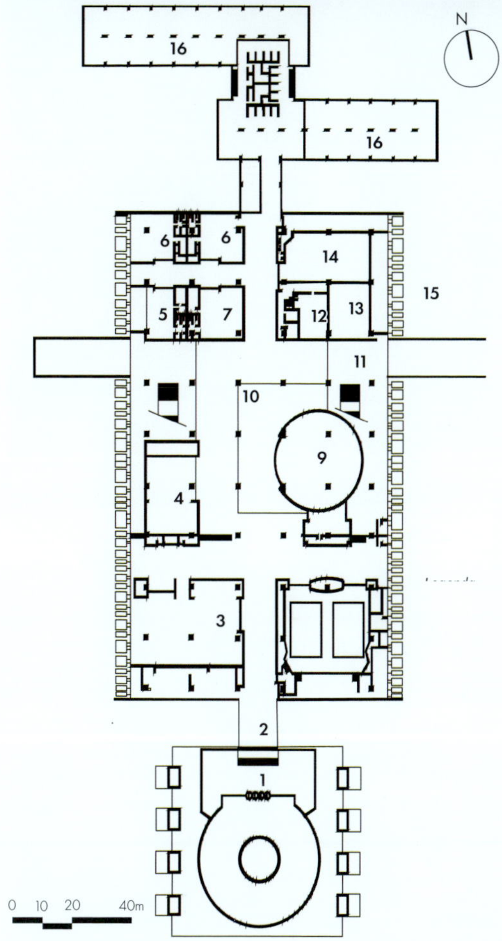

Planta Baixa 3º Pav.

1 - Vestíbulo
2 - Acesso Palácio
3 - Restaurante
4 - Exposição
5 - Farmácia
6 - Banco
7 - Microfilme
8 - Auditório
9 - Informações
10 - Hall
11 - Acesso Terraço
12 - Correios
13 - Telefônica
14 - Ar-Condicionado
15 - Comandos
16 - Salão

PRAÇA CONDE DE PORTO ALEGRE

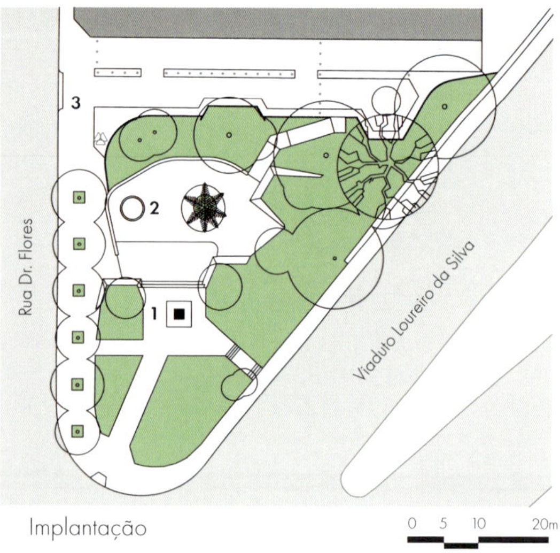

Implantação

José Morbini e **Bruno Franke** | 1972
Projeto de revitalização:
Renata Rizzotto (SMAM) | 2006-2007

Em 1912, por ato do intendente José Montaury, a antiga Praça do Portão teve seu nome mudado em homenagem ao Conde de Porto Alegre, sendo também determinada a transferência da estátua do Conde da Praça Marechal Deodoro (Praça da Matriz) para o local, onde até hoje se encontra. No sentido de diminuir a declividade do terreno, o intendente Montaury determinou a remodelação da Praça em 1939.

A Praça recebeu uma transformação radical em 1972, sob a administração do Prefeito Telmo Thompson Flores, por força da construção do Viaduto Loureiro da Silva, tomando a configuração que mantém até hoje. A superfície remanescente da Praça é bem menor do que a original, mesmo tendo absorvido o segmento da Rua Riachuelo que a defronta. Além disso, a conformação do terreno foi alterada, acentuando sua declividade.

O novo projeto alterou as características formais da praça de estilo eclético. A nova praça filia-se ao Modernismo brutalista em voga na época. Desenvolve-se em três platôs, contidos por muros de arrimo de concreto armado aparente e rodeados por taludes gramados, cobertos por vegetação rasteira com coloração e forma variada.

N

1 - Monumento do Conde de Porto Alegre
2 - Playground
3 - Continuação Peatonal da Rua Riachuelo

José Morbini e Bruno Franke | 1972

No século XIX o local marcava o início do antigo Caminho da Azenha, hoje Avenida João Pessoa. A Praça foi implantada em uma íngreme encosta, com muito trânsito de carretas e problemas de erosão devido às enxurradas. Com o fim da Revolução Farroupilha, a Câmara Municipal começou a introduzir melhorias até 1857, quando o local foi inteiramente urbanizado, com adequações no nivelamento, contenções de alvenaria, escadarias em leque, esgoto subterrâneo e arborização.

Em 1929, a Praça recebeu sua primeira reforma, ganhando jardins, escadarias e sanitários. Nos anos 40, o prefeito Loureiro da Silva modificou sua feição, ao estreitá-la para privilegiar o trânsito de veículos.

Em 1972, na administração do prefeito Telmo Thompson Flores, por ocasião da inauguração do Viaduto Loureiro da Silva, foram reurbanizadas as praças e áreas adjacentes à intervenção. Nessa ocasião, além da nova feição dada à Praça Argentina, foi também remodelada a Praça Conde de Porto Alegre e criada a Praça Raul Pilla, após a demolição do antigo Quartel do Oitavo. Com o desenho de Morbini e Franke, as três praças guardam semelhanças formais.

Totalizando uma área de 4.232,35 m², a Praça Argentina organiza-se numa sequência muito fluida de patamares subdivididos por taludes gramados, muros e bancos de concreto contínuos, que abrigam atividades de contemplação e recreação infantil. É um dos melhores exemplos de paisagismo modernista na cidade.

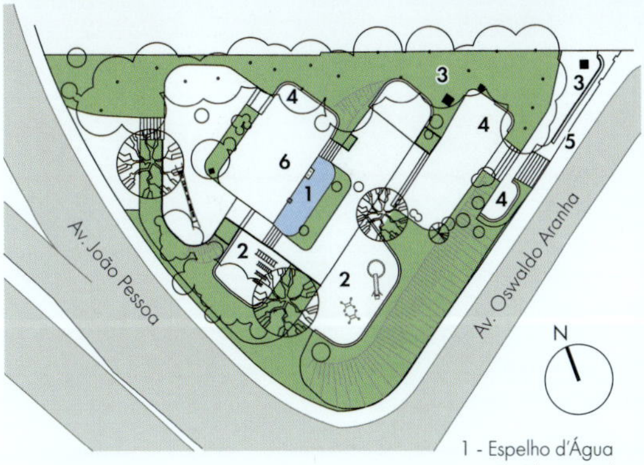

1 - Espelho d'Água
2 - Playground
3 - Monumentos
4 - Bancos
5 - Sanitários e Depósito
6 - Mastros

Implantação
0 5 10 20m

José Morbini | 1972
Projeto do setor esportivo:
Ana Maria Germani | 1979

Entre 1894 a 1959, o local que hoje é ocupado pelo Parque Moinhos de Vento (popularmente conhecido como "Parcão") foi sede de um dos quatro hipódromos então existentes em Porto Alegre. O antigo Prado Independência foi inaugurado em 1894, depois transformado no Jockey Club do Rio Grande do Sul, ali permanecendo até 1954, quando uma nova sede foi construída no bairro Cristal. Houve uma grande mobilização pública na década de 1950 visando impedir o loteamento da área desocupada. A demanda popular foi atendida em 1962, quando o prefeito José Loureiro da Silva desapropriou a área, destinando-a a um parque público.

Em 1972, o Parque foi inaugurado com seus 115.000 m² de extensão. Nesse evento foi também inaugurado o trecho da Avenida Goethe, que divide o parque em dois setores. No maior deles, destinado a um lazer mais contemplativo em torno de um lago artificial, foi construída, em 1982, uma réplica de um moinho de vento açoriano. No trecho menor, as atividades esportivas predominam. A ligação das duas partes se dá por uma passarela sobre a Avenida Goethe. A massa arborizada e arbustiva organiza um plano de cercamento de porte em volta da avenida, servindo ao Parque como uma barreira sonora e visual.

1 - Administração
2 - Biblioteca Infantil
3 - Passarela
4 - Estacionamento
5 - Equipamentos de Ginástica
6 - Sanitários
7 - Playground
8 - Monumento
9 - Pista de Patinação
10 - Vestiários
11 - Campo de Futebol
12 - Quadra de Tênis
13 - Quadra Esportiva
14 - Cancha de Bocha

Implantação
0 25 50 100m

Rua José do Patrocínio, 672

Jorge Decken Debiagi | 1973-1975

Implantado em terreno de esquina com formato trapezoidal, o programa de necessidades foi acomodado em dois pavimentos com acesso ao meio nível. Um salão semienterrado e um mezanino integrados por vazios. Com uma gama limitada de materiais construtivos – concreto, tijolo, vidro – o prédio se organiza através de uma laje nervurada de 300 m², que recobre toda a área de atendimento, sustentada por quatro pilares de apoio em forma de cruz. Uma notável integração espacial entre o interior e o exterior se dá pela vedação com painéis contínuos de vidro temperado em três das suas faces.

Hoje essa integração encontra-se comprometida pela inserção de gradis, rampas e antecâmaras de controle de ingresso.

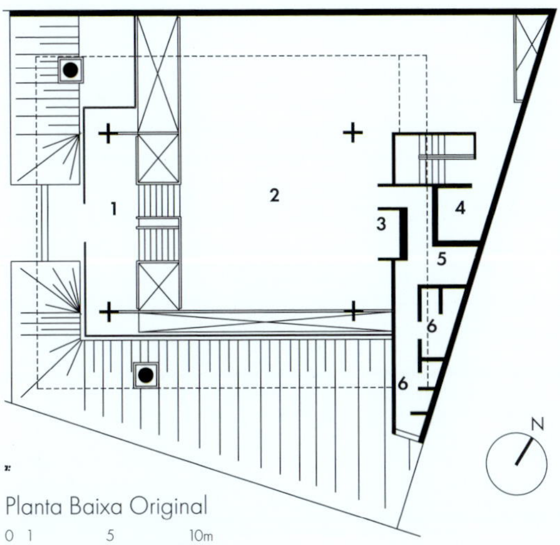

Planta Baixa Original

0 1 5 10m

1 - Hall
2 - Expediente - Público
3 - Ar-Condicionado
4 - Subestação
5 - Copa
6 - Sanitários

Luccas, 2016

Mangrullos, por Julio Pérez Sanz

Cono Sur, por Ted Carrasco

Ivan Mizoguchi e Rogério Malinsky | 1978

O Parque Marinha do Brasil resultou de um concurso de paisagismo lançado pela Prefeitura em 1973, para o qual foi elaborado um projeto prévio coordenado por José Morbini, funcionário municipal. Nesse estudo, foram definidas as funções principais do parque: esporte, recreação, contemplação e preservação.

Situado à beira do Guaíba, o Parque possui 2,5 km de extensão e 74 ha de superfície. Seu formato alongado define a composição paisagística, concebida em dois eixos perpendiculares. O Eixo Verde é representado por uma alameda de tipuanas que acompanha toda a sua extensão, marcada por uma sequência de atividades, ambientes, equipamentos e edificações. O Eixo Aquático atravessa lagos e canais, perpendicularmente à margem do Guaíba. O projeto não foi executado integralmente, faltando uma ilha na qual seriam implantados equipamentos como o prédio administrativo, a marina, o restaurante e o museu aquático.

Foram previstas 11 canchas poliesportivas, duas pistas de corrida, duas pistas para skate, um campo de futebol, sete campos de futebol de praia e um ringue de patinação. Além disso, 100 equipamentos infantis, esplanada para circo, parque de diversões e atos cívicos, restaurantes, lancherias e estacionamentos. Foram previstos também dois lagos artificiais e 340.000 m² de gramado.

Apesar da interface com o Lago Guaíba, sua integração com a margem é interrompida pelo dique de contenção contra cheias, por onde passa a Av. Edvaldo Pereira Paiva a três metros de altura.

1 - Parque de Diversões
2 - Playground
3 - Sanitários
4 - Administração
5 - Pista de Skate
6 - Quadras Esportivas
7 - Secretaria dos Esportes
8 - Pista de Patinação
9 - Pista de Atletismo/ Campo de Futebol
10 - Velódromo

Implantação

FASE 6

Contemporâneo
(1980-2018)

Ao longo dos últimos anos o país passa por profundas transformações, em que a transição do governo militar para a redemocratização vem acompanhada por uma persistente crise econômica que vai selar, ao longo das décadas de 1980 e 1990, a falência generalizada do modelo desenvolvimentista tutelado pelo regime, resultando naquilo que se convencionou chamar no Brasil de "década perdida". Tanto o último governo militar, conduzido por João Baptista Figueiredo (1979-1985), quanto o primeiro governo da Nova República, conduzido por José Sarney (1986-1990) ficaram marcados por inflação galopante, dívida externa, pacotes econômicos e desajustes financeiros.

O intenso afluxo de população para as cidades brasileiras no período esbarra em um mercado imobiliário em crise, paralisado pelo colapso financeiro do Banco Nacional de Habitação, decorrente da crescente taxa de inadimplência dos mutuários. Por consequência, Sarney decreta o fechamento do BNH em 1986. Nesse contexto, a grave crise da política habitacional levou à explosão das ocupações irregulares, precárias e em locais impróprios por todo o país. Em Porto Alegre, percebe-se no período um crescimento vertiginoso de antigas vilas populares, como os complexos da Vila Cruzeiro. A partir de então, o setor da construção civil direcionou seus empreendimentos para as classes de maior rendimento em regiões privilegiadas, em bairros como Independência, Bom Fim e Moinhos de Vento, Mont'Serrat, Três Figueiras e Bela Vista.

À questão habitacional somam-se alterações profundas na localização das atividades produtivas nas metrópoles. É perceptível a dispersão dos espaços industriais – em razão das mudanças tecnológicas e das relações sociais de produção –, lado a lado com uma inédita expansão da economia de serviços. A indústria gradativamente perde a relevância funcional dentro de Porto Alegre, verificando-se um ritmo decrescente na concentração desse setor, com as firmas buscando localizações preferencialmente na Região Metropolitana. Após anos localizadas ao longo da BR-116 em direção ao Vale dos Sinos, no período recente, a indústria mais dinâmica vai se estabelecer no eixo leste-oeste, desde Gravataí até Eldorado do Sul e Guaíba, buscando a acessibilidade advinda da BR-290 e BR-101. Em contrapartida, Porto Alegre se institui como polo hegemônico de comércio e serviços.

Em parte, essa reestruturação do setor terciário em Porto Alegre se manifestou através do desenvolvimento dos novos centros de comércio nos confins dos bairros periféricos da capital e nos eixos de acesso para a RMPA. Nesse sentido, a inauguração do Shopping Iguatemi em 1983 é um caso paradigmático. Estabelecido na Zona Leste da cidade, em local sem urbanização prévia, foi indutor do desenvolvimento imobiliário de toda a região Leste e Norte, propiciando na década seguinte a extensão da Avenida Nilo Peçanha, que rapidamente se transformou numa das principais artérias comerciais de alto padrão na cidade.

Em termos de planejamento urbano, desde 1979, a cidade contava com um novo Plano Diretor, implantado pela Lei Complementar 43/79. No que se refere ao modelo urbanístico predominante, o PDDU pode ser caracterizado como um desdobramento da influência corbusiana na construção da cidade, pois ainda manteve em sua fundamentação alguns conceitos-chave presentes no Plano de 1959, como os critérios de "homogeneidade de uso" e de hierarquização do sistema viário, e também se valeu da aplicação dos padrões de gabarito e altura das edificações (índices urbanísticos). A tipologia edílica induzida por estes padrões consagrou os elementos do repertório adotado pela Arquitetura Modernista (pilotis, prédio isolado no lote, recuado em relação à via),

Prati.com.br

Shopping Iguatemi, c. 1990

quando esta já vinha sendo altamente questionada internacionalmente.

A arquitetura do período enfrenta, portanto, mesmo que de forma tímida, a tarefa de criticar e revisar os preceitos modernos dentro de um quadro legal que os institucionalizava. Os princípios internacionais do Pós-Modernismo, como o revivalismo e o resgate dos valores históricos de outros estilos, permitiram uma liberdade formal, de início associada a uma certa gratuidade. Aos poucos se perceberam aspectos positivos, como a leitura mais atenta do contexto urbano e da arquitetura regional. Em Porto Alegre é o caso do Centro Comercial Nova Olaria, que preservou antigas estruturas dilapidadas na Cidade Baixa, reproduziu a escala das fachadas do bairro, valeu-se de materiais como o tijolo à vista e com isso agregou mais dinamismo ao bairro, potencializando sua vocação boêmia.

Ao final da década, em 1987, o mercado imobiliário se mobilizaria para promover uma radical revisão no PDDU, propondo maiores índices de forma generalizada e a permissão da construção

Edifício na R. Felipe Neri

Centro Comercial Nova Olaria

de edifícios em antigos bairros unifamiliares. É o início do processo de verticalização de bairros como o Mont'Serrat e Bela Vista. Surge então a Avenida Carlos Gomes como *locus* dos edifícios de negócios, já procurando se aproximar do "novo estilo internacional", em que o mercado imobiliário local procurou reproduzir, dentro do possível, a imagem dos grandes centros financeiros mundiais.

Outrora espaço de comércios e serviços voltados à elite, o Centro Histórico sofreu um processo paulatino de desvalorização com a perda de funções econômicas de maior prestígio para os novos polos comerciais da cidade, como o bairro Moinhos de Vento e a Avenida Carlos Gomes, e passa a concentrar uma considerável parte dos empregos voltados à camada popular, com ofertas direcionadas a trabalhadores não qualificados, além do incremento do comércio informal, notadamente de vendedores ambulantes. O processo de degradação que acompanha essa transformação de uso é parcialmente combatido através de ações, em sua maior parte de iniciativa do poder público, no sentido de restaurar prédios históricos, convertendo-os em espaços culturais. Na década de 1980, o destaque fica por conta da restauração do Theatro São Pedro (1984), do Hotel Majestic, convertido na Casa de Cultura Mário Quintana (1987-1990) e da Usina do Gasômetro, convertida em Centro Cultural (1987-1989).

Para o restante da cidade, no que tange à questão da preservação do patrimônio arquitetônico, apesar do PDDU ter instituído áreas e edificações de interesse para preservação, a pressão exercida pelos novos índices construtivos – invariavelmente superiores aos gabaritos das construções remanescentes – estimulou o

Orla do Guaíba

surgimento de edificações com maior altura e volumetria, provocando um acelerado processo de renovação edílica. Desta forma, a manutenção das realizações do passado em muitos casos resumiu-se à preservação de fachadas ou frações de prédios.

A década de 1990 inicia-se com o curto Governo de Fernando Collor de Mello (1990-1992), o qual lança dois planos econômicos fracassados, muda a moeda do país, confisca depósitos em poupança e acaba renunciando em meio a denúncias de corrupção. Durante os dois Governos de Fernando Henrique Cardoso (1995-2002) o país se estabiliza econômica e politicamente. No período, é priorizada a redução do papel do Estado através de políticas de privatização de empresas públicas e incentivado o crescimento do terceiro setor, com a explosão de novas ONGs e Oscips. Em termos de política habitacional, os programas de financiamento da habitação como o Pró-Moradia ou Habitar-Brasil não conseguem atingir aqueles que ganhavam menos de 10 salários mínimos, resultando no crescimento da ocupação urbana ilegal como dinâmica própria do modelo de urbanização do país.

Neste período, acentuam-se em Porto Alegre as alterações nas formas de mobilidade urbana e a geração de novas centralidades. A partir da construção da Segunda Perimetral, o uso intensivo do automóvel particular e as novas formas de consumo, com a disseminação dos hipermercados e dos shopping centers, condicionam o processo de descentralização espacial. Os segmentos das classes médias e altas procuram áreas periféricas. Nesse contexto, surge a crescente valorização imobiliária em direção à Zona Sul da capital, por meio da implantação de grandes condomínios residenciais horizontais, com destaque para os pioneiros Parque Knorr, Jardim do Sol e o início da urbanização do maior de todos, o Condomínio Terraville, em Belém Novo (1998).

Quanto aos demais estratos sociais, cabe considerar que já não se aplica mais falar em bairros operários numa cidade que perdeu drasticamente essa função. As periferias pobres da capital, ao final dos anos 1990, ocupadas por trabalhadores do setor terciário não especializado e da construção civil, situadas em bairros como Agronomia, Lomba do Pinheiro, Restinga, Mário Quintana, Glória, Cascata, Belém Velho, Serraria e Hípica, acabam por estabelecer uma coroa em torno de um hipercentro elitizado. Após o comércio de médio e alto padrão dissipar-se consideravelmente para outras regiões, o Centro Histórico começa novamente a ser valorizado pela Prefeitura e pela população nessa década, através de projetos como Humanização do Centro, Revitalização do Centro e Corredor Cultural da Rua da Praia, que sucessivamente fomentaram obras e ações de requalificação e restauração com enfoque cultural e turístico.

Ao final da década de 1990 é promulgado o Plano Diretor de Desenvolvimento Urbano Ambiental – PDDUA (Lei Complementar 434/1999), fruto de um longo processo de reavaliação do Plano de 1979. Nesse plano, a cidade foi estruturada a partir de um modelo espacial que reconheceu a existência do "Centro Histórico", envolvido por uma coroa de bairros já bem infraestruturados cujo limite é a III Perimetral ("cidade radiocêntrica"), a partir de onde se definiram outros "tipos" de cidade com maior miscigenação de usos, ocorrendo inclusive a evocação da "cidade-jardim" em setores da Zona Sul. O PDDUA também incorporou em seu texto uma especial atenção ao aspecto ambiental, aprimorando medidas para a preservação e qualificação do ambiente natural e construído por meio da proposta de regulamentação das Áreas Especiais de Interesse Cultural. Entretanto, algumas diretrizes adotadas no Plano – como o aumento de densidade e otimização da infraestrutura – induziram o incremento dos regimes urbanísticos, principalmente na área definida como cidade radiocêntrica. Isto acarretou consideráveis impactos na morfologia urbana existente. Hoje se verifica o rompimento do tecido residencial de alguns bairros tradicionais da cidade por edifícios de até 20 pavimentos de altura, provocando grandes conflitos entre moradores, agentes imobiliários e gestores municipais.

O Governo de Luiz Inácio da Silva (2003-2010) manteve a estabilidade política e econômica alcançada nos anos anteriores. Com as bases lançadas por FHC, Lula amplia e redireciona programas sociais. Do ponto de vista econômico, o Brasil se beneficiou de um bom momento internacional, o que lhe permitiu projetar-se como um país emergente, com ativa participação e liderança em fóruns no exterior. O período marcou a retomada dos investimentos em habitação e infraestrutura por parte do Governo Federal, após a crise no sistema de financiamento público que perdurava desde meados dos anos 80. O maciço aporte de recursos para o Programa Minha Casa, Minha Vida todavia não representou uma alteração nos modelos anteriores de urbanização e metropolização. O protagonismo das empresas construtoras e incorporadoras nas decisões locacionais e de projeto gerou grandes empreendimentos de baixíssima qualidade formal, com predomínio de condomínios fechados e de difícil acessibilidade.

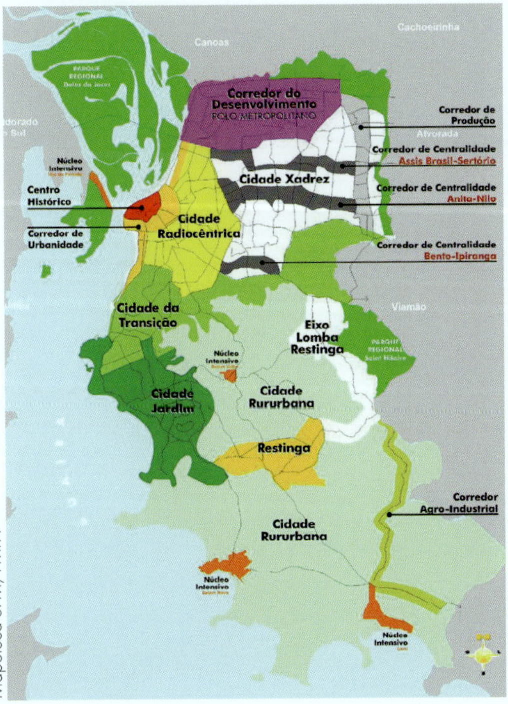

Mapoteca SPM/PMPA

Macrozonas de Porto Alegre

Entretanto, a retomada do crescimento econômico e do debate na arquitetura nacional criou condições para que uma nova geração de arquitetos colocasse em pauta novas formas de urbanidade, propusesse novas soluções construtivas, inserisse aspectos bioclimáticos na pauta e, não menos importante, tivesse acesso ao mercado. Soluções inovadoras como a Casa Slice (2004), utilizando estratégias deconstrutivistas como forma de driblar as restrições de um terreno mínimo, são seguidas pela abertura do mercado local a escritórios que buscam oxigenar os esquemas de organização dos programas de residências e de serviços, como Smart!, Hype Studio, Arquitetura Nacional e Cantergiane+Kunz Arquitetos. Coletivos de arquitetos e moradores se empenham em renovar espaços dilapidados, com ações de ativação urbana, como no caso do complexo Vila Flores – projeto selecionado para representar o Brasil na Bienal de Veneza de 2016 –, e suas intervenções no 4º Distrito.

A preservação do patrimônio cultural conhece um bom momento no período, com obras expressivas de renovação, revitalização e restauração, como a casa dos Lutzenberger (arquiteto pai e ecologista filho), ampliada e convertida em sede do Instituto Vida (2012). O setor público recebe o reforço do Projeto Monumenta, com recursos do BID/MinC, e investe grandes somas na recuperação do Sítio Histórico da Praça da Matriz e Alfândega, tombado pelo IPHAN em 2000. Além da Praça da Alfândega, são restaurados vários monumentos, como a Igreja das Dores, MARGS, Memorial do Rio Grande do Sul e a Pinacoteca Rubem Berta. Também proprietários privados recebem recursos para restaurar seus imóveis.

Ao final da década, um conjunto de projetos de grande porte ou de repercussão internacional começa a se delinear, em parte estimulado pela aproximação da Copa do Mundo na cidade. A Fundação Iberê Camargo (2008), do português Álvaro Siza, financiada em parte pela Fundação Gerdau, coloca Porto Alegre na vitrine internacional da arquitetura e dota a cidade de uma âncora cultural de primeira grandeza. O arquiteto Jaime Lerner, juntamente com o escritório b720 Fermin Vazquez Arquitectos, de Barcelona, são contratados para uma tarefa histórica: transformar o antigo e abandonado Cais do Porto em espaço de cultura, gastronomia e lazer. O projeto, muito polêmico, acendeu uma discussão acirradíssima na cidade, em que alguns acusaram a intenção de elitizar a área através dos usos propostos pelo projeto. Após o licenciamento, o consórcio vencedor contratou outra empresa e revisou o plano global. Melhor sorte teve o projeto do mesmo Lerner para o parque da Orla do Guaíba, que recebeu financiamento internacional, sendo inaugurado em 2018 com grande aceitação popular.

Quanto à Copa do Mundo propriamente dita, seu legado foi bem menor do que se esperava, com o atraso na conclusão de diversas obras de infraestrutura e projetos de mobilidade. O legado efetivo da Copa de 2014 foi a reforma completa do Estádio Beira-Rio e a construção da nova Arena do Grêmio, equipamentos que dinamizaram a cena esportiva e de eventos artísticos na cidade a partir de então. Passada a euforia dos grandes espetáculos e das obras de vulto, o país ainda busca superar sua mais recente crise econômica e política, com reflexos prejudiciais na construção da cidade do século XXI.

Em termos de evolução urbana, cabe refletir sobre a Porto Alegre atual voltando àquela de um século atrás. Em 1914, o Plano Maciel inaugurava um ciclo de planejamento urbano "de autor", muito marcado por soluções de caráter viário, volumétrico e paisagístico, que perduraram até o Plano Gladosch de 1938-43. O Plano Paiva de 1959 introduziu importantes mudanças administrativas, pois se tratava do primeiro Plano Diretor definido por legislação municipal (Lei 2.046/59), e também em termos de modelo urbanístico, ao serem consagrados os princípios da Carta de Atenas, que perdurariam até o 1º Plano Diretor de Desenvolvimento Urbano de 1979 (L.C. 43/79).

Praça da Alfândega, 2015

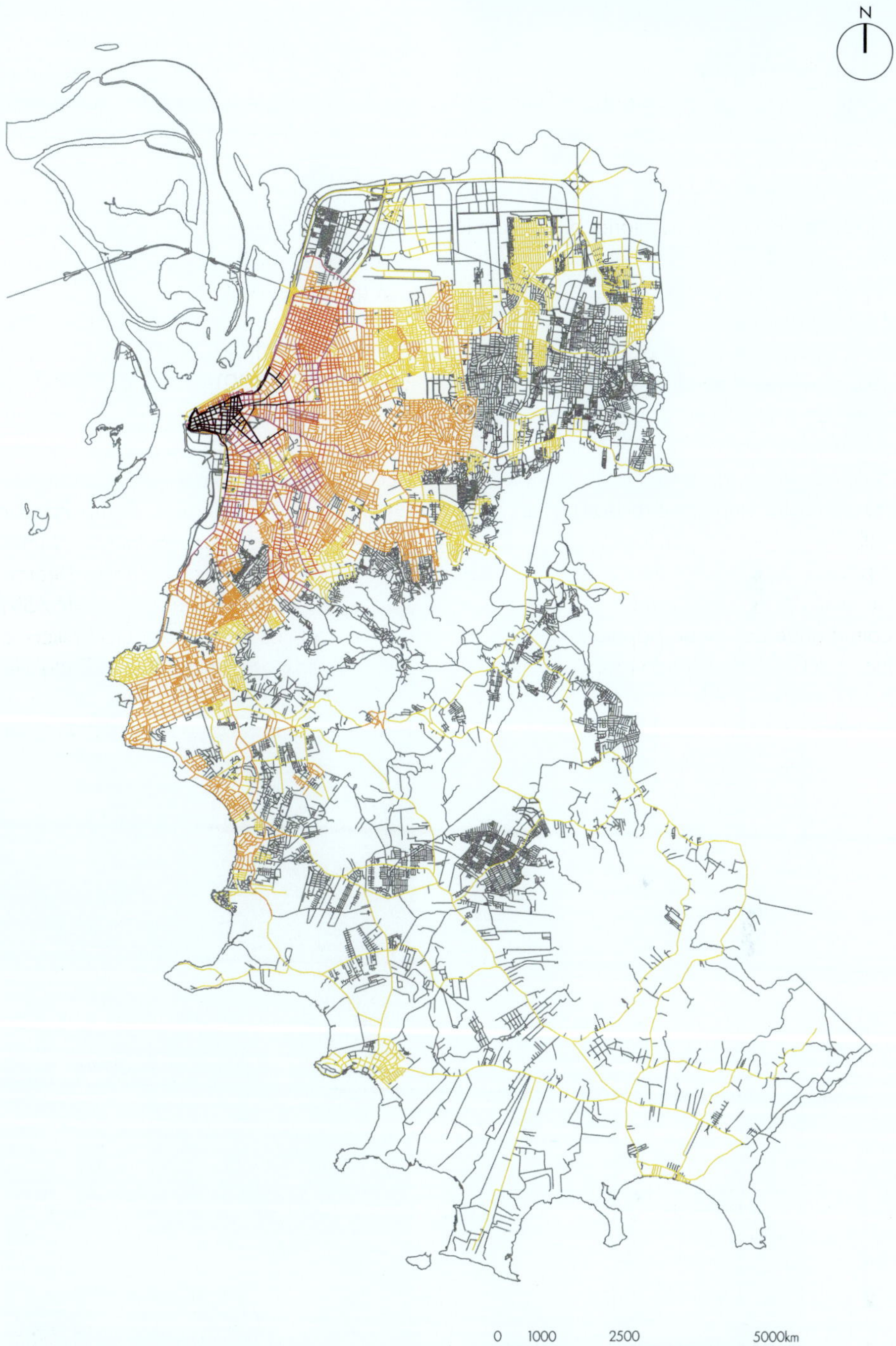

Evolução Urbana Porto Alegre – Síntese

FASE 01: 1772-1822
FASE 02: 1822-1889
FASE 03: 1889-1930
FASE 04: 1930-1945
FASE 05: 1945-1980
FASE 06: 1980-2018

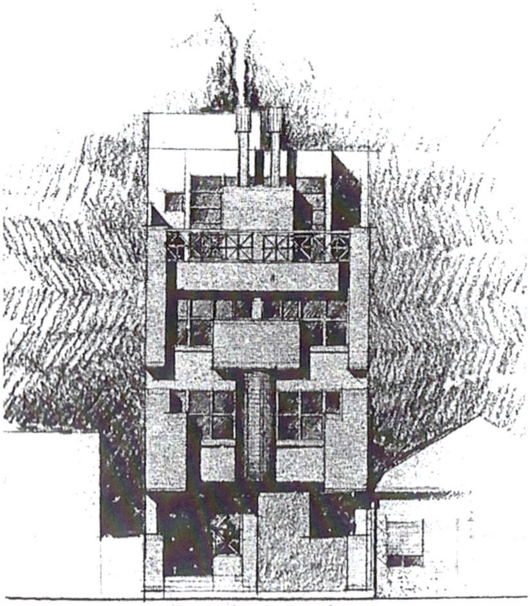

Acervo Sérgio M. Marques

Rua Euclides da Cunha, 302

Ceres Storchi, Nico Rocha e Sergio M. Marques | 1986

A influência do movimento pós-moderno em Porto Alegre, vista com alguns anos de distanciamento, nos permite perceber tendências na adoção de alguns procedimentos compositivos, bem como algumas constantes em termos de empregos de materiais e formas. A simetria parece ser uma das principais referências à arquitetura pré-Movimento Moderno, identificada aqui de forma enfática nas fachadas principais. O emprego do tijolo à vista foi também muito disseminado na cidade, talvez devido às influências dos países do Prata. Discretas referências clássicas, mesmo que depuradas, podem ainda ser identificadas na fachada frontal, como arcos, colunas e frontões.

Com quatro pavimentos, o prédio implanta-se em terreno muito exíguo, típico dos loteamentos do século XIX, com 6,60 m de largura, e relativamente longo, 44 m de profundidade. Um pátio interno foi necessário para resolver a insolação e ventilação dos apartamentos, no caso três unidades por pavimento.

Planta Baixa Térreo   Planta Baixa Pav. Tipo

0 1 5 10m

Rua Guararapes, 422

Julio Ramos Collares e
Castelar B. Peña | 1986-1987

Implantado em um terreno longo e estreito, com frente para duas ruas e desnivelado em seis metros, foram propostos dois blocos de apartamentos intercalados por um pátio central aberto. Cada bloco comporta duas unidades duplex. Trata-se de um interessante exemplar residencial produzido no contexto da arquitetura pós-moderna em Porto Alegre, onde a busca de superação do Movimento Moderno internacional levou, neste caso, à utilização de recursos compositivos que romperam com a ortogonalidade absoluta, através da angulação das plantas baixas, permitindo assim um melhor aproveitamento da estreita testada do terreno. Percebe-se também a opção pelo uso brutalista de materiais tradicionais, como o tijolo aparente nas alvenarias externas. No intrincado jogo de volumes das fachadas verifica-se a adoção de variados recursos sintáticos, como máscaras, pórticos e planos entrecruzados, juntamente com discretas referências clássicas, na forma de arcos e frontões.

1 - Hall
2 - Lavabo
3 - Banho
4 - Dormitórios
5 - Dependência de Empregada
6 - Área de Serviço
7 - Cozinha
8 - Sala
9 - Varanda

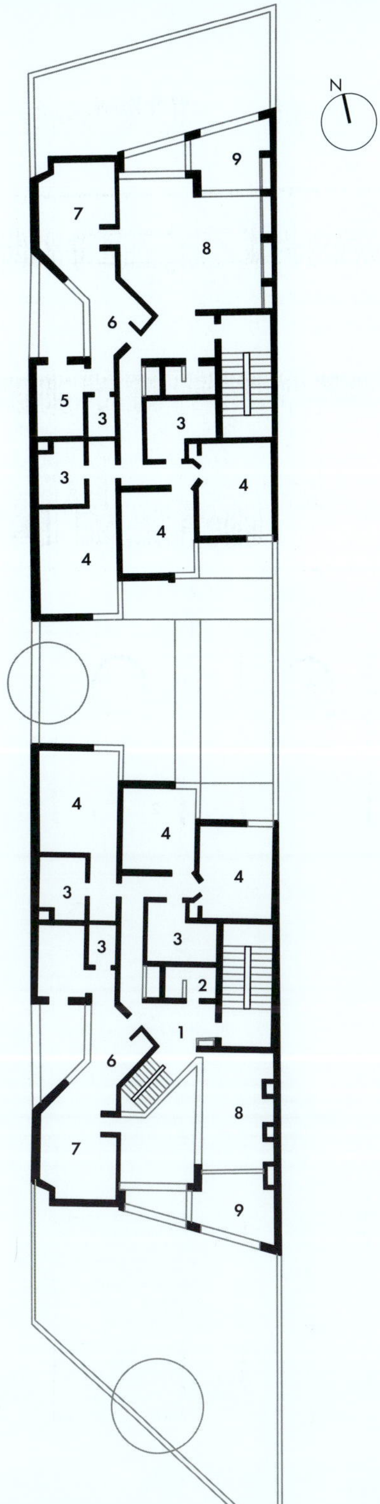

Planta Baixa Pav. Tipo
0 1 2,5 5m

Av. Ipiranga, 6681

A área onde se localiza o Campus da PUCRS começou a ser adquirida a partir de 1920, com a compra, pela Congregação Irmãos Maristas, da gleba onde, atualmente, localiza-se o Colégio Champagnat e de uma chácara localizada na Estrada do Mato Grosso, atual Av. Bento Gonçalves, para a qual fazia frente. Ao norte, nos fundos, fazia divisa com o Arroio Dilúvio. Em 1933 foi adquirida uma outra chácara lindeira. Na década de 1960 essas glebas foram unificadas para a transferência da PUCRS da Praça Dom Sebastião, onde funcionava desde 1927, junto ao Colégio Rosário, para o denominado Campus Partenon.

O Campus da PUCRS foi concebido como uma cidade universitária, em formato de parque, com vielas e caminhos. O projeto original é de autoria do escritório Fontanivi/Lopes Ltda. Com a abertura da Av. Ipiranga, no início da década de 1960, a gleba foi subdividida em duas, sendo a área localizada entre as Avenidas Ipiranga e Bento Gonçalves ocupada pelos setores administrativos, de ensino, eventos e de pesquisas e a área ao norte da Av. Ipiranga, pelos setores de ensino, saúde e de eventos esportivos.

O zoneamento do Campus estabeleceu uma ocupação de caráter administrativo / institucional em uma faixa de 100 m paralela à Av. Ipiranga. Nessa faixa, localizavam-se os prédios destinados à Igreja Universitária, à Reitoria, ao Salão de Atos e à casa do estudante. A área destinada propriamente ao ensino concentrava-se no eixo norte-sul, com as edificações dispostas de forma axial e simétrica.

Em 1986, a estrutura fundiária do Campus se completa com a aquisição de gleba lindeira onde se localizava o 18º Batalhão de Infantaria Motorizada. A área total atual ocupa, hoje, uma área de 56,53 ha.

A partir dessa data tem início a construção de uma série de projetos em parceria com o escritório Santini & Rocha Arquitetos, que havia projetado a Faculdade de Engenharia e Matemática em 1981.

A expansão de novos prédios tem um marco inicial em 1986 com a construção do Museu de Ciência e Tecnologia, seguidos de muitos outros da Faculdade de Arquitetura (2000) e do Prédio Poliesportivo (2004). Entre as últimas realizações estão a Biblioteca Central Irmão José Otão (2008) e o Portal Tecnopuc, iniciado em 2008.

Escultura de Nico Rocha na entrada do Campus

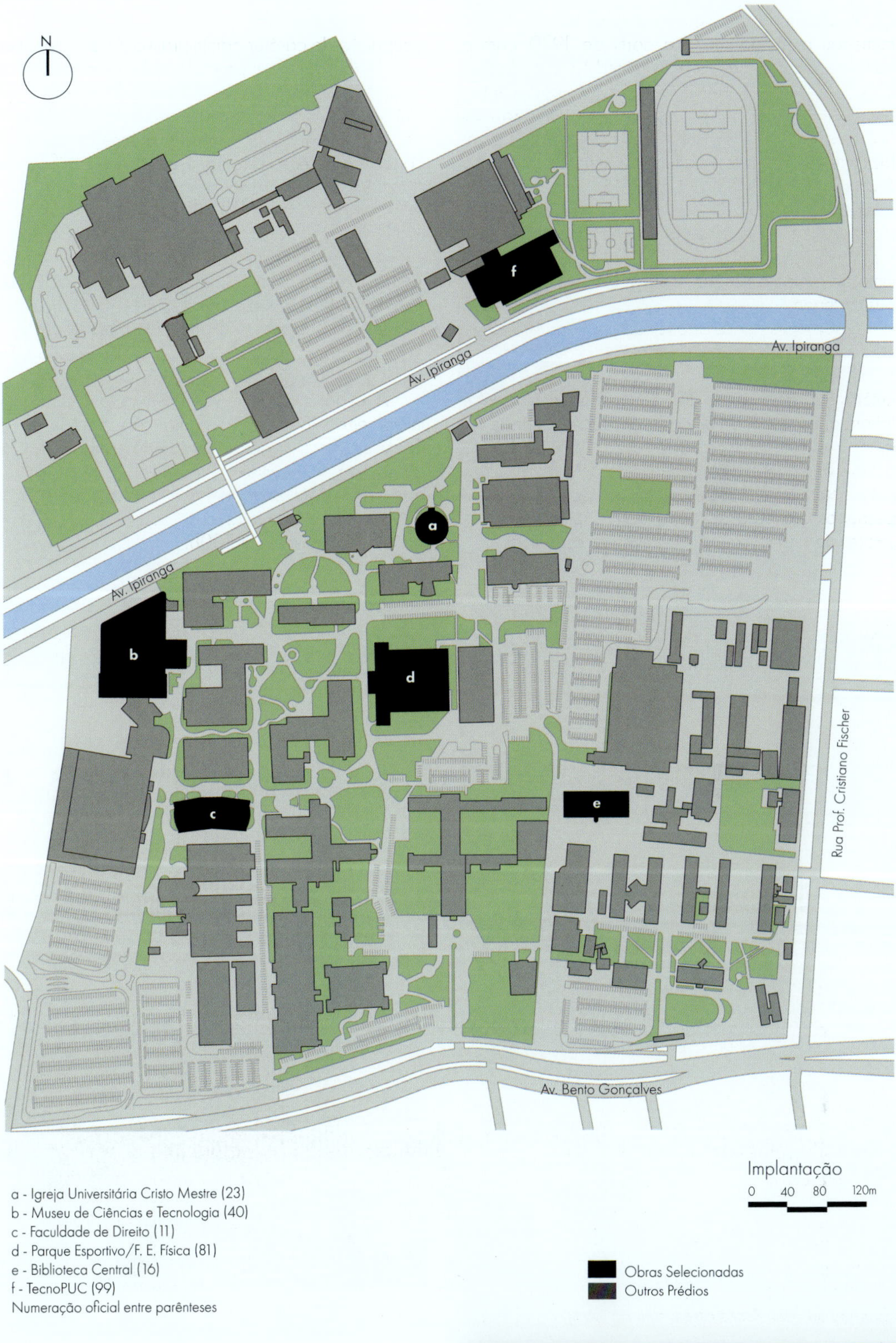

a - Igreja Universitária Cristo Mestre (23)
b - Museu de Ciências e Tecnologia (40)
c - Faculdade de Direito (11)
d - Parque Esportivo/F. E. Física (81)
e - Biblioteca Central (16)
f - TecnoPUC (99)
Numeração oficial entre parênteses

133a. IGREJA UNIVERSITÁRIA CRISTO MESTRE

Alfredo José Chagas Porto Alegre
(projeto original) I 1976
Santini & Rocha arquitetos
(remodelação) I 1999

A concepção de uma igreja universitária para o novo Campus teve como elemento motivador a simbologia bíblica da tenda, presente no Antigo Testamento. De forma aproximadamente piramidal, o volume lembra uma dobradura em casca de concreto armado. A iluminação é zenital. No ano 1999 um projeto de adaptação com aval do arquiteto original procurou ampliar o espaço interior útil, tendo sido criada nova área circular que abraça a igreja original, possibilitando a criação de espaços laterais e melhorar os aspectos de conforto térmico. Destacam-se seis vitrais que representam elementos litúrgicos e institucionais e os jardins interiores. O painel central, junto ao altar, é um mosaico de autoria do artista Claudio Pastro, referência em arte sacra no Brasil.

133b. MUSEU DE CIÊNCIAS E TECNOLOGIA

Santini & Rocha Arquitetos I 1986 - 1998
Av. Ipiranga, 6681 – Prédio 40

Um dos maiores museus interativos de ciências na América Latina, o Museu de Ciências e Tecnologia foi criado em 1967 com o nome de Museu de Ciências. O acervo é constituído por um conjunto de coleções que abrangem diversas áreas do conhecimento, como Arqueologia, Paleontologia, Botânica, Zoologia e História. Uma imponente estrutura revestida de tijolos à vista se eleva na Avenida Ipiranga sobre escadaria de acesso a um pórtico de entrada. O prédio se organiza em volta de um átrio, em torno do qual se tem acesso a um teatro, auditório, salas de exposições e a um bloco vertical com salas de aula. O eixo principal da composição é reforçado por uma sequência de elementos triangulares, ao gosto do Movimento Pós-Moderno: um tímpano sobre o pórtico de acesso, uma pirâmide zenital sobre o salão de exibições e um volume elevado em forma de losango sobre a circulação vertical aos fundos.

133c. FACULDADE DE DIREITO E PSICOLOGIA

Santini & Rocha Arquitetos | 1996

Um dos primeiros prédios verticalizados do Campus, com dez pavimentos, se organiza em duas alas discretamente inclinadas, articuladas pela circulação central curva, que sugerem o formato de um livro aberto. Construído em concreto pré-moldado, possui brises na fachada norte e iluminação difusa na fachada sul.

133d. EDIFÍCIO POLIESPORTIVO

Santini & Rocha arquitetos | 2004

Av. Ipiranga, 6690 – Prédio 81

O Prédio Poliesportivo, parte do Parque Esportivo juntamente com o Estádio Universitário, é um volume com nove andares, organizado em dois blocos, um abrigando setores como Laboratório de Avaliação e Pesquisa em Atividades Físicas, auditório, salas de apoio, laboratório de informática e quadras de squash. No bloco principal estão as grandes áreas esportivas, distribuídas em quatro pisos, com pé-direito equivalente a dois andares cada um. Abriga uma piscina térmica olímpica, equipada com visores laterais que permitem o acompanhamento sob a água. Nos demais pisos, estão quadras poliesportivas, academia, áreas para ginástica e para lutas marciais e quadras de tênis. A estrutura metálica é coberta por treliças metálicas curvas.

Planta Baixa

133e. BIBLIOTECA CENTRAL

Santini & Rocha Arquitetos | 2008

Av. Ipiranga, 6681 – Prédio 16

Aproveitando a estrutura antiga da Biblioteca Central, de apenas três pavimentos, inaugurada em 1973, o novo projeto insere uma torre de 14 andares no centro, ampliando em mais de duas vezes a área construída do complexo. Nos dois primeiros pavimentos da torre foram criados ambientes para leitura com pés-direitos de várias alturas e iluminação difusa, alcançando cada setor da Biblioteca. Os andares acima comportam áreas especiais, de pesquisa, estudo, administração e acervos históricos. Na entrada principal, que marca o térreo da estrutura original, foi construída uma área de eventos interligada diretamente a um átrio de pé-direito triplo. Essa junção propicia uma ampla praça semiaberta, com capacidade acústica e de insolação. O ambiente funciona, ainda, como antecâmara da Biblioteca.

133f. PORTAL TECNOPUC

Santini & Rocha Arquitetos | 2010

Av. Ipiranga, 6681 – Prédio 99

A edificação é local de diversas estruturas de inovação direcionadas para a interação entre startups, empresas consolidadas, centros de pesquisas, laboratórios de inovação e investidores. Abriga espaços de convivência, conexões, interações para o público acadêmico e empresarial, sala de imersão virtual e auditório. Na fachada norte as esquadrias levemente recuadas e brises de alumínio conferem proteção solar. Na fachada sul as janelas horizontais e lineares oferecem uma iluminação difusa aos ambientes. Uma marquise metálica de perfil curvo revestida em alumínio marca o eixo de acesso ao parque tecnológico. O espaço foi concebido priorizando as formas puras, com plantas livres e as janelas em fita, o que confere flexibilidade à ocupação. Como itens de proteção térmica e de sustentabilidade destacam-se o uso de cores claras, vidros absorventes, brises de proteção solar e reaproveitamento da água da chuva.

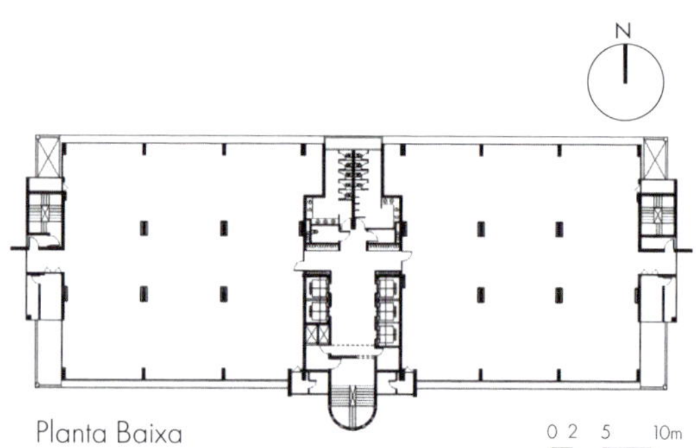

Planta Baixa

Carlos Maximiliano Fayet, Elaine de L. Nunes e Helena W. Schanzer | 1990-1992

O projeto desta Praça traz consigo elementos arquitetônicos e paisagísticos que denotam uma ruptura com o Modernismo, montando um cenário repleto de referências clássicas ao gosto do Pós-Modernismo.

A Praça busca estabelecer relações com sua vizinhança, por meio de seu zoneamento, de seu traçado e do tratamento de suas bordas. O terreno com área de 10.000 m² possui formato retangular, em cujos limites destaca-se a presença do Shopping Praia de Belas a norte e do Parque Marinha do Brasil a oeste. Na face leste está o bairro Menino Deus. A Praça marca a conexão desse bairro com o Parque Marinha por intermédio de uma esplanada, onde uma bela colunata remete ao antigo Fórum da Roma Imperial. Outra referência à Itália presente na Praça se dá através da seleção de espécies que evocam as paisagens italianas, especialmente os ciprestes. O projeto original previa a instalação de uma série de réplicas de monumentos célebres italianos, como o Leão de Veneza e a Loba Romana. Além disto, era intenção do autor que houvesse cisnes nadando no lago que ocupa a parte central da composição. O traçado implantado conjuga formas geométricas – presentes no desenho dos pisos e na forma da esplanada principal – e linhas sinuosas, que definem alguns limites do espelho d'água.

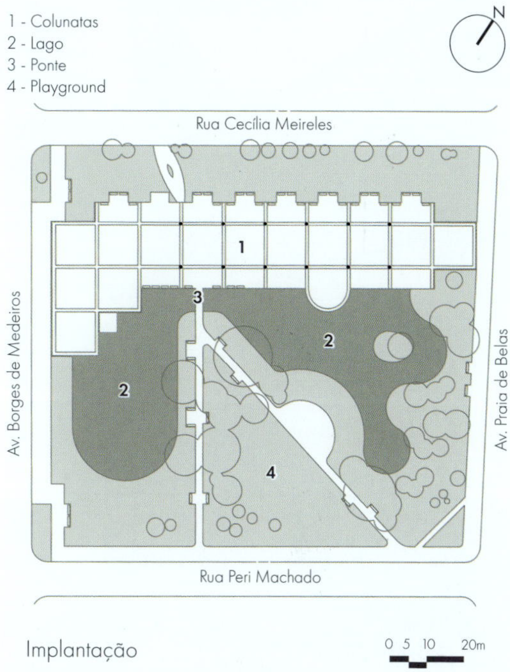

Implantação

Rua General Lima e Silva, 776

Moojen & Marques Arquitetos Associados | 1993

São característicos do bairro Cidade Baixa os grandes galpões antigos, mesclados a conjuntos de pequenas casas em fita. Este era o caso das preexistências onde hoje está implantado o Centro Comercial Nova Olaria. A obra foi uma iniciativa do Montepio dos Funcionários do Município de Porto Alegre, que previa a criação de espaços de esporte e lazer para seus afiliados. Por sugestão da equipe de arquitetos, incluiu-se no programa a reestruturação – e não a simples demolição – dos galpões existentes. A partir dessa premissa, iniciou-se um trabalho de contextualização com o bairro, exemplar nos procedimentos inaugurados pelo Movimento Pós-Modernista na cidade. Os materiais escolhidos são vernaculares, como os tijolos à vista mesclados com rebocos pintados. A volumetria é compatível com o entorno da Rua Lima e Silva, que se integra com o empreendimento. As lojinhas propostas na rua interna recriam as fachadas das casas de porta e janela da Cidade Baixa, onde um café de esquina e um cinema quase "de rua" foram propostos como âncoras. O cuidado na concepção e na execução teve um efeito surpreendente no bairro como um todo, pois com certeza se pode atribuir ao empreendimento o pontapé inicial do vigoroso processo transformação da Cidade Baixa em um bairro boêmio.

1 - Estacionamento
2 - Quadra Poliesportiva
3 - Átrio
4 - Bares
5 - Lojas
6 - Café
7 - Sanitários
8 - Cinema

Planta Baixa Térreo
0 1 5 10m

Rua Olavo Barreto Viana, 18 e 36

Pedro Gabriel e Bonini Arquitetura,
Juan Carlos Lopez Associados e
Coutinho, Diegues e Cordeiro Arquitetos | 1996-2001

O projeto é fruto da associação do escritório de Pedro Gabriel e Bonini Arquitetura com Coutinho, Diegues e Cordeiro Arquitetos, de São Paulo, e a equipe do arquiteto argentino Juan Carlos López, autor de vários shopping centers, como o Patio Bullrich e a remodelação das Galerias Pacífico, em Buenos Aires. Localizado no bairro Moinhos de Vento, o programa do shopping se complementa com o Hotel Hilton, ao qual é interligado.

O terreno em forma de "L", com área relativamente reduzida, atravessa o quarteirão, induzindo a uma solução similar às antigas galerias comerciais, com acessos bastante integrados às ruas do bairro, perfazendo uma continuidade entre as áreas comerciais da vizinhança e o empreendimento. O shopping possui três pavimentos comerciais, 102 lojas, duas praças de alimentação, mais um quarto pavimento destinado aos cinemas. Os quatro andares de estacionamentos são subterrâneos.

O hotel de 21 pavimentos, uma torre de face curva sobre a base do shopping, busca valorizar as visuais do Parque Moinhos de Vento a partir dos apartamentos. Percebe-se diferença no tratamento das fachadas do shopping e do hotel. Enquanto o primeiro ainda se vincula a certos traços da Arquitetura Pós-Moderna, a torre do hotel apresenta volume puro, cuja composição explora apenas a geometria das aberturas e as cores dos materiais.

1 - Shopping
2 - Lobby
3 - Acesso ao Hotel
4 - Acesso ao Shopping

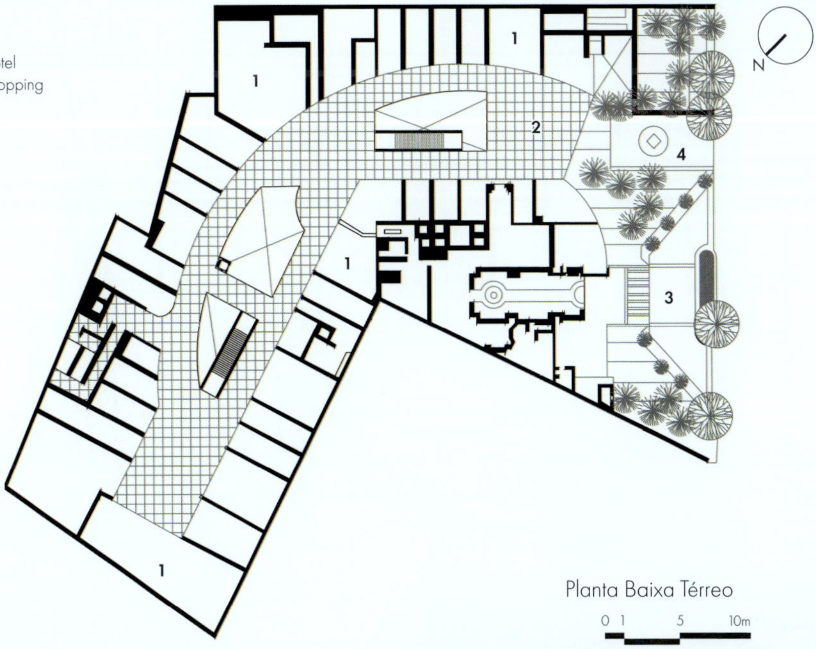

Planta Baixa Térreo

Avenida Independência, 75

Ceres Storchi, Laura Hagel, Luiz Antônio Custódio e Nico Rocha | 1998-2014

As oito moradias geminadas voltadas para a Avenida Independência tiveram suas fachadas preservadas para abrigar o Centro Histórico-Cultural Santa Casa. São as últimas "casas de aluguel" edificadas em 1906 e integradas a um conjunto bastante mais extenso da instituição assistencial. Está implantado junto a uma face do quarteirão onde atualmente está situado o complexo hospitalar Santa Casa de Misericórdia de Porto Alegre.

A manutenção das fachadas ecléticas contrasta com a radical reorganização espacial interna, visando abrigar e expor o amplo acervo arquivístico e museológico representativo de mais de dois séculos de trajetória da Santa Casa na cidade. Além disto, contempla também áreas para reserva técnica, laboratórios de conservação e restauro de bens museológicos e de documentos arquivísticos, de história oral, de mídias digitais, além de um teatro totalmente acessível, com 278 lugares, uma sala de ação educativa, três salas de múltiplos usos, bistrô e loja.

O acesso se dá no interior do quarteirão ocupado pelas diversas edificações do complexo hospitalar. Antecedida por um jardim, a área de ingresso ao CHC é coberta por uma escultura em aço *corten*, criada pelo arquiteto e artista plástico Nico Rocha. No espaço interno, uma escada curva em concreto moldado *in loco* destaca-se diante da área de exposições envidraçada e do fundo composto pelo tijolo aparente das paredes externas da fachada principal das casas centenárias.

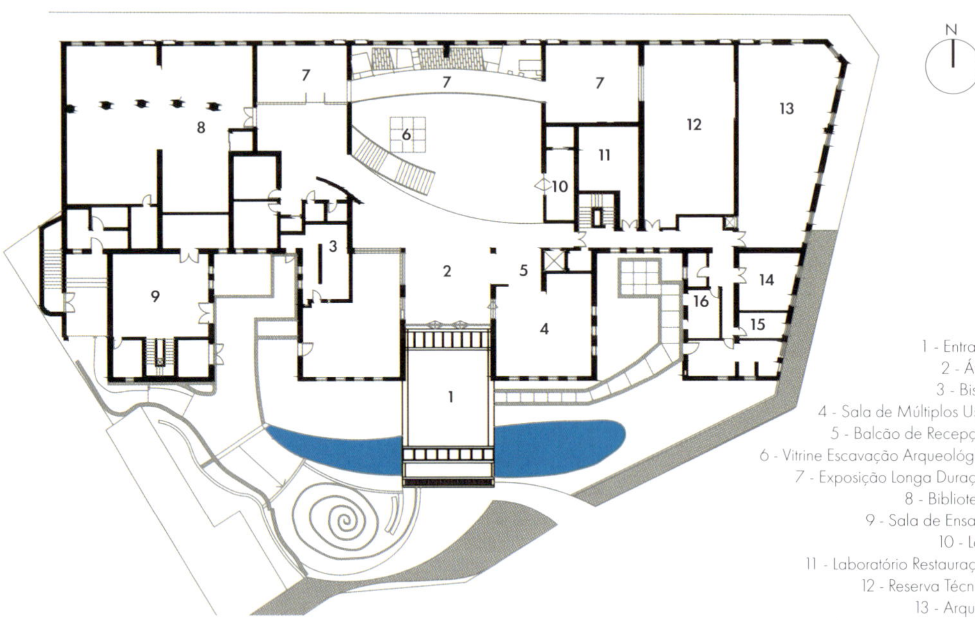

Planta Baixa Térreo

1 - Entrada
2 - Átrio
3 - Bistrô
4 - Sala de Múltiplos Usos
5 - Balcão de Recepção
6 - Vitrine Escavação Arqueológica
7 - Exposição Longa Duração
8 - Biblioteca
9 - Sala de Ensaios
10 - Loja
11 - Laboratório Restauração
12 - Reserva Técnica
13 - Arquivo
14 - Laboratório Conservação
15 - Laboratório História Oral
16 - Laboratório Mídias

Praça Marechal Deodoro, s/n

Julio Ramos Collares, Dalton Bernardes e Marco Peres | 1996-2001

Trata-se de um bom exemplo de inserção urbana sobre um terreno complexo. Localizado entre dois prédios com valor arquitetônico excepcional, o Theatro São Pedro e o Arquivo Público, o Multipalco respeita ambos, faz uma transição entre suas volumetrias através da proposta de uma praça a meio nível entre a Praça da Matriz e a Rua Riachuelo, como também com a manutenção do alinhamento da Rua Riachuelo.

O programa é ambicioso, reunindo um grande complexo cultural em cinco andares destinados às artes de palco, totalizando mais de 18 mil m² de área construída.

A entrada principal se dá pela Rua Riachuelo, aos fundos do Theatro São Pedro, com espaços para cafeteria e lojas. Nesse nível fica o Teatro Simões Lopes Neto, localizado no centro da edificação, sendo o principal palco do complexo, com 650 lugares. O Teatro Oficina Olga Reverbel, com galerias e espaços móveis para 200 espectadores, é destinado à criação de espetáculos e propostas experimentais, dispondo de 350 m².

O programa prevê também as Salas de Música, um conjunto de cinco salas para aulas com instrumentos musicais e coral; as Salas Múltiplas, próprias para a realização de workshops, oficinas e seminários, e a Sala da Dança. No espaço aberto da Praça Multipalco, situam-se ainda um restaurante e a concha acústica, construída como uma referência ao Antigo Auditório Araújo Vianna, que se localizava ao lado e foi transferido em 1964 para o Parque Farroupilha.

1 - Foyer
2 - Plateia
3 - Palco
4 - Escadas
5 - Sanitários
6 - Vestiários

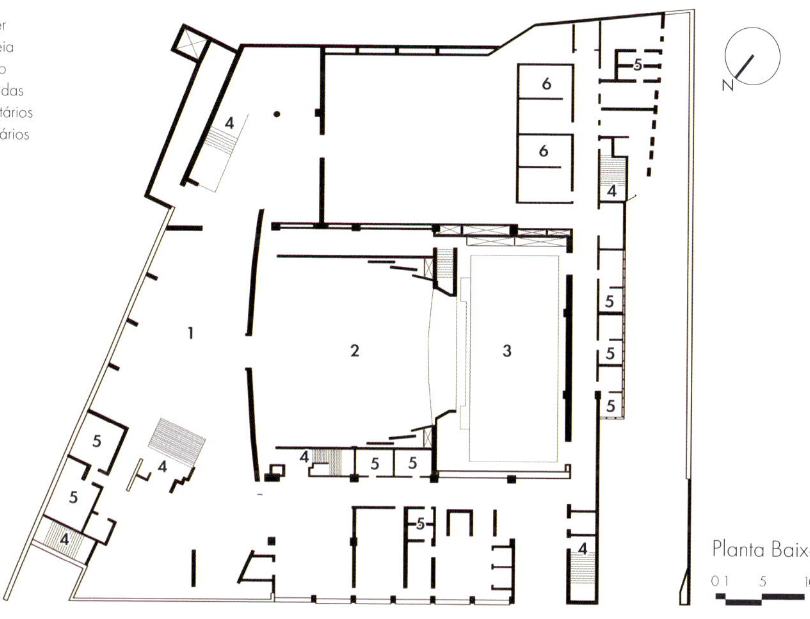

Planta Baixa Térreo

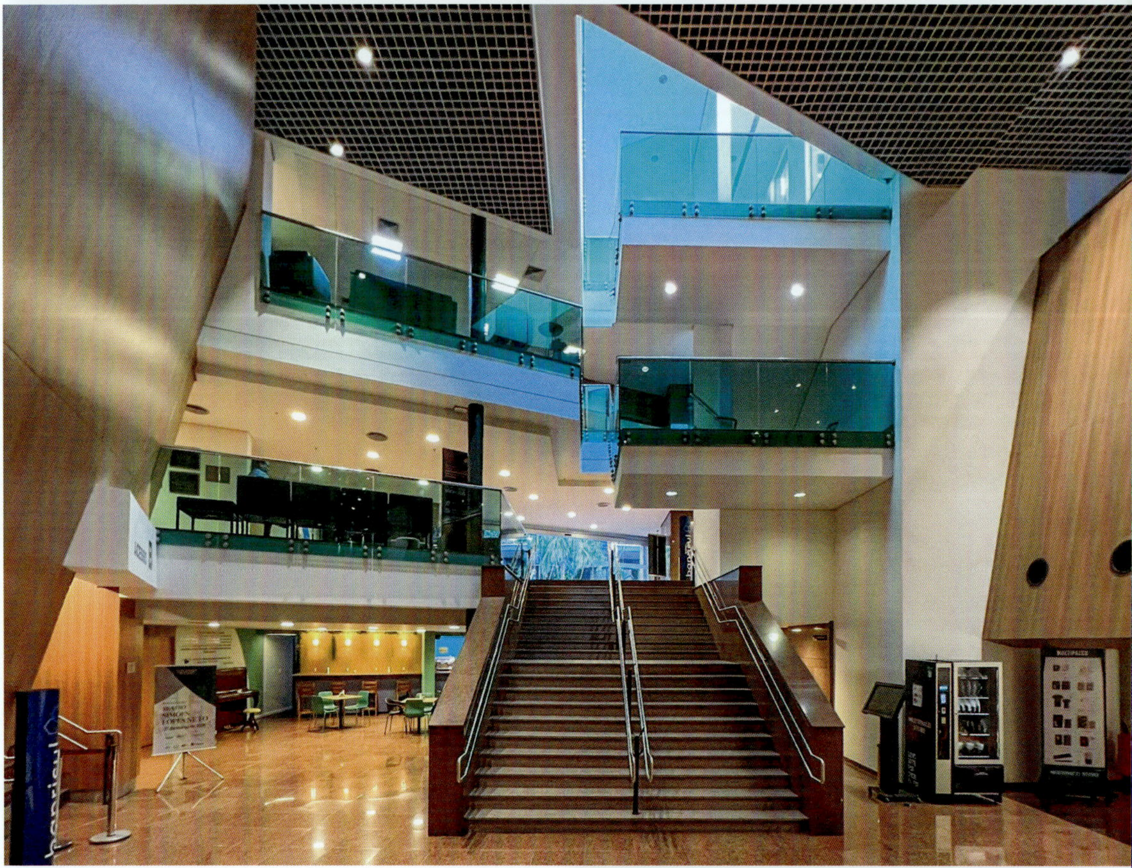

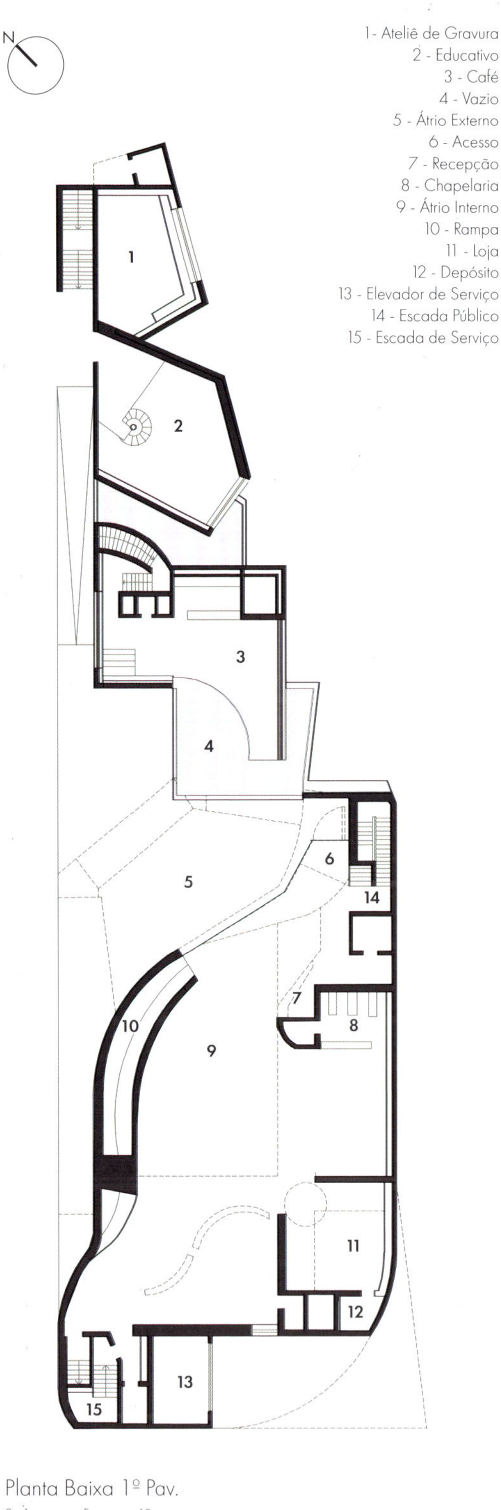

Planta Baixa 1º Pav.

Avenida Padre Cacique, 2000

Álvaro Siza Vieira | 2000-2008

Projeto vencedor do Troféu Leão de Ouro da 8ª Bienal de Arquitetura de Veneza, em 2002, a sede da Fundação Iberê é um marco da arquitetura internacional na cidade. Foi construído para abrigar o acervo de um dos mais importantes pintores gaúchos e brasileiros contemporâneos. O terreno está encravado ao pé de uma escarpa de pedra e densa vegetação, defronte ao lago Guaíba, onde o prédio se insere como uma escultura em concreto branco. O volume irregular se constitui em térreo e três pavimentos, onde o visitante é convidado a subir ao último andar e percorrer os nove ambientes de exposições, interligados por rampas. Estas se afastam das áreas de exposição e se projetam do plano sinuoso da fachada principal. Um café localiza-se em volume térreo separado, também voltado ao Lago Guaíba.

No subsolo estão instalados ateliês, auditório, centro de documentação e estacionamento. O prédio possui estrutura monolítica, sem pilares, vigas e lajes. As aberturas da construção vistas pelas áreas externas parecem pequenas e insuficientes. Foram, porém, precisamente pensadas para enquadrar a paisagem a partir do percurso de visita. Do ponto de vista técnico, o prédio apresenta inovações e sistemas automatizados de controle da temperatura, de iluminação e reaproveitamento das águas servidas. As paredes são revestidas com lã de rocha, funcionando como isolante térmico e acústico. As faces das passarelas suspensas do prédio dispõem de um sistema de dutos hidráulicos, por onde corre água fria, mantendo o prédio resfriado e economizando energia.

Rua Simão Bolivar, 603

Trajano Silva e Ilse Lang | 2000

A casa-ateliê da designer Heloísa Crocco localiza-se na Vila da Conceição, bairro-jardim situado na Zona Sul da cidade. Próximo à orla do Lago Guaíba, o lote de esquina longo e estreito possui formato e topografia diferenciados, medindo 65 m de comprimento e largura variando de 2 a 13,50 m. Os arquitetos optaram por criar um volume simples de planta quadrada, com três pavimentos, onde pequenas subtrações e adições indicam pontos importantes do programa. Para marcar o acesso, por exemplo, existe uma subtração em chanfro na fachada leste. Nas elevações oeste e norte foram inseridas uma sacada voltada para o Lago e um volume em balanço, decorrente do dormitório principal. A ideia de construir com pinus reciclado relaciona-se ao trabalho da proprietária, intimamente ligado à madeira. A técnica construtiva consiste em paredes autoportantes compostas por ripas apoiadas em pilaretes, solução que dispensa uma estrutura mais robusta e reforça o conceito de minimalismo e sustentabilidade que fundamenta o projeto.

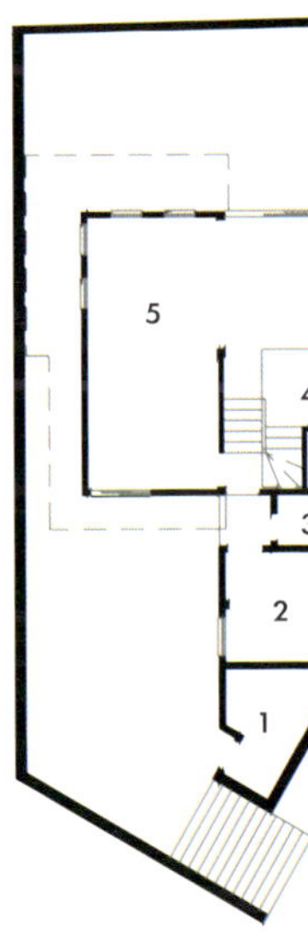

Planta Baixa Térreo

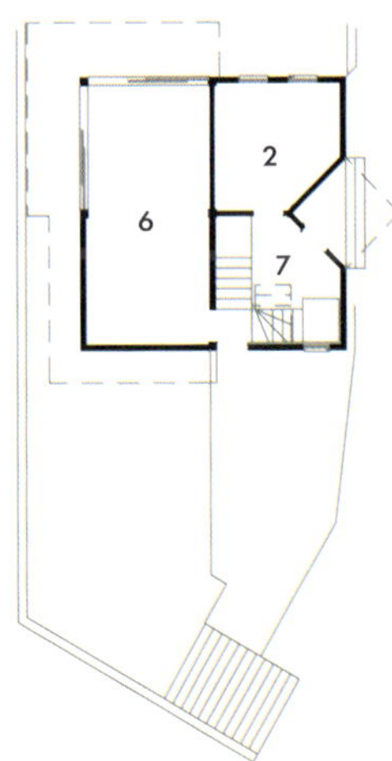

Planta Baixa 2º Pav.

1 - Depósito
2 - Dormitório
3 - Lavabo
4 - Copa
5 - Estar
6 - Ateliê
7 - Hall
8 - Cozinha
9 - Banho
10 - Closet
11 - Sacada

0 1 2,5 5m

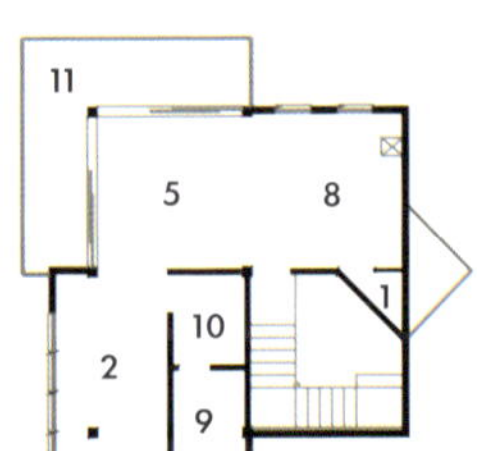

Planta Baixa 3º Pav.

Avenida Bastian, 259
esq. Rua Baronesa do Gravataí

Chistopher Procter e
Luiz Fernando Rihl | 2000-2008

A Slice House ou "casa-fatia" ocupa um terreno residual de esquina de 265 m², com apenas 3,5 m de largura e quase 40 m de comprimento. A equipe do escritório britânico Procter & Rihl Architects elaborou estudos aprofundados para a iluminação e a ventilação naturais, em grande parte solucionadas através de jardins internos. A casa abriga dois dormitórios, sala de estar, jantar, cozinha e jardim, além de uma piscina e duas vagas de garagem. O interior também possui variações de pé-direito que vão de 2,1 m a 3,5 m. A piscina tem uma de suas faces em vidro estrutural, de forma que funciona como fonte de luz natural para a área social. Durante a noite, se transforma em um painel de luz. Os sistemas construtivos em pórticos estruturais e vigas em concreto armado possibilitaram grandes vãos para a casa. O volume é criado por paredes paralelas em alturas variáveis e planos inclinados em ângulos diversos. O resultado é uma arquitetura de geometria complexa, assimétrica e prismática.

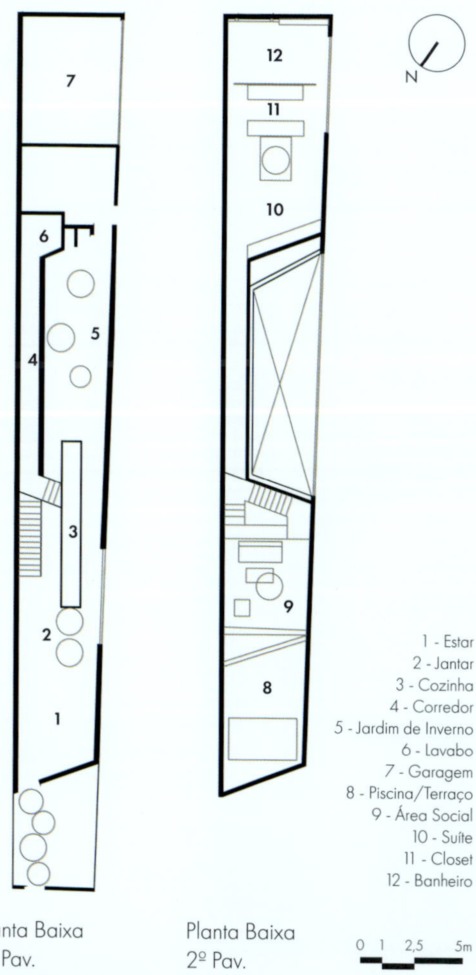

1 - Estar
2 - Jantar
3 - Cozinha
4 - Corredor
5 - Jardim de Inverno
6 - Lavabo
7 - Garagem
8 - Piscina/Terraço
9 - Área Social
10 - Suíte
11 - Closet
12 - Banheiro

Planta Baixa 1º Pav.

Planta Baixa 2º Pav.

Avenida Padre Cacique, 891

Rui Tedesco | 1959-1969
Projeto de remodelação: **Hype Studio** | 2006-2014
Projeto executivo:
Santini & Rocha Arquitetos | 2014

A área às margens do Lago Guaíba em que se localiza o estádio do Sport Club Internacional foi doada ao clube em 1956 e aterrada de 1959 a 1965. A inauguração se deu em 4 de abril de 1969, em uma partida com o clube Benfica, de Lisboa.

A modernização do Estádio Beira-Rio, uma das 12 sedes que receberam os jogos da Copa do Mundo em 2014, envolveu uma reforma geral, incluindo itens de infraestrutura, segurança e conforto. O projeto básico é de autoria do escritório Hype Studio e o projeto executivo foi desenvolvido pelo escritório Santini & Rocha Arquitetos.

Foi proposta uma estrutura metálica independente, envolvendo o corpo do estádio original, com 65 módulos em treliças espaciais constituídas por tubos de aço circulares, a partir da base da fachada até a área das arquibancadas. A estrutura tubular foi revestida por 56 mil m² de membrana tensionada autolimpante de politetrafluoretileno (PTFE), material composto por fibra de vidro e teflon.

As arquibancadas foram remodeladas, atingindo a capacidade de 50.842 mil pessoas, incluindo-se 70 camarotes localizados entre o anel inferior e o superior e 55 camarotes localizados na área acima da arquibancada superior. A imprensa foi acomodada entre os camarotes e a arquibancada superior. O projeto incluiu um restaurante no terceiro nível do estádio, um museu dedicado ao clube na parte sul do estádio e 39 espaços comerciais externos. Um edifício-garagem com três pavimentos abriga três mil vagas ao longo da Avenida Beira-Rio.

Foto/Divulgação: Everton Pereira

Roberto Antoniazzi e
Patrícia Schneider | 2007-2008

A Praça Revolução Farroupilha foi instalada em 1986, quando da construção da Estação Mercado do trem metropolitano (Trensurb). A praça localiza-se sobre a cobertura da estação. Em 2007 esse terminal foi remodelado, quando então se aproveitou também para interferir sobre o espaço da Praça. Entre as principais adequações, foram instalados novos pisos e uma iluminação mais eficiente. Em parceria com a Prefeitura de Porto Alegre foi feita a relocação da central de ar-condicionado do Mercado Central, além da conexão da Av. Borges de Medeiros até a Av. Mauá. A claraboia que ilumina a Estação Subterrânea foi reformulada, tendo sido retirados os contrafortes de concreto armado, típicos do Brutalismo dos anos 1980.

Um grande arco em concreto, com vão de 60 m, se configura como a principal marca da reforma, situado sobre as rampas de acesso à Estação. Outro elemento de destaque é o painel *Epopeia Rio-Grandense, Missioneira e Farroupilha*, do artista bageense Danúbio Gonçalves. A obra é composta por 555 azulejos em uma extensão de 16,5 m de largura por 3 m de altura, sendo a pintura dos porcelanatos feita manualmente pelo artista.

1 - Arco de Acesso à Estação
2 - Cobertura Estação Mercado
3 - Painel Danúbio Gonçalves
4 - Acesso Estação Hidroviária
5 - Central de Gás e Ar-Condicionado

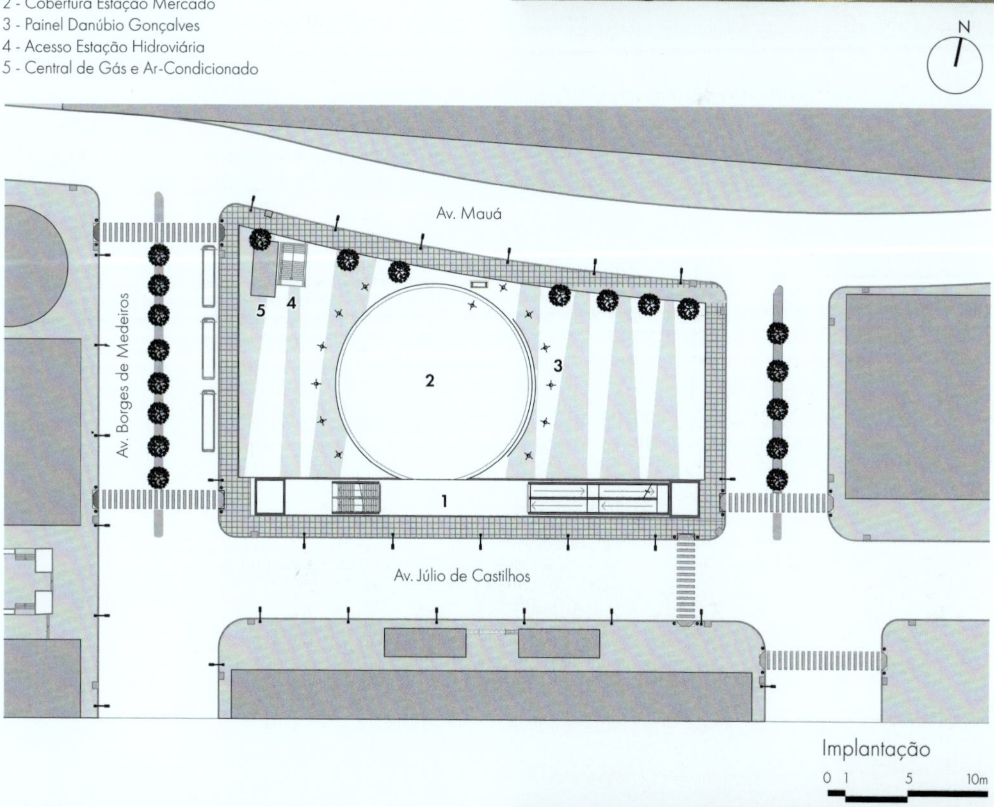

Implantação

Avenida Padre Leopoldo Brentano, 110

Plarq Arquitetura | 2007-2012

A ideia de construir um novo estádio para o Grêmio Foot-Ball Porto Alegrense vem desde a década de 2000, quando se percebeu a necessidade de modernizar ou substituir o antigo Estádio Olímpico Monumental. Em 2008 foi assinado o contrato para a construção do estádio com o Grupo OAS S.A. O início das obras, entretanto, só se deu em 2010. O projeto foi encomendado ao escritório luso-brasileiro Plarq Arquitetura, também responsável pela obras do Estádio João Havelange, no Rio de Janeiro, e do Estádio de Coimbra.

A Arena do Grêmio tem a capacidade máxima oficial de 60.540 pessoas, sendo todos os lugares cobertos. Há quatro lances de arquibancada: a baixa, com cadeiras, a média baixa com poltronas (gold), a média alta, com camarotes (VIP) e a superior, também com cadeiras. O lance de arquibancadas mais próximo ao campo fica a cerca de dez metros do gramado.

A área comercial disponível é de 28 mil m². No entorno do estádio, foi proposto um complexo residencial com 2.130 apartamentos; um centro empresarial com 480 salas em 19 pavimentos; um hotel; um centro comercial e um centro de eventos. A implantação desse complexo busca estimular a requalificação deste setor da Zona Norte da cidade, caracterizado pela habitação popular improvisada e falta de infraestrutura adequada.

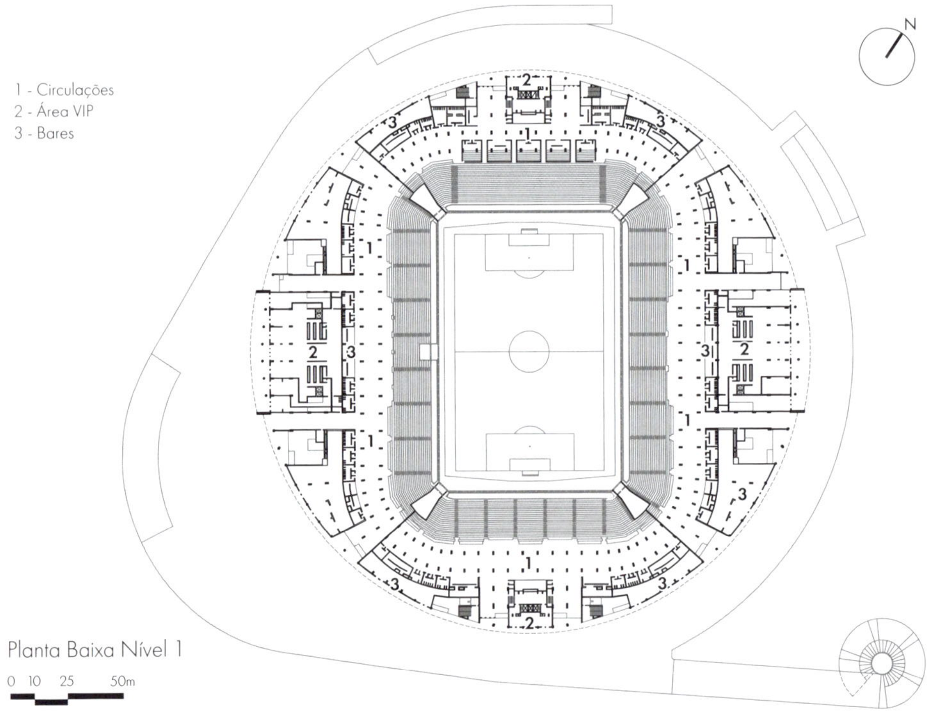

Planta Baixa Nível 1

Praça Municipal, 47

Arquitetura Nacional | 2010-2013

O Edifício Praça Municipal 47 é um dos exemplos qualificados da nova arquitetura que vem aos poucos surgindo na cidade. Em um mercado imobiliário marcado pela exaustiva repetição de modismos e fórmulas consagradas, esta obra demonstra que é perfeitamente possível agregar valor a um imóvel através de um desenho diferenciado. Em meio a um tecido marcadamente unifamiliar, este condomínio residencial de quatro pavimentos antecipa a transformação do entorno induzida pela normativa do atual Plano Diretor.

O projeto parte de um volume simples, formado por uma caixa elevada sobre o acesso térreo com jardim. As elevações frontais e de fundos são recuadas em relação às bordas da caixa envoltória, o que serve como proteção solar, mas também como efeito plástico, pelo desencontro entre os planos das fachadas laterais e os das fachadas principais.

O edifício articula dois apartamentos por andar com uma clara organização na planta baixa: um setor dedicado aos ambientes de salas e cozinha e outro destinado aos dormitórios e sanitários. Esta organização se revela nas fachadas, onde as vedações se dão por venezianas na área dos dormitórios e por amplas janelas envidraçadas na área social.

1 - Hall
2 - Circulação
3 - Salão de Festas
4 - Área Externa
5 - Sala e Cozinha
6 - Dormitório
7 - Banheiro
8 - Área Técnica
9 - Área de Serviço

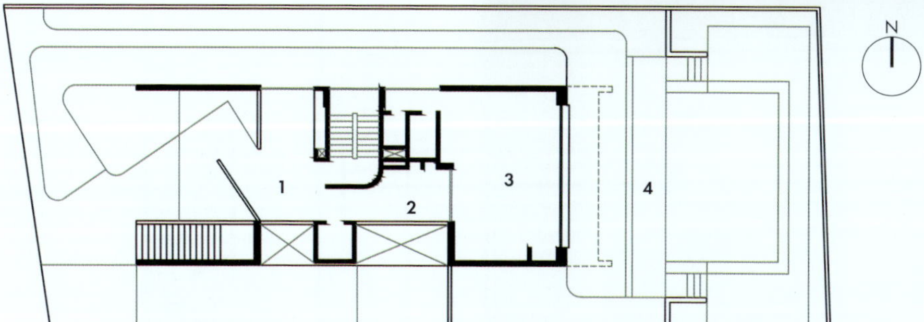

Planta Baixa Térreo

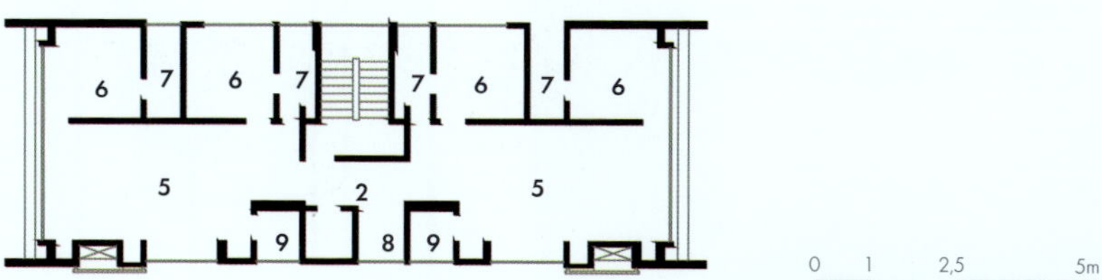

Planta Baixa Pav. Tipo

Rua dos Andradas, 349

Cantergiani+Kunze Arquitetos | 2010-2013

O prédio se localiza junto à área de ocupação mais antiga de Porto Alegre, na antiga Rua da Praia (atual Andradas), defronte à Praça Brigadeiro Sampaio. O terreno possui as dimensões dos lotes coloniais, com 5,5 m x 45 m. Os dois prédios lindeiros são construídos em altura, dificultando a implantação, mas ambos possuem recuos laterais voltados para o terreno deste projeto, fato que condicionou a decisão de ocupar toda a largura do lote, abrindo pátios internos curvos que permitem a insolação de norte e leste.

O conjunto tem seis pavimentos-tipo, com dois modelos de unidade de moradia (a maior posicionada à frente), com uma loja no térreo. Aos fundos, dois pátios escalonados aproveitam o desnível ao pé do morro. Já na cobertura, um quintal de uso comum possui terraço e áreas gramadas, com vista desimpedida para o Lago Guaíba.

1 - Loja
2 - Hall/Circ./Escada
3 - Pátio
4 - Pátio (nível 4 m)
5 - Gás/Banheiro/Depósito do Lixo/Casa de Bombas
6 - Estar/Jantar
7 - Cozinha/Churrasqueira/Lavanderia
8 - Dormitório
9 - Lavabo
10 - Banheiro
11 - Terraço (aptos 201 e 202)
12 - Circulação
13 - Terraço de Frente
14 - Terraço de Fundos

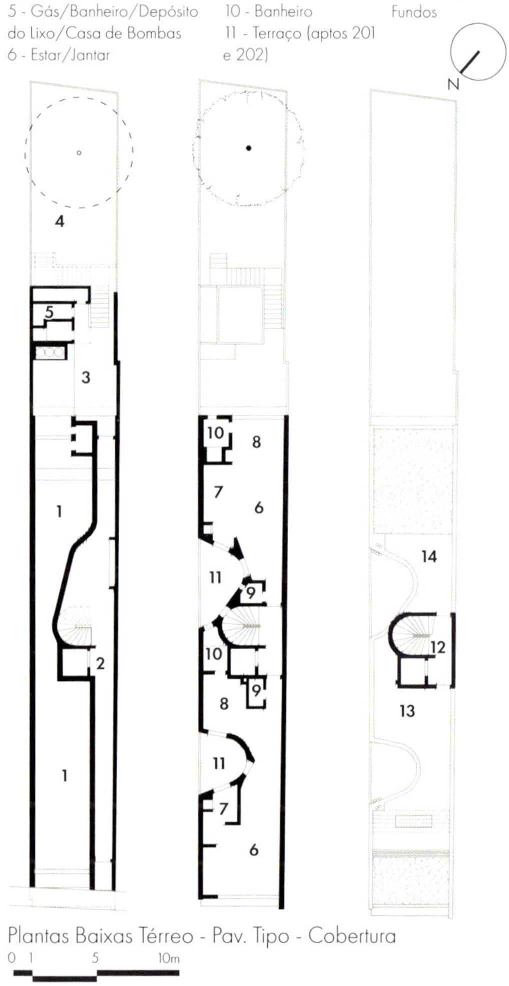

Plantas Baixas Térreo - Pav. Tipo - Cobertura

Rua Amélia Teles, 315

Smart! | 2011

O projeto propõe um empreendimento com apenas oito apartamentos, de 102 a 127 m², distribuídos em quatro pavimentos além do térreo. O lote possui apenas dez metros de largura, o que levou a uma solução em dois blocos, separados por um pequeno pátio interno e pela circulação vertical. Os apartamentos foram construídos sem divisórias internas, a não ser as paredes dos dois sanitários. A laje nervurada permite uma grande flexibilidade para os ambientes íntimos, de trabalho e sociais, que podem ser integrados ou delimitados através de mobiliário ou paredes.

A fachada é composta por molduras ressaltadas do plano da parede, onde as janelas, ocupando a largura total do edifício, permitem uma ótima integração visual com a rua. Os dois últimos pavimentos possuem tratamento diferenciado na elevação, apresentando recuos que formam dois terraços com larguras diversas. O coroamento se dá por meio de pergolado, numa releitura da arquitetura moderna produzida nos anos 1950.

1 - Garagem
2 - Circulação
3 - Sanitário
4 - Jardim Externo
5 - Jardim Interno
6 - Lavabo
7 - Terraço

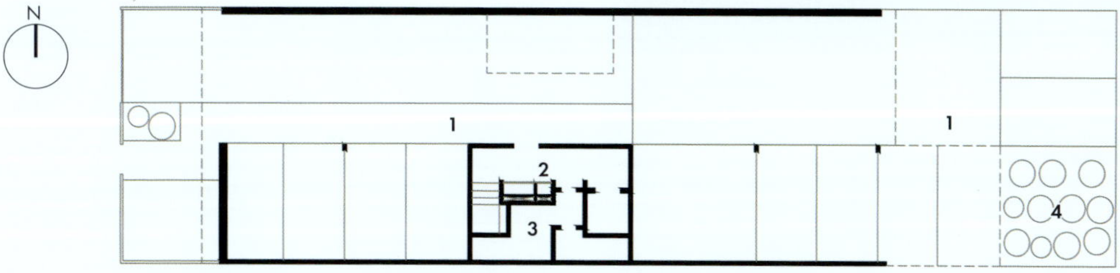

Planta Baixa Térreo

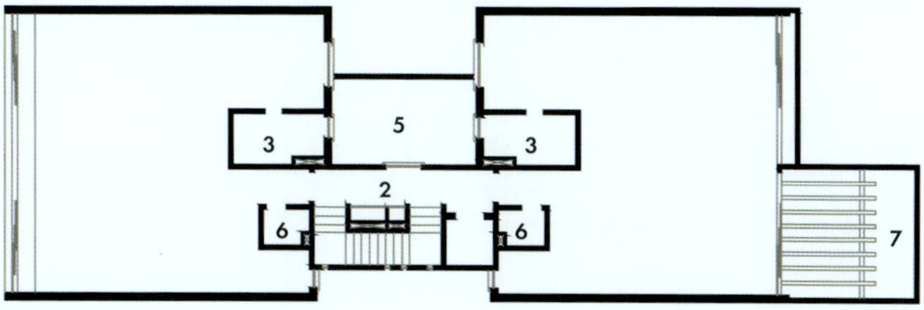

Planta Baixa Pav. Tipo

0 1 2,5 5m

Avenida Diário de Notícias, 760

Moojen & Marques Arquitetos Associados | 2011

A Estação de Bombeamento de Esgotos (EBE) Cristal foi projetada como uma etapa do Programa Integrado Socioambiental (PISA) da Prefeitura de Porto Alegre, visando ampliar o saneamento e reduzir o lançamento de esgotos não tratados no Guaíba. A EBE Cristal recebe contribuições de dois importantes Sistemas de Esgotamento Sanitários (SES) da cidade: SES Ponta da Cadeia, que inclui Centro Histórico e Arroio Dilúvio (atendendo 35% da população), e SES Cavalhada, mais ao sul da cidade. A partir da EBE Cristal, os esgotos são encaminhados através de um emissário subaquático para a Estação de Tratamento de Esgotos Serraria, no extremo sul do município.

O projeto arquitetônico da estação, além de resolver as exigências técnicas inerentes à funcionalidade de uma obra desse porte, criou também um equipamento de uso coletivo. Três cilindros de concreto aparente abrigam os reservatórios destinados a regular o fluxo de bombeamento dos esgotos e configuram os espaços de visitação, exposição e mirante. O térreo apresenta espaço com área para eventos e recepção de visitantes. A sala superior, em balanço a 24 m de altura, é sustentada por peças metálicas integradas à circulação vertical e ancoradas no alto das duas torres cilíndricas frontais, proporcionando uma vista privilegiada do Guaíba.

O emprego do concreto aparente, metal e vidro na EBE Cristal reflete uma intenção projetual, buscando relacionar o equipamento com os pavilhões vizinhos do Jockey Club do Rio Grande do Sul, além de integrá-lo à paisagem da orla. Neste sentido, a proposta explora não só o caráter utilitário como obra pública de infraestrutura, mas também sua dimensão cênica e formal em relação ao contexto urbano, a exemplo do papel da Hidráulica Moinhos de Vento para Porto Alegre e o Palácio de las Aguas Corrientes para Buenos Aires.

1 - Portaria
2 - Acesso Público
3 - Salas Exposição "Plano Integrado Socioambiental – PISA"
4 - Chaminés de Equilíbrio
5 - Casa de Bombas
6 - Subestação
7 - Poço de Bombeamento
8 - Estacionamento de Visitantes
9 - Estacionamento de Serviço

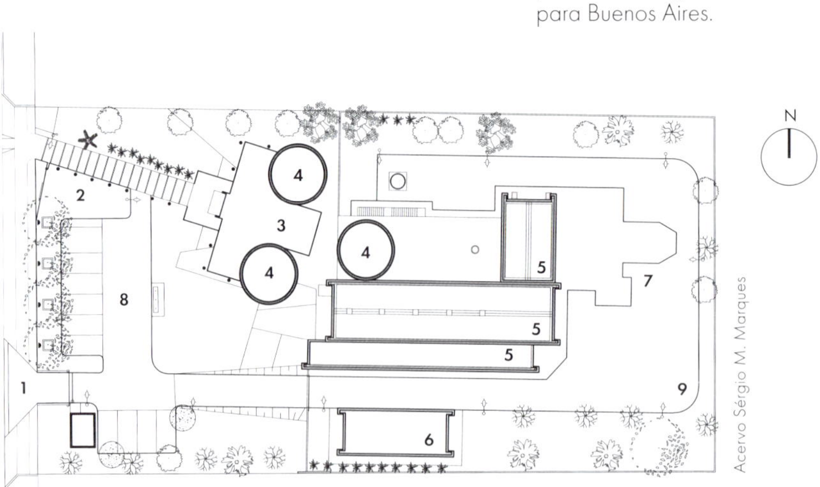

Implantação

Acervo Sérgio M. Marques

Projeto de remodelação:
Renata Rizzotto (SMAM) | 2011-2013

Mencionada desde a fundação da cidade como "Largo dos Ferreiros", é uma das mais antigas e tradicionais praças de Porto Alegre. No início do século XIX, passa a ser conhecida como "Praça do Paraíso", provavelmente em função de um bordel existente nas proximidades.

No Império, o nome foi alterado para Praça Conde D'Eu, quando então é projetado um jardim arborizado, com lampiões a gás, cercado com um gradil de ferro com quatro portões. Em 1884, foi colocado um chafariz de ferro bronzeado, que atualmente se encontra no Parque Farroupilha. Em 1885 foi erguido o primeiro Chalé para venda de sorvetes.

Com a República, a denominação da Praça foi finalmente alterada para Praça XV de Novembro. O antigo Chalé foi substituído em 1911 pelo hoje tradicional Chalé da Praça XV. A Praça sofreu redução de tamanho em 1928, dentro do conceito de modernização vigente na época, para possibilitar a ampliação das ruas laterais. Em 1929 foi construído o primeiro abrigo coberto para bondes.

Nas últimas décadas do século XX, a Praça continuou sofrendo alterações significativas. Quase todos os jardins originais foram suprimidos, recebendo pavimentação.

No último projeto de remodelação, os vendedores ambulantes que congestionavam o entorno da Praça XV foram transferidos, as escadarias e os pisos foram reconfigurados, os antigos postes de iluminação foram reimplantados e os canteiros receberam novo ajardinamento. Paralelamente, o Chalé da Praça XV recebeu um anexo, como também uma reformulação da área de atendimento externo.

FSB – MJF/PMPA

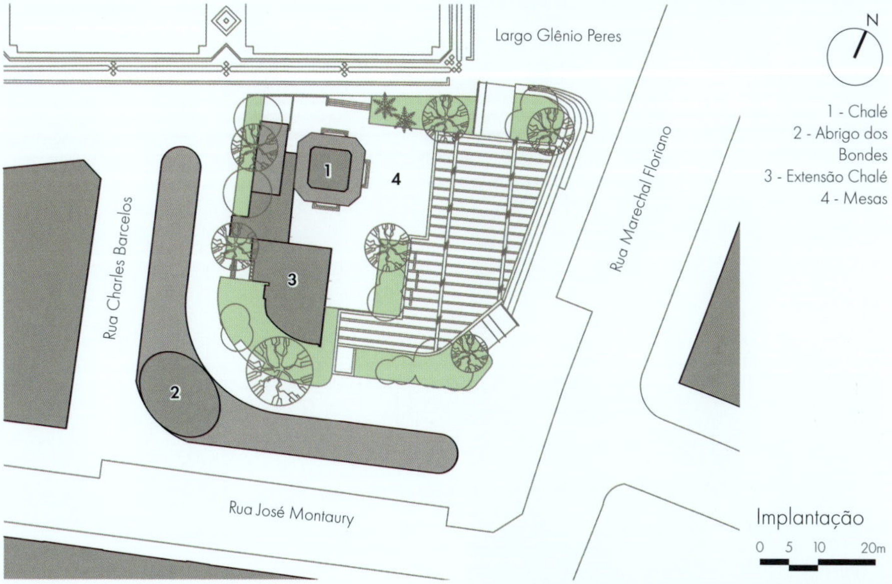

1 - Chalé
2 - Abrigo dos Bondes
3 - Extensão Chalé
4 - Mesas

Implantação

Rua Jacinto Gomes, 39

Josef Lutzenberger | 1932
Projeto de restauração e ampliação:
Flávio Kiefer | 2012

O casarão abrigou três gerações da família Lutzenberger, entre 1932 e 2002. Foi projetado pelo arquiteto e artista plástico alemão Josef Lutzenberger, autor de vários prédios significativos na cidade. Como artista plástico, retratou em aquarelas e bicos de pena a vida dos porto-alegrenses e dos gaúchos nos anos 30.

A casa também foi moradia de José Lutzenberger, filho de Josef e um dos fundadores do movimento ecológico no Brasil. Após sua morte em 2002, a casa ficou desocupada, necessitando reparos. Por iniciativa da família, procedeu-se ao tombamento municipal em 2012. Após completa restauração, a edificação passou então a abrigar a empresa Vida.

A construção original totalizava 366 m^2 em três pavimentos. O projeto de restauração incluiu a reciclagem de uso da residência e uma ampliação lateral de 98,35 m^2. A nova construção recebeu tratamento contemporâneo, sendo utilizado aço corten nos pilares, alvenaria de arenito rosa e lajes pré-fabricadas. O novo volume complementa o anterior e neutraliza a empena cega preexistente.

Na configuração resultante, o térreo passou a abrigar recepção, um pequeno auditório, cafeteria e sanitário, com entrada direta pela casa antiga. No mesmo pavimento estão o Espaço Lutzenberger, voltado à memória do ecologista, e uma sala de estar com vista para o pátio com ampla vegetação, onde aos fundos foi instalado o anexo posterior, que serve para lazer e descanso dos funcionários. Nos dois pavimentos superiores estão situados os escritórios da empresa.

Fachada Principal

Ações concretas,
trazendo o discurso e
à p

Avenida Edvaldo Pereira Paiva, 1527

Oscar Niemeyer e
Paulo Sergio Niemeyer | 2012-2017

Desde 1990, tramitavam iniciativas entre a Câmara de Vereadores e a Prefeitura Municipal no sentido da construção de um memorial em homenagem ao comandante da Coluna Prestes. O terreno foi doado pela Prefeitura e o projeto arquitetônico cedido gratuitamente por Niemeyer. A versão original do monumento era completamente diferente, configurando uma plataforma alongada com uma enorme escultura representando o trajeto da Coluna pelo Brasil.

Sem recursos para erguer o prédio, o projeto ficou por mais de uma década paralisado. Em 1998 é lançada a pedra fundamental, mas somente em 2012, a partir de uma parceria firmada entre o Memorial e a Federação Gaúcha de Futebol, as obras começaram. Em troca de parte do terreno, onde construiu a sua sede, a FGF financiou o prédio.

O Memorial é composto por um cilindro de vidro negro, solto no centro de uma ampla esplanada a três metros abaixo do nível da Avenida Edvaldo Pereira Paiva. O volume principal é atravessado por uma lâmina vermelha que marca o acesso e reproduz na cobertura o trajeto da Coluna pelo Brasil. Uma longa rampa curva conecta a Avenida Edvaldo Pereira Paiva à esplanada.

Internamente, o espaço é subdividido em três setores por uma parede sinuosa. O memorial propriamente dito ocupa a parte norte do prédio e é composto por uma extensa parede vermelha com uma linha do tempo que conta a trajetória de Prestes. A parede leva os visitantes a um pequeno auditório, com 25 lugares. Um segundo salão ao sul é utilizado para exposições itinerantes, eventos e atividades culturais. No centro do prédio, uma pequena sala escura representa os anos de prisão e exílio.

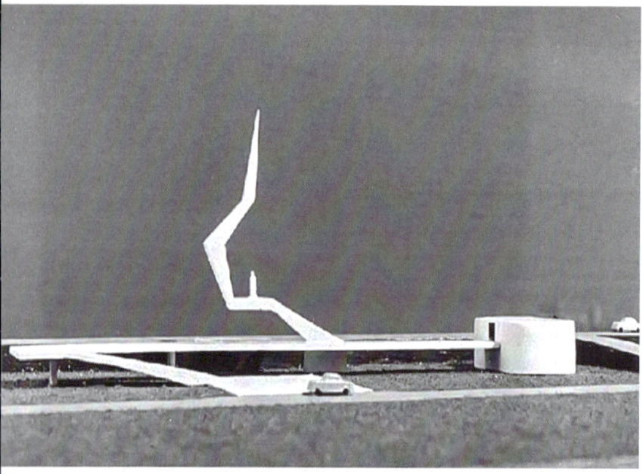

Fundação Oscar Niemeyer

Rua João Caetano, 440

Isay Weinfeld | 2014

O Instituto foi criado em 1995 para apoiar jovens brasileiros com bolsas de estudos de pós-graduação e mestrado em universidades da Europa e Estados Unidos. Este seu centro cultural oferece atividades como teatro, cinema, música e artes, cursos livres de curta duração, palestras, seminários, conferências e ciclos de debates.

Localizado em um terreno de esquina, em uma região eminentemente residencial, o prédio se distribui de forma horizontalizada em três pavimentos, um ao nível do térreo, outro semienterrado e um segundo subsolo destinado ao estacionamento. Desta forma, o prédio não se destaca do entorno pela altura, mas pela bela geometria e tratamento das fachadas. O andar de acesso abriga um anel periférico onde os espaços de circulação, informações, loja, café e exposições estão bastante integrados, sem divisões marcadas. No núcleo desse pavimento encontra-se o auditório principal. Uma escadaria ampla conduz ao pavimento inferior, onde se situam os cursos de gastronomia, com cozinhas e um grande salão de eventos.

A luz natural flui por todos os ambientes internos, filtrada por brises na fachada principal ou conduzida do alto, por claraboias. Árvores do terreno foram preservadas e comparecem em alguns pontos do interior do prédio.

1 - Recepção
2 - Circulação/Galeria
3 - Loja
4 - Café
5 - Cozinha/Café
6 - Sanitários Sociais
7 - Auditório
8 - Áudio/Vídeo/Tradução
9 - Camarim
10 - Sala de Cursos
11 - Sala de Reuniões
12 - Recepção Cursos/Reuniões
13 - Sanitários Cursos
14 - Depósitos

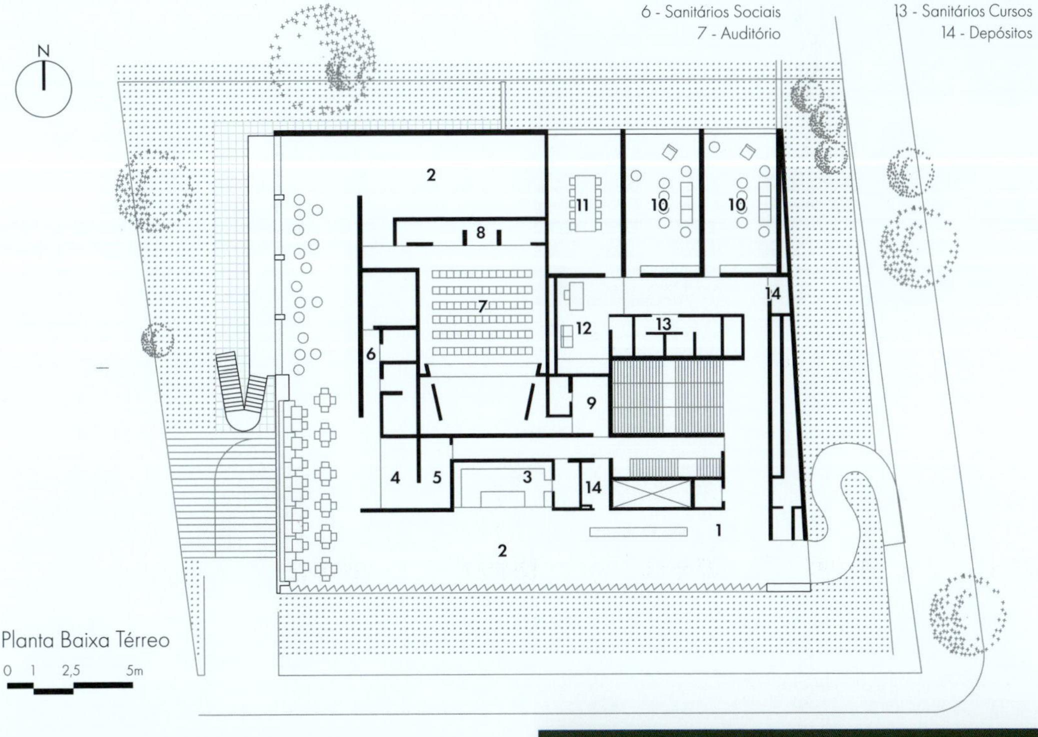

Planta Baixa Térreo

Avenida Dr. Nilo Peçanha, 1600

AT Arquitetura | 2014-2017

Em 1954, a Associação Antônio Vieira, entidade vinculada à Companhia de Jesus, adquiriu uma grande gleba na Zona Leste de Porto Alegre para edificar a nova sede do tradicional Colégio Anchieta, que funcionava desde 1890 na Rua Duque de Caxias, no centro da cidade. O complexo de prédios que compõem o Colégio ocupou a porção ao sul da Avenida Nilo Peçanha, numa área de cerca de 12 hectares. Do outro lado da Avenida, ao norte, um terreno com 13.000 m^2 era utilizado para estacionamento e como campo de futebol.

Em 2014, os padres decidem construir no terreno em frente um *campus* em Porto Alegre para a Universidade do Vale do Rio dos Sinos (UNISINOS), cuja sede fica na cidade de São Leopoldo. Como ao longo da década de 1990 a Avenida Nilo Peçanha havia se transformado em um dos eixos comerciais mais valorizados da cidade, graças em parte à construção do Shopping Iguatemi, o programa procurou incluir, além do setor educacional, um setor de comércio e serviços e um teatro.

A forma de implantação do conjunto buscou abrir e integrar a Universidade com o espaço urbano. O projeto aproveita o desnível do terreno para inserir um estacionamento semienterrado com mil vagas em quatro pavimentos, sobre o qual foi implantada uma esplanada de acesso ao nível da Avenida Nilo Peçanha. O conjunto é formado por três blocos principais. O mais alto é o Prédio Acadêmico de oito pavimentos aos fundos do terreno, que se integra ao Teatro semienterrado na esquina com a Avenida Nilo Peçanha. O terceiro volume é formado pelo Espaço UNISINOS, uma articulação de três blocos do setor de comércio e serviços, deslocados para a porção frontal do terreno, dotados de cobertura e fachadas verdes. Uma passarela metálica interliga o *campus* com o Colégio Anchieta e funciona como um elemento organizador, separando as funções de serviços e acadêmicas.

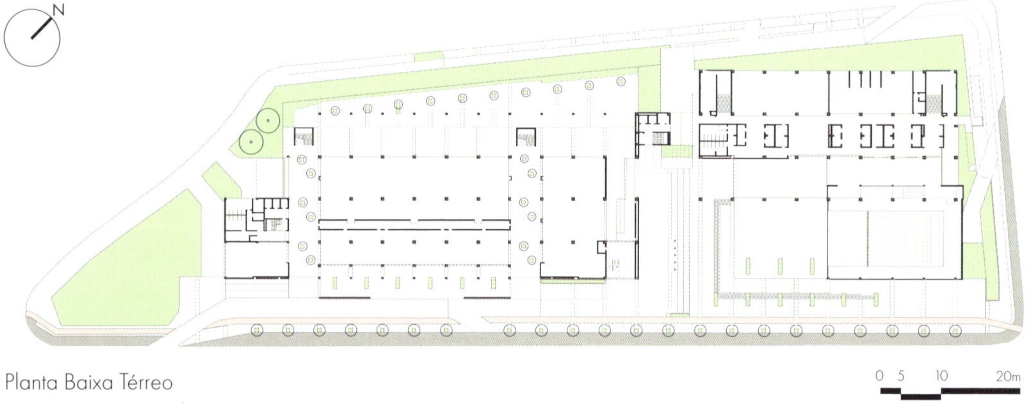

Planta Baixa Térreo

UNISINOS
TEATRO

ESPAÇO UNISINOS
ABERTO AO PÚBLICO

INSCRIÇÕES ABERTAS
TRANSFERÊNCIAS

Plano conceitual:
Jaime Lemer Arquitetos Associados | 2012-2018
Desenvolvimento:
Grifo Arquitetura | 2012-2018

A Orla Moacyr Scliar foi o primeiro de três trechos que compõem o Parque Urbano da Orla do Lago Guaíba, que se estendem entre a Usina do Gasômetro e o Estádio Beira-Rio, totalizando 56.700 m² de área. Com 1,3 km, o primeiro trecho liga a Usina à Rótula das Cuias (Esplanada Hely Lopes Meirelles).

O Parque ocupa uma estreita faixa de terra entre o Lago Guaíba e os taludes do sistema de diques. No topo do dique, de 3 m de altura, já estavam instaladas avenidas importantes de Porto Alegre, como a Avenida João Goulart e Avenida Pereira Paiva, sendo que do outro lado do talude foram implantados os Parques Maurício Sirotsky e Marinha do Brasil. A margem não havia sido tratada até então. O projeto enfrenta o desnível criado pelo dique através de uma sucessão de arquibancadas e escadarias ondulantes, pontuadas pela inserção de bares e restaurantes semienterrados. No topo, uma pista de caminhada e uma ciclovia são acompanhadas por uma sequência de mirantes sobre os bares, sendo que 47 luminárias inclinadas marcam verticalmente o percurso. Na parte baixa, um caminho sinuoso dá acesso a estares que avançam como decks sobre o Lago. Também os caminhos eventualmente se transformam em passarelas sobre a água.

Junto à Usina há uma concentração de equipamentos de porte: uma praça de acesso junto à chaminé, um restaurante panorâmico sobre o Lago e um ancoradouro para barcos de passeios turísticos.

Implantação

ÍNDICE ONOMÁSTICO

ARQUITETOS, PROJETISTAS E ESCRITÓRIOS

LISTA DE SIGLAS

AHMMV – Arquivo Histórico Municipal Moysés Vellinho
ALJ – Associação Leopoldina Juvenil
BID – Banco Interamericano de Desenvolvimento
BNH – Banco Nacional de Habitação
CAFF – Centro Administrativo Fernando Ferrari
CEASA – Central de Abastecimento do Estado do Rio Grande do Sul
CEF – Caixa Econômica Federal
CEIS – Comissão Especial de Inquérito Suário
CHC – Centro Histórico-Cultural Santa Casa
CIEE – Centro de Integração Empresa-Escola
CMS – Comando Militar do Sul
Copesul – Companhia Petroquímica do Sul
CORAG – Companhia Rio-Grandense de Artes Gráficas
CRT – Companhia Riograndense de Telecomunicações
DASP – Departamento Administrativo do Serviço Público
DEPREC – Departamento Estadual de Portos, Rios e Canais
DIPHE – Divisão do Patrimônio Histórico Edificado
DNOS – Departamento Nacional de Obras e Saneamento
EBE – Estação de Bombeamento de Esgotos
EPAHC – Equipe do Patrimônio Histórico e Cultural
FGF – Fundação Gaúcha de Futebol
FIATECI – Cia. Fiação e Tecidos Porto-Alegrense
FOMISA – Fomento Industrial S.A.
FSB – Fototeca Sioma Breitman
IAB – Instituto dos Arquitetos do Brasil
IAPI – Instituto de Pensões e Aposentadoria dos Industriários
IBA – Instituto de Belas Artes
IHGRGS – Instituto Histórico e Geográfico do Rio Grande do Sul
INEP – Instituto Nacional de Estudos Pedagógicos
IPASE – Instituto de Previdência e Assistência dos Servidores do Estado
IPE – Instituto de Previdência do Estado
IPHAE RS – Instituto do Patrimônio Histórico e Artístico do Estado do Rio Grande do Sul
IPHAN – Instituto do Patrimônio Histórico e Artístico Nacional
MARGS – Museu de Arte do Rio Grande do Sul
MCM – Museus Castro Maya
MinC – Ministério da Cultura
MJF – Museu Joaquim Felizardo
MUHM – Museu da História da Medicina
PAR – Programa de Arrendamento Residencial
PDDU – Plano Diretor de Desenvolvimento Urbano
PDDUA – Plano Diretor de Planejamento Urbano e Ambiental
PISA – Programa Integrado Socioambiental
PMPA – Prefeitura Municipal de Porto Alegre
PROPAR – Programa de Pós-Graduação em Arquitetura
PUCRS – Pontifícia Universidade Católica do Rio Grande do Sul
RMPA – Região Metropolitana de Porto Alegre
SASSE – Serviço de Assistência e Seguro Social dos Economiários
SES – Sistemas de Esgotamento Sanitário
SMAM – Secretaria Municipal do Meio Ambiente
SMAMUS – Secretaria Municipal do Meio Ambiente, Urbanismo e Sustentabilidade
SMC – Secretaria Municipal da Cultura
SMIC – Secretaria Municipal da Indústria e Comércio
SMOV – Secretaria Municipal de Obras e Viação
SPH – Setor de Patrimônio Histórico
SPM – Secretaria do Planejamento Municipal
Trensurb – Empresa de Trens Urbanos de Porto Alegre
UFRGS – Universidade Federal do Rio Grande do Sul
UNISINOS – Universidade do Vale do Rio dos Sinos
VFRGS – Viação Férrea do Rio Grande do Sul

REFERÊNCIAS ELETRÔNICAS

www.archdaily.com

www.arquidiocesepoa.org.br

www.cmpa.tche.br

www.iphae.rs.gov.br

www.jdarq.com.br

www.juvenil.com.br/site/linha_do_tempo.php, acessado em junho de 2013.

www.moomaa.arq.br

www.muhm.org.br

www.museujuliodecastilhos.rs.gov.br

www.museumilitarcms.eb.mil.br

www.procter-rihl.com

www.teatrosaopedro.com.br/multipalco

www2.al.rs.gov.br/memorial

www2.portoalegre.rs.gov.br/mercadopublico

www2.portoalegre.rs.gov.br/smc

http://arcoweb.com.br/projetodesign/arquitetura/plarq-estadio-arena-gremio-11-04-2011#

http://arcoweb.com.br/projetodesign/interiores/tangram-centro-historico-cultural-santa-casa-porto-alegre

http://au.pini.com.br/arquitetura-urbanismo/234/

http://www.apers.rs.gov.br/

http://www.archdaily.com.br/br/01-2498/fundacao-ibere-camargo-alvaro-siza

http://www.cemiteriosantacasa.com.br/

http://www.comunidadesaojose.com/

http://www.galeriachaves.com

http://www.galeriadaarquitetura.com.br/

http://www.iab-rs.org.br.

http://www.infraero.gov.br

http://www.institutoling.org.br

http://www.internacional.com.br/conteudo?modulo=1&setor=279&secao=273

http://www.iphan.gov.br

http://www.trensurb.gov.br

http://www.ufrgs.br/ufrgs/a-ufrgs/historico

http://www.vitruvius.com.br/revistas/read/projetos/08.093/2924

https://arcoweb.com.br/finestra/arquitetura/detalhe-da-obra-ampliacao-da-casa-lutzenberger

https://urbsnova.wordpress.com/vilaflores

https://www.isayweinfeld.com/arquitetura/espacos-culturais/instituto-ling/

REFERÊNCIAS BIBLIOGRÁFICAS

ALMEIDA, Guilherme Essvein de; ALMEIDA, João Gallo de; BUENO, Marcos. *Guia de arquitetura moderna em Porto Alegre*. Porto Alegre: EDIPUCRS, 2010.

ALVARES, Cícero. *Palácio da Justiça de Porto Alegre:* construção e recuperação da arquitetura moderna em Porto Alegre, 1952-2005. Dissertação (mestrado). Programa de Pós-Graduação em Arquitetura – Propar. Porto Alegre: UFRGS, 2008.

ALVES, José Francisco. *A escultura pública de Porto Alegre:* história, contexto e significado. Porto Alegre: Artfolio, 2004.

AMARAL, Aracy Abreu. *Arquitectura neocolonial:* America Latina, Caribe, Estados Unidos. São Paulo: Fundação Memorial da América Latina, Fondo de Cultura Económica, 1994.

ARAÚJO, Cláudio; LUZ, Maturino; MARQUES, Sérgio Moojen. *Arquitetura contemporânea no Rio Grande do Sul:* monitoramento e acervo – arquitetura de concursos: 1984-2006. Porto Alegre: UniRitter, 2009 (CD-ROM).

ARTIGAS, João Batista Vilanova. *Caminhos da arquitetura.* São Paulo: Lech, 1981.

BASSANI, Jorge; ZORZETE. Francisco. *São Paulo:* cidade e arquitetura – um guia. São Paulo: Ed. São Paulo, 2014.

BASTOS, Maria Alice Junqueira; ZEIN, Ruth Verde. *Brasil:* arquiteturas pós-1950. São Paulo: Perspectiva, 2010.

BASTOS, Maria Alice Junqueira. *Pós-Brasília:* rumos da arquitetura brasileira. São Paulo: Perspectiva/Fapesp, 2003.

BELLO, Helton Estivalet. Arquitetura e planejamento urbano em Porto Alegre: dos anos 30 aos anos 70. In: KRAWCZYK, Flávio (Org.). *Da necessidade do moderno:* o futuro da Porto Alegre do século passado. Porto Alegre: UE/Secretaria Municipal da Cultura, 2002.

BELLO, Helton Estivalet. *O ecletismo e a imagem da cidade:* caso Porto Alegre. Porto Alegre: UFRGS. Dissertação (Mestrado em Planejamento Urbano e Regional). Faculdade de Arquitetura, Universidade Federal do Rio Grande do Sul, 1997.

BELLO, Helton Estivalet. Vila do Iapi: uma exceção à regra. In: CUSTÓDIO, Luiz Antônio; KLEIN, Liane. *Viva o Centro a pé.* Porto Alegre: Editora da Cidade/Letra & Vida/Secretaria Municipal de Cultura de Porto Alegre, 2013.

BERNARDES, Dalton. *Jaguaribe e Esplanada:* o edifício de apartamentos modernista e um novo paradigma habitacional em Porto Alegre. Dissertação de Mestrado em Arquitetura – Programa de Pesquisa e Pós-Graduação em Arquitetura (Propar). Universidade Federal do Rio Grande do Sul (UFRGS), Porto Alegre, 2003.

BISSÓN, Carlos Augusto. *Moinhos de Vento:* histórias de um bairro de elite de Porto Alegre. Porto Alegre: Secretaria Municipal da Cultura; IEL, 2008.

BITTENCOURT, Doris M. Machado. A Biblioteca Pública. In: Epahc/Iphae/Iphan. *Instrução de Tombamento da Praça da Matriz e Praça da Alfândega.* Porto Alegre, 2000.

BOEIRA Nelson; GOLIN Tau (Coord.). *História geral do Rio Grande do Sul,* Colônia, v. 1. Passo Fundo (RS): Méritos, 2006.

BOEIRA Nelson; GOLIN Tau (Coord.). *História geral do Rio Grande do Sul,* Império, v. 2. Passo Fundo (RS): Méritos, 2006.

BONATES, Mariana Fialho. *Política de habitação nas áreas centrais:* retórica versus prática. Disponível em: http://www.cadernosmetropole.net/download/cm_artigos/cm21_151.pdf

BORTOLI, Fabio. *O shopping center em Porto Alegre:* estudos tipológicos e morfologia urbana. Dissertação (mestrado). Programa de Pós-Graduação em Arquitetura – Propar. Porto Alegre: UFRGS, 2006.

BRUGALLI, Ana Paola. *Art Déco e as manifestações na arquitetura de Porto Alegre.* Dissertação (mestrado). Programa de Pós-Graduação em Arquitetura – Propar. Porto Alegre: UFRGS, 2003.

BUENO, Marcos Flávio Teitelroit. *A obra do arquiteto Carlos Alberto de Holanda Mendonça.* Dissertação (mestrado). Programa de Pós-Graduação em Arquitetura – Propar. Porto Alegre: UFRGS, 2012.

BUENO. Marcos Flávio Teitelroit. Edifício Santa Cruz: retrato de uma mudança. In: 9º *Seminário Docomomo Brasil.* Brasília, jul. 2011.

CABRAL, Cláudia Costa; KIEFER, Flávio: *Porto Alegre:* guia da arquitetura contemporânea. Porto Alegre: Viana e Mosley Editora, 2007

CALOVI PEREIRA, Cláudio *et al. Arquitetura de Porto Alegre no período positivista.* Porto Alegre: Memorial do Rio Grande do Sul, 2007 (Catálogo de exposição).

CANEZ, Ana Paula et al. *Acervos Azevedo Moura & Gertum e João Alberto:* imagem e construção da modernidade em Porto Alegre. Porto Alegre: Ed. UniRitter, 2004.

CANEZ, Anna Paula et al. *Acervos Azevedo Moura & Gertum e João Alberto Fonseca da Silva:* memória da arquitetura moderna em Porto Alegre. Anais do 5º Seminário Docomomo Brasil. São Carlos (SP), 2003.

CANEZ, Anna Paula. *Arnaldo Gladosch:* o edifício e a metrópole. Porto Alegre, São Paulo e Rio de Janeiro. Porto Alegre: Ed. UniRitter, 2008.

CANEZ, Anna Paula. *Fernando Corona e os caminhos da arquitetura moderna em Porto Alegre.* Porto Alegre: UE/Porto Alegre/Faculdades Integradas do Instituto Ritter dos Reis, 1998.

CASTELLO, Iára Regina. *Bairros, loteamentos e condomínios:* elementos para o projeto de novos territórios habitacionais. Porto Alegre: Editora da UFRGS, 2008.

CEMITÉRIO SANTA CASA. *História social do Cemitério da Santa Casa de Misericórdia.* Disponível em: http://www.cemiteriosantacasa.com.br/museu-ceu-aberto/historia-social/106.aspx Acesso em: 26 out. 2014.

COMAS, Carlos Eduardo; PIÑON, Helio. *Inventário da arquitetura moderna em Porto Alegre,* 1945/65. Porto Alegre: Marcavisual, 2013.

COMAS, Carlos Eduardo; CANEZ, Anna Paula; BOHRER, Glênio Vianna. *Arquiteturas cisplatinas:* Roman Fresnedo Siri e Eladio Dieste em Porto Alegre. Porto Alegre: Ed. UniRitter, 2004.

DALAROSA, Janaína Carla. *Restauração do Complexo da Reitoria da UFRGS.* Anais do 7º Seminário Docomomo Brasil. Porto Alegre, 2007.

DE GRANDI, Celito. *Loureiro da Silva:* o charrua. Porto Alegre: Ed. Literalis, 2002.

DEGANO. José Lourenço. *Tradição e modernidade no ciclo dos IAPs* – o Conjunto Residencial do Passo D'Areia e os projetos modernistas no contexto da habitação popular dos anos 40 e 50 no Brasil. Dissertação (mestrado). Programa de Pós-Graduação em Arquitetura –Propar/UFRGS. Porto Alegre, 2003.

DIAS, Maria Alice Medeiros. Praça Itália: reflexões sobre um cenário contemporâneo. In: TERRA, Carlos G.; ANDRADE, Rubens de (Org.). *Construções de paisagens:* instrumentais práticos, teórico-conceituais e projetuais. Rio de Janeiro: EBA Publicações, 2008.

DIEFENBACH, Samantha Sonza. *Affonso Hebert:* ecletismo republicano no Rio Grande do Sul. Dissertação (mestrado). Programa de Pós-Graduação em Arquitetura – Propar. Porto Alegre, UFRGS, 2008.

DOBERSTEIN, Arnoldo W. Porto Alegre, *1900-1920:* estatuária e ideologia. Porto Alegre: Secretaria Municipal da Cultura, 1992.

DURÁN ROCCA, Luisa. *Açorianos no Rio Grande do Sul:* antecedentes e formação do espaço urbano do século XVIII. Tese (doutorado). Programa de Pós-Graduação em Planejamento Urbano e Regional – Propur. Porto Alegre: UFRGS, 2009.

EPAHC/SMC. *Viaduto Octávio Rocha:* instrução de tombamento. Porto Alegre. Equipe do Patrimônio Histórico e Cultural – Epahc/SMC, 2003.

FABRIS, Annanteresa. *Ecletismo na arquitetura brasileira.* São Paulo: Nobel; Editora da Universidade de São Paulo, 1987.

FARIA, L. A. Ubatuba de; PAIVA, Edvaldo P. *Contribuição ao estudo da urbanização de Porto Alegre*. Porto Alegre, 1938.

FERRO, Sérgio. *Reflexões sobre o brutalismo caboclo*. Projeto, n. 86, abr. 1986, p. 68.

FESTUGATO, Taísa. *A arquitetura de Christiano de la Paix Gelbert em Porto Alegre (1925-1953)*. Dissertação (mestrado). Programa de Pós-graduação em Arquitetura – Propar. Porto Alegre: UFRGS, 2012.

FIALHO, Daniela Marzola. *Cidades visíveis:* para uma história da cartografia como documento de identidade urbana. Tese (doutorado). Programa de Pós-Graduação em História. Porto Alegre: UFRGS, 2010.

FIORE, Renato Holmer. O Centro Administrativo do Estado do Rio Grande do Sul: curva de concreto marcando a paisagem. In: COMAS, Carlos Eduardo; PEIXOTO, Marta; MARQUES, Sergio Moojen. *Concreto:* plasticidade e industrialização na arquitetura do Cone Sul-Americano 1930/70. Porto Alegre: Ed. UniRitter, 2010.

FRANCO, Sergio da Costa. Palácio Piratini: cenário de história. In: LAGEMANN, Eugenio; LICHT, Flavia Boni. *Palácio Piratini*. Porto Alegre: IEL, 2010.

FRANCO, Sérgio da Costa. *Porto Alegre:* guia histórico. Porto Alegre: Ed. da Universidade, 1998.

HÄDRICH, Caroline; RAMOS, Paula. José Lutzenberger (1882-1951) e a obra de arte total no Palácio do Comércio em Porto Alegre (1936-1940). In: *Revista Seminário de História da Arte*, v. 1, nº 7, 2018.

EPAHC/SMC. *Solar Conde de Porto Alegre:* instrução de tombamento. Porto Alegre. Equipe do Patrimônio Histórico e Cultural – Epahc/SMC, 1999.

IPHAN. *Cidade históricas (Conjuntos Urbanos Tombados)*. Disponível em: www. iphan.gov.br. Acesso em: 6 jun. 2014

KRAWCZYK, Flávio. *Da necessidade do moderno:* o futuro da Porto Alegre do século passado. Org. Flávio Krawczyk. Porto Alegre: EU/Secretaria Municipal da Cultura, 2002.

LAGO, André Corrêa do. Brasil, *1914-2014:* modernidade como tradição. Pavilhão do Brasil na Bienal de Arquitetura de Veneza, 2014. Disponível em: https://vitruvius.com.br/index.php/jornal/news/read/1914.

LAPOLLI, André. *Como destruir um patrimônio cultural urbano:* a vila do Iapi, "crônica de uma morte anunciada" (Dissertação de Mestrado). Programa de Pós-Graduação em Planejamento Urbano e Regional. Porto Alegre: UFRGS, 2006.

LEÃO, Sílvia Lopes Carneiro. Os antigos hotéis de Porto Alegre. In: *Arquitexto – Revista Eletrônica do Programa de Pós-Graduação em Arquitetura da UFRGS*. Porto Alegre, nº 0, 2000. Disponível em: http://www.ufrgs.br/propar.

LEME, Maria Cristina da Silva. *Urbanismo no Brasil:* 1895-1965. 2 ed. Salvador: Edufba, 2005.

LEMOS, Carlos Alberto Cerqueira. *Alvenaria burguesa:* breve história da arquitetura residencial de tijolos em São Paulo a partir do ciclo econômico liderado pelo café. 2 ed. rev. e ampl. São Paulo: Nobel, 1989. 205 p. ISBN 852130465X.

LIMA, Raquel Rodrigues. *Edifícios de apartamentos:* um tempo de modernidade no espaço privado. Estudo da radial Independência/24 de Outubro – Porto Alegre – nos anos 50. Tese (doutorado). Faculdade de Filosofia e Ciências Humanas, Pós-Graduação em História. Porto Alegre: PUCRS, 2005

LUCCAS, Luís Henrique Haas: Arquitetura Contemporânea no Brasil: da crise dos anos setenta ao presente promissor. In: *Arquitextos – Revista Vitruvius*, São Paulo, 101.00, out. 2009. Disponível em: https://vitruvius.com.br/revistas/read/arquitextos/09.101/99

LUCCAS, Luís Henrique Haas. A escola carioca e a arquitetura moderna em Porto Alegre. In: *Arquitextos – Revista Vitruvius*, nº 73, 4 ano, 7 jun. 2006.

LUCCAS, Luís Henrique Haas. Arquitetura moderna em Porto Alegre: uma história recente. In: *Arquitextos – Revista Eletrônica do Programa de Pós-Graduação em Arquitetura da UFRGS*. Porto Alegre, nº 0, 2000. Disponível em: http://www.ufrgs.br/propar.

LUCCAS, Luís Henrique Haas. Arquitetura moderna em Porto Alegre (Parte II): entre o "Estilo Internacional" e o padrão brutalista nos anos 60/70, 15 jul. 2016. In: ArchDaily Brasil. Disponível em: https://www.archdaily.com.br/br/791414/arquitetura-moderna-em-porto-alegre-parte-ii-entre-o-estilo-internacional-e-o-padrao-brutalista-nos-anos-60-70. Acesso em: 10 ago 2025.

LUZ, Maturino Salvador Santos da. *"Ide todos a José":* a arquitetura de Josef Franz Seraph Lutzenberger. Dissertação (mestrado). Programa de Pós-Graduação em Arquitetura – Propar. Porto Alegre: UFRGS, 2004.

MACEDO, Silvio Soares. *Quadro do paisagismo no Brasil*. São Paulo: Itaú, 1999. 143p.

MACEDO, Silvio Soares; SAKATA, Francine Gramacho. *Parques urbanos no Brasil.* São Paulo: Edusp, 2003.

MAHFUZ, Edson da Cunha. O sentido da arquitetura moderna brasileira. In: *Arquitextos, Vitruvius*, São Paulo, 02.020, jan. 2002.

MAHFUZ, Edson da Cunha. Reflexões sobre a construção da forma pertinente. In: *Arquitextos, Vitruvius*, São Paulo, 045.02, fev. 2004.

MAHFUZ, Edson. *O clássico, o poético, o erótico e outros ensaios.* Porto Alegre: Editora Ritter dos Reis, 2002.

MAHFUZ, Edson. Influências do art déco na arquitetura gaúcha. In: RIO DE JANEIRO. Prefeitura da Cidade. *Art Déco na América Latina;* I Seminário Internacional. Rio de Janeiro: SMU, Solar Grandjean de Montigny, PUC-RJ, 1997, p. 155-158.

MARQUES, Sergio Moacir. A máscara. In: *Arquitexto – Revista Eletrônica do Programa de Pós-Graduação em Arquitetura da UFRGS.* Porto Alegre, nº 3-4, 2003. Disponível em: http://www.ufrgs.br/propar.

MARQUES, Sérgio Moacir. Carlos Maximiliano Fayet: arquitetura moderna no Sul. In: *Arquitextos*, ano IX, fev. 2009. Disponível em: www.vitruvius.com.br/revistas/read/arquitextos/09.105/74.

MARQUES, Sérgio Moacir. *Fayet, Araújo & Moojen:* arquitetura moderna brasileira no Sul: 1950/1970. Tese (doutorado). Programa de Pesquisa e Pós-Graduação em Arquitetura – Propar. Porto Alegre: UFRGS, 2012.

MARQUES, Sergio Moacir. O anfiteatro, a foice e o martelo, o O.V.N.I. e o guarda-chuva: vida e sobrevida do Auditório Araújo Vianna em Porto Alegre. In: *Anais do 7º Seminário do Docomomo Brasil.* Porto Alegre, 2007.

MARQUES, Sergio Moacir. *Revisão do Movimento Moderno:* arquitetura no Rio Grande do Sul dos anos 80. Porto Alegre: Editora: Ritter dos Reis, 2002.

MARTINS, Camila Casarotto; CANEZ, Anna Paula. Enilda Ribeiro: uma mulher arquiteta e urbanista em defesa da profissão. In: *Arquitextos. Revista Viruvius.* São Paulo, 294.00, nov. 2024. Disponível em: vitruvius.com.br/revistas/read/arquitextos/24.294/9028

MATTAR, Leila Nesralla. *A modernidade em Porto Alegre:* arquitetura e espaços urbanos plurifuncionais em área do 4º Distrito. Tese (doutorado). Faculdade de Filosofia e Ciências Humanas, Pós-Graduação em História. Porto Alegre: PUCRS, 2010.

MAZO, Janice Zarpellon. *Associações esportivas de Porto Alegre – RS, 1867-1941.* Disponível em: www.atlasesportebrasil.org.br. Acesso em: jun. 2015.

MENEGOTTO, Renato. *Cultura arquitetônica italiana na construção de residências em Porto Alegre:* 1892-1930. Tese (doutorado). Faculdade de Filosofia e Ciências Humanas, Pós-Graduação em História. Porto Alegre: PUCRS, 2001.

MINISTÉRIO PÚBLICO DO ESTADO DO RIO GRANDE DO SUL. *Memorial do Ministério Público:* história do palácio. Disponível em: http://www.mprs.mp.br/memorial/pgn/id341.htm. Acesso em: 30 abr. 2014.

MIRANDA, Adriana Eckert. *A evolução do edifício industrial em Porto Alegre* – 1870 a 1950. Dissertação (mestrado). Programa de Pós-Graduação em Arquitetura – Propar. Porto Alegre: UFRGS, 2003.

MIRANDA, Adriana Eckert. Morar em "locaes futurosos" ou em "balneários aristocráticos": os loteamentos tipo bairro-jardim de Porto Alegre. In: *Anais XVI Enanpur.* Belo Horizonte, 2015.

MORAES, George Augusto. *A contribuição de Manoel Itaqui para a arquitetura gaúcha.* Dissertação (mestrado). Programa de Pesquisa e Pós-Graduação em Arquitetura – Propar. Porto Alegre: UFRGS, 2003.

MOTA, Lila Ribeiro. Centro Evangélico de Porto Alegre (1959-1969): interface brutalista no Centro Histórico da capital. In: *Anais do X Seminário Docomomo Brasil.* Curitiba, 2013.

OLIVEIRA, Ana Luiza. Os projetos da seção de arquitetura da Prefeitura de Porto Alegre sob a chefia de La Paix Gelbert. In: *Anais do X Encontro de Teoria e História do RS.* Caxias do Sul (RS): UCS, 2006.

OLIVEIRA, Rogério Pinto Dias de. *Saul Macchiavello & Antonio Rubio:* modernidade Arquitetônica em Porto Alegre. Dissertação (Mestrado em História). Pontifícia Universidade Católica do Rio Grande do Sul, 2010.

PATETTA, Luciano. Considerações sobre o ecletismo na Europa. In: FABRIS, Annateresa (Org.). *Ecletismo na arquitetura brasileira.* São Paulo: Nobel; Editora da Universidade de São Paulo, 1987, p. 8-27.

PEREIRA, Claudio Calovi. *Arquitetura de Porto Alegre no período positivista.* Catálogo da Exposição "Porto Alegre: um panorama da capital gaúcha durante o positivismo". Porto Alegre, Propar/UFRGS, Memorial do Rio Grande do Sul, s/d.

PEREIRA, Cristiano Zluhan. *Entre textos e projetos:* o arquiteto João Monteiro Neto em Porto Alegre. Dissertação (mestrado). Programa de Pós-graduação em Arquitetura – Propar. Porto Alegre: UFRGS, 2013.

PESAVENTO, Sandra Jatahy. *Memória de Porto Alegre:* espaços e vivências. 2 ed. Porto Alegre: UFRGS, 1999. 191 p.

PESAVENTO, Sandra Jatahy. *O espetáculo da rua.* 2 ed. Porto Alegre: Ed. da UFRGS, 1992.

PORTAL VITRUVIUS. EBE Cristal. *Projetos,* São Paulo, ano 12, n. 135.05, mar. 2012. Disponível em: https://vitruvius.com.br/revistas/read/projetos/12.135/4302.

PREFEITURA MUNICIPAL DE PORTO ALEGRE. *Plano Municipal de Saneamento Básico.* v. 1. Porto Alegre: Dmae, dez. 2015. Disponível em: https://www2.portoalegre.rs.gov.br/dmae/default. php?p_secao=352.

PREFEITURA MUNICIPAL DE PORTO ALEGRE. *Plano Diretor;* Anexo 3, Áreas de Interesse Cultural e Áreas de Ambiência Cultural. Porto Alegre: Prefeitura Municipal, 2012. Disponível em: http://www2.portoalegre.rs.gov.br/spm/default.php?reg=16&p_secao=218. Acesso em: 26 out. 2014.

PREFEITURA MUNICIPAL DE PORTO ALEGRE. *Um plano de urbanização.* Porto Alegre, 1943.

PREFEITURA MUNICIPAL DE PORTO ALEGRE. *Caderno de restauro II:* Capela Nosso Senhor Jesus do Bom Fim. Porto Alegre: Secretaria Municipal de Cultura, 1989.

PREFEITURA MUNICIPAL DE PORTO ALEGRE. *Instrução de tombamento da Casa Lutzenberger.* Porto Alegre: Arquivo Epahc/SMC, 2011.

PUCRS; LOGIT MERCOSUL CONSULTORIA. *Plano Diretor de Circulação e Acessibilidade da PUCRS.* Porto Alegre, junho de 2005.

PUCRS. *História da Universidade.* Porto Alegre. Disponível em: http://www.pucrs.br/portal/?p=campus. Acesso em: 26 out. 2014.

RAMOS, Renata Santiago. Casa Dico, casa do automóvel: programa moderno e suas explorações técnicas e formais. Porto Alegre, 1952. In: *Anais do IV Seminário Docomomo Sul,* Porto Alegre, 2013.

REIS FILHO, Nestor Goulart. *Quadro da arquitetura no Brasil.* 8 ed. São Paulo: Perspectiva, 1997.

REZENDE, Vera F. (Org.). *Urbanismo na Era Vargas:* a transformação das cidades brasileiras. Niterói: Editora da UFF; Intertexto, 2012.

RHODEN, Luiz Fernando. Os traçados urbanos. In: BOEIRA, Nelson; GOLIN, Tau (Coord.). *História geral do Rio Grande do Sul.* Colônia, v. 1. Passo Fundo (RS): Méritos. 2006.

RIBEIRO, Demétrio. A arquitetura no período 45-60. In: XAVIER, Alberto; MIZOGUCHI, Ivan. *Arquitetura moderna em Porto Alegre.* São Paulo: Pini, 1987.

ROBBA, Fabio; MACEDO, Silvio Soares. *Praças brasileiras.* São Paulo: Edusp, 2003.

ROSSI, Elvio Antonio. *Pensando com arte:* as críticas de Fernando Corona sobre artes plásticas (1958-1970). TCC (Bacharelado em Artes). Porto Alegre: UFRGS, Departamento de Artes Visuais, 2013.

RUSCHEL, Simone Pretto. *A modernidade na Avenida Farrapos.* Dissertação (mestrado). Programa de Pós-Graduação em Arquitetura – Propar. Porto Alegre: UFRGS, 2004.

ROCHA, Lucas. *Santini e Rocha Arquitetos.* Porto Alegre: Criação 2, 2018. Disponível em: www.anyflip.com.

SANTANDER CULTURAL. *O prédio.* Disponível em: http://www.santander.com.br/portal/wps/script/templates/GCMRequest.do?page=6876. Acesso em: 8 maio 2014.

SEGAWA, Hugo. *Ao amor do público:* jardins no Brasil. São Paulo: Nobel, 1996.

SEGAWA, Hugo. *Arquiteturas no Brasil 1900-1990.* São Paulo: Edusp, 1998.

SEGAWA, Hugo. Modernidade pragmática: arquitetura no Brasil dos anos 1920 a 1940. In: RIO DE JANEIRO. *Art Déco na América Latina;* I Seminário Internacional. Rio de Janeiro: SMU, Solar Grandjean de Montigny, PUC-RJ, 1997.

SEGRE, Roberto. *América Latina, fim de milênio:* raízes e perspectivas de sua arquitetura. São Paulo: Stúdio Nobel, 1991.

SILVA, Marcos Miethicki da. *O Hospital de Clínicas de Porto Alegre:* a presença de Jorge Moreira na arquitetura da capital gaúcha. Dissertação (mestrado). Programa de Pós-Graduação em Arquitetura – Propar. Porto Alegre: UFRGS, 2006.

SILVA, Monia Franciele Wazlawoski da. *A escola modelar e os profissionais do progresso:* carreiras e recursos de diplomados da Escola de Engenharia de Porto Alegre (1899-1916). (Tese de Doutorado). Porto Alegre: Programa de Pós-Graduação em História da Faculdade de Filosofia e Ciências Humanas. Porto Alegre: PUCRS, 2014.

SORIO, Lívia; BARRETO, Bruno Gularte. *Cemitérios da província:* história e arte cemiterial em Porto Alegre. Porto Alegre: Edição do Autor, 2009.

SOUZA, Célia Ferraz de; MÜLLER, Dóris Maria. *Porto Alegre e sua evolução urbana.* Porto Alegre: Ed. Universidade/UFRGS, 1997.

STRÖHER, Eneida Ripoll. *A habitação coletiva na obra do arquiteto Emil Bered, na década de 50, em Porto Alegre.* Dissertação (mestrado). Programa de Pós-Graduação em Arquitetura – Propar. Porto Alegre: UFRGS, 1998.

SZEKUT, Alessandra. *Vertentes da modernidade no Rio Grande do Sul:* a obra do arquiteto Luis Fernando Corona. Dissertação (mestrado). Programa de Pós-Graduação em Arquitetura – Propar. Porto Alegre: UFRGS, 2008.

TONIOLI, Renata Manara. *Cidade e universidade:* arquitetura e configuração urbana do Campus Centro da UFRGS. Dissertação (Mestrado em Arquitetura). Programa de Pesquisa e Pós-Graduação em Arquitetura (Propar). Porto Alegre: UFRGS, 2014.

TROYANO, Rodrigo. Demetrio Ribeiro e o Julinho: [um projeto no caminho do ideário]. In: *Contribuciones a Las Ciencias Sociales,* v. 18, n. 7. São José dos Pinhais, 2025, p. 1-21.

UFRGS, Website oficial. *Histórico.* Disponível em: http://www.ufrgs.br/ufrgs/aufrgs/

UFRGS, Website oficial. *Patrimônio Histórico e Cultural.* Disponível em: http://www.ufrgs.br/ufrgs/ aufrgs/

UFRGS. Secretaria do Patrimônio Histórico. *Guia do patrimônio cultural edificado da UFRGS.* Setor de Patrimônio Histórico. Renata Manara Tonioli e Marcelo Aguiar Coelho de Souza (Orgs.). Porto Alegre: UFRGS, 2023.

VARGAS, Élvio (Ed.). *Torres da província:* história e iconografia das igrejas de Porto Alegre. Porto Alegre: Pallotti, 2004.

WEIMER, Günter. *A arquitetura.* 3 ed. Porto Alegre: Ed. Universidade/UFRGS, 1999.

WEIMER, Günter. *Arquitetos e construtores no Rio Grande do Sul – 1892/1945.* Santa Maria: Editora UFSM, 2004.

WEIMER, Gunter. *Arquitetos e construtores rio-grandenses na Colônia e no Império.* Santa Maria (RS): Editora UFSM, 2006.

WEIMER, Günter. *Arquitetura erudita da imigração alemã no Rio Grande do Sul.* Porto Alegre: EST Edições, 2004.

WEIMER, Günter. *Arquitetura modernista em Porto Alegre:* entre 1930 e 1945. Porto Alegre: Unidade Editorial Porto Alegre, 1998.

WEIMER, Günter (Org.). *Urbanismo no Rio Grande do Sul.* Porto Alegre: Ed. da Universidade/UFRGS, Prefeitura Municipal, 1992.

WEIMER, Günter. *Theo Wiederspahn.* Porto Alegre: Editora: EDIPUCRS, 2009.

WEIZENMANN, Jamile Maria da Silva. *A arquitetura de Román Fresnedo Siri (1938-1971).* Dissertação (mestrado). Programa de Pós-graduação em Arquitetura – Propar. Porto Alegre: UFRGS, 2008.

WILKOSZYNSKI, Artur do Canto: *Imagens da arquitetura:* narrativas do imaginário urbano em Porto Alegre. Porto Alegre: Ed. da Universidade / UFRGS, Faculdade de Arquitetura, 2006.

XAVIER, Alberto; MIZOGUCHI, Ivan. *Arquitetura moderna em Porto Alegre.* São Paulo: Pini, 1987.

ZAMIN, Frinéia. *Praça da Alfândega:* cronologia da evolução física. Acervo do Projeto Monumenta Porto Alegre. SMC. Prefeitura de Porto Alegre, 2000. (Inédito).

ZEIN, Ruth Verde. A produção da arquitetura em discussão. *Projeto.* São Paulo, n. 58, dez. 1983, p. 39.

FONTES ICONOGRÁFICAS

Fotografias, imagens e mapas antigos

Acervo FAM/PROPAR: 227, 233;

Acervo Flavia Boni Licht, 103;

Acervo Fotógrafo Olavo Dutra: 38, 98, 99;

Arquivo Histórico Municipal Moyses Vellinho: 152, 153;

Banco de Dados Geográficos do Exército: 198;

Fototeca Sioma Breitman – Museu Joaquim Felizardo: 22, 26, 27, 29, 37, 38, 39, 40, 42, 43, 44, 46, 51, 54, 56, 57, 63, 64, 66, 67, 68, 69, 73, 74, 76, 83, 113, 132, 134, 137, 140, 141, 142, 143, 144, 167, 177, 180, 195, 196, 197, 198, 275;

Fundação Biblioteca Nacional: 24;

Fundação Oscar Niemeyer: 278;

Instituto Histórico e Geográfico do Rio Grande do Sul – IHGRGS: 36.

Instituto do Patrimônio Histórico e Artístico Nacional – IPHAN: 125;

Mapoteca da SPM/Prefeitura Municipal de Porto Alegre: 67, 72, 75, 141, 144, 194, 247;

Museus Castro Maya: 23;

A fotografia inferior da página 268, de autoria de Everton Pereira, foi gentilmente cedida por: BRIO

Fontes consultadas para a elaboração das plantas e projetos

Arquivo Histórico Municipal Moyses Vellinho: 173, 174.

Arquivo Municipal de Porto Alegre: 93, 109, 147, 150, 179, 201, 214;

Equipe do Patrimônio Histórico e Cultural – EPAHC/SMC: 27, 32, 33, 43, 50, 51, 53, 56, 57, 61, 62, 63, 66, 78, 79, 86, 87, 88, 91, 96, 99, 102, 103, 108, 112, 114, 115, 117, 125, 127, 128, 129, 132, 135, 146, 148, 154, 156, 162, 175, 182, 183, 190, 210, 224, 230, 276;

Instituto do Patrimônio Histórico e Artístico do Estado – IPHAE: 26, 46, 47, 54, 64, 69, 95, 100, 101, 104, 105, 106, 107, 113, 116, 126, 149;

Instituto do Patrimônio Histórico e Artístico Nacional – IPHAN: 28, 29, 30, 90, 110;

Secretaria Municipal do Meio Ambiente, Urbanismo e Sustentabilidade de Porto Alegre – SMAMUS: 44, 68, 134, 136, 160, 176, 236, 237, 238, 240, 257, 269, 275, 282;

Setor de Patrimônio Histórico - SPH/UFRGS: 80, 81, 82, 83, 84, 204, 205, 207.

Escritórios de arquitetura

Arq. Antonio Zago: 169;

Arq. Evandro Eifler Jr.: 52, 119, 120, 130;

Arq. Everton de Prado e arq. Rodrigo Posser: 118;

Arq. Julio Collares e arq. Dalton Bernardes: 262;

Arq. Trajano Silva: 266;

Arquium Construções e Restauro: 60, 151;

Moojen & Marques Arquitetos Associados – MooMAA: 250, 258, 274;

Studio 1 Arquitetos: 92, 121, 171.

Fontes bibliográficas

Alvarez (2008): 216;

Bueno (2012): 213, 221, 222;

Canez (1998): 155, 174, 191;

Canez (2008): 163, 186, 187, 189;

Comas e Piñon (2013): 184, 206, 212, 218, 220, 228;

Festugato (2012): 190;

Lapolli (2006): 180;

Lucas (2016): 239

Marques (2002): 250, 251;

Marques (2012): 195, 196, 197, 215, 225, 226, 227, 231;

Pereira (2013): 203;

PUCRS (2005): 253;

Ramos (2013): 173;

Ruschel (2004): 170;

Szekut (2008): 209, 229;

Xavier e Mizoguchi (1987): 161, 163, 164, 185, 200, 202, 209, 230, 232, 234, 235, 239.

Fontes eletrônicas

archdaily.com.br: 256, 267, 271, 272, 273, 279, 280;

cemiterio.santacasa.org.br: 48;

prati.com.br: 244;

revistaprojeto.com.br: 255, 259, 260, 264, 270;

vilaflores.org: 131.

Helton Estivalet Bello

Arquiteto pela Universidade Federal do Rio Grande do Sul (1982), especialista em Restauração de Edificações e Conjuntos Históricos pelo Cecre/UFBA (1990), mestre em Planejamento Urbano e Regional pelo Propur/UFRGS (1997). Atuou como arquiteto na Prefeitura Municipal de Porto Alegre, junto à Equipe do Patrimônio Histórico e Cultural da Secretaria Municipal da Cultura (EPAHC/SMC) entre 1989/2016. Professor no Curso de Arquitetura e Urbanismo da Universidade de Caxias do Sul (UCS) entre 1998 e 2023. Segue atuando em projetos de pesquisa, docência e consultoria nos campos de teoria, história, restauração do patrimônio arquitetônico e planejamento urbano.

Luiz Merino de Freitas Xavier

Arquiteto pela Universidade Federal do Rio Grande do Sul (1990), mestre em Planejamento Urbano e Regional pelo Propur/UFRGS (2004) e doutor pelo Propur/UFRGS (2023). Atua como arquiteto na Prefeitura Municipal de Porto Alegre junto à Diretoria de Patrimônio e Memória da Secretaria Municipal da Cultura. Entre 2001 e 2013 participou como consultor de patrimônio cultural do Projeto Monumenta. Entre 2013 e 2018 participou da equipe municipal de gerenciamento das obras do Programa PAC – Cidades Históricas de Porto Alegre. Professor no Curso de Arquitetura e Urbanismo da Universidade de Caxias do Sul (UCS), leciona e pesquisa nos campos de teoria, história, projeto e restauração do patrimônio arquitetônico. Coordena o Curso de Especialização em Conservação e Intervenção em Patrimônio Arquitetônico (edição 2025).

Ricardo Calovi

Arquiteto pela Universidade Federal do Rio Grande do Sul (1991), mestre em com ênfase em Teoria e História pelo Propar/UFRGS (2009). Atua como arquiteto e fotógrafo de arquitetura, colaborador da *Revista Aplauso*, Porto Alegre, e do Propar/UFRGS para a *Revista Arqtexto*. Exposição: Arquitetura de Porto Alegre no Período Positivista (Memorial do RS, 2007). Mostra Fotográfica Arquitetura Abstrata, em conjunto com Alexandre Bento, 2011. Publicações: *Asisha Mir Magazine*, Russia, 2008. "Fundação Iberê Camargo: a transparência do concreto". *Arqtexto* (UFRGS), v. 13, 2009. *Inventário da Arquitetura Moderna em Porto Alegre 1945/65* – Editora Marcavisual, 2009. *Os céus como fronteira, a verticalização no Brasil* – Editora Grifo, 2012.

PORTO ALEGRE

Arquitetura e contexto urbano

(1772-2018)

Libretos
SÉRIE UNIVERSIDADE

Livro com 296 páginas, composto em Futura, impresso sobre papel couchê 115 gramas, impresso pela gráfica Pallotti, Santa Maria/RS, em outubro de 2025.